국제조약의 국내 직접적용에 관한 연구

이 용 일 著

삼 우 사

서 문

어설픈 국제법학도로 지내다가 외교부에 들어와 봉직한지 어언 20개 성상이 넘게 지났습니다. 하지만 국제법 공부를 시작하던 시절부터 가지고 있던, 어떻게 하면 국제법의 규범력을 제고할 수 있을까 하는 문제에 여전히 사로잡혀 있습니다. 국제법을 공부하신 분들 모두가 기억하듯이 국제법 개설서 모두에 나오는 국제법의 법규범성 여부에 관한 논의를 접하게 되면 의례 국제법에 대한 기대가 누그러지고 다소 스산한 마음 금할 길 없었을 것입니다. 상당수가 국제사회의 보편적 법규범으로 인정될 수 있는 다자조약의 체결 업무를 담당하는 외교통상부 국제협약과장직을 2004년도에 맡아 수행하게 되면서 저로선 좀더 진지하게 국제조약의 규범력에 대해 생각하게 되었습니다. 국제법이라는 것 자체가 그 개념, 성립과 효력의 측면에서 일반 법규범의 틀로 판단되기 어려운 면이 있기 때문이라 생각됩니다. 저는 법철학에 대해 소박한 문외한이지만 실정법으로서 국제조약의 규범력을 증진할 수 있는 방안은 바로 우리 현실 생활관계에 적용하는 길을 열어 주는 것이라 믿습니다.

본서는 국제조약이 개별 국가의 입법관할권의 외피를 뚫고 들어와 개인과 같은 비국가적 주체가 조약을 체결한 국가의 관할권 내에서 국제조약상 권리를 원용할 수 있도록 하는 국제법상 보편적 원리를 탐구하는데 그 목적을 두고 있습니다. 이러한 위대한 담론을 이끌어갈 능력이 있는지 의문스럽지만, 국제조약의 적용에 관한 각국의 관행, 국제판례와 이론을 법률과학적 관점에서 두루 살펴 국가(정부)간 계약을 넘어 법규성을 갖춘 국제조약 규정의 직접적용성에 관한 제 준칙을 도출하고 이를 보편적으로 인정되는 법칙으로 나아가도록 이론을 전개하고자 합니다. 기독교 성경에서 유대민족의 지도자 모세는 하느님과 언약(Covenant)을 통해 유대민족 모두가 몸소 지켜야 할 십계명을 내린 것과 같이, 인간존엄성과 인권, 민주주의 및 평화에 강고한 기반을 두고 기본적 국제질서를 정한 유엔헌장과 이에 의거한 국제조약문의 이행은 체결자인 국가권력 자체에만 맡겨두기보다는 이를 개방해 바로 직접 법규범으로 적용토록 하는 원리를 국제법상 확립하고자 하는 뜻입니다.

본서에서 지적하겠지만 최고수준의 법치 선진국을 위시해 많은 국가들이 자신이 체결한 조약의 이행에 있어서 불완전성을 노출하고 있습니다. 국제조약에서 정한 시민들 자신의 권리조차도 직접적용 여부가 체약국 정부라는 후견기관의 재량에 의존할 수밖에 없다는 현행의 관행은 마치 중세시절 장원의 예속민과 오늘날의 시민의 지위가 다른 점이 무얼까 하는 의문이 들게 합니다. 인간존엄과 기본적 인권을 보호하기 위해 전통적 국가관할을 유월하는 개인안보와 국제사회의 보호책임에까지 논의가 진행되고 있는 오늘날 국제사회의 유일한 입법수단인 국제조약의 체약국내 이행방식을 개선하는 것은 큰 의미가 있을 것이라 믿습니다. 특히, 장차 한반도가 통일된다면 그 통일의 법적 완결과 통일에 수반되는 제반 사항은 통일의 장전으로서 남북한 주도로 체결될 조약에 담을 수밖에 없을 것이고, 북한 주민들의 경우 그 조약에 보장된 자신의 권리를 직접 원용할 수 있도록 보장하는 것이 무엇보다도 통일에 대한 전 한반도 차원의 컨센서스의 확보와 통일 이후의 정치·경제·사회적 안정화에 기여할 것이라는 것은 명확하다고 봅니다.

19세기말 열강의 각축 속에 개항을 하면서도 최혜국대우조항과 같은 근대국제법의 개념을 이해하기 어려워했을 정도로 당시 우리 조정은 만국공법에 어두웠다. 얼마 지나지 않아 국제법 기술을 교활하게 이용해 우리 국권을 탈취하려는 일제에 의해 비극의 역사와 직면하게 된 것은 제국주의 시절 힘의 질서에 의한 불가피한 희생이라고 보더라도 유구한 역사와 고도의 지적 문화수준을 보유했던 우리 민족에게 씻을 수 없는 오욕으로 남아 있다. 이제 국제사회의 기본적 질서를 부인하는 일부 문제국가를 제외하고는 적나라한 힘으로 외교적 목적을 달성하기는 점차 어려워지고, 국제정치의 권력은 제도화되는 국제관계의 구조 속에 기술적으로 세련된 형태로 스며들고 있다. 국제관계의 핵심분야인 군사, 무역, 투자, 금융, 인권, 환경 등의 분야에서 고도의 구조화·제도화를 지원하고 있는 것은 바로 국제법 직능입니다.

저는 국제법 전문 외교관으로 외교부 본부와 재외공관에서 근무하면서 우리 외교의 진일보를 위해 탄탄한 국제법 능력의 배양이 무엇보다 중요한 부분 중의 하나로 생각합니다. 물론 국제정치 현실의 틈바구니를 잘 활용하는 지혜도 중요하지만, 기존 정치질서의 구조를 이루고 있는 제도를 기민하게 잘 활용해 우리의 이익을 보장하고 극대화하면서 나아가 우리에게 유리한 국제질서의 구조화에 필요한 제도적 아이디어를 제시하고 설득력 있게 전개하는 능력도 또한 중요하다. 이러한 우리 외교능력은 국제법에 관한 탁월한 지식과 이해로부터 구할 수 있을 것이다.

이와 같이 국제조약의 적용에 관한 이론과 실행에 아주 조그마한 참고라도 되기를 기대하면서 이 책을 발간하기로 했습니다. 비록 미숙하고 사려 깊지 못한 점이 있더라도 해량하시고 질정해 주시기 바랍니다. 그리고 본서의 내용은 저자가 근무하는 외교부의 정책 및 공식입장과 관련이 없음을 밝혀 둡니다.

제가 재직하고 있는 루마니아, 저 멀리 하얀눈을 이고 있는 장엄한 카르파티아 산맥과 장구한 역사를 안고 있는 흑해, 그리고 기름진 평원을 가진 이토록 아름다운 나라가 체제전환 이후 20년이 넘게 지났지만 아직도 힘겨워 하는 모습을 볼 때마다 안타까운 마음으로 하루빨리 사랑하는 루마니아가 그 본연의 잠재력을 발휘하기를 기대합니다.

보잘 것 없는 본서를 출판되도록 쾌히 결정해 주신 도서출판 삼우사 조병철 대표께 감사드리고, 부족한 저에게 귀중한 배려를 주신 외교부 선배와 동료 제현에게 일일이 표시하지 못하지만 항상 고마운 마음입니다. 마지막으로 힘든 재외공관 생활을 묵묵히 따라준 아내와 아들에게 사랑과 이미 타계하신 부모님께 경애의 마음을 전하고자 합니다.

2014년 2월

부쿠레슈티 주루마니아대한민국대사관 사무실에서

이용일 올림

차 례

제1장 본서의 목적

제2장 조약의 체약국내 직접적용 관행 및 개념의 파악

제3장 조약의 체약국내 직접적용에 관한 법적 평가

제4장 조약의 체약국내 직접적용 결정 기준

제5장 결 론

▌약어 목록

AIDI	*Annuaire l'institut de droit international*
AFDI	*Annuaire francais de droit international*
AJIL	*American Journal of International Law*
ASIL	*American Society of International Law*
BYIL	*British Yearbook of International Law*
Calif. L. Rev.	*Califonia Law Review*
CCPR	Covenant on Civil and Political Rights
CMLR	*Common Market Law Review*
Colum. J. Transnat'l L.	*Columbia Journal of Transnational Law*
E.C.R.	*Reports of Cases before the Court of Justice of the European Communities*
ECJ	Court of Justice of the European Communities
EJIL	*European Journal of Inernational Law*
ELR	*European Law Review*
F. 2d	Federal Reporter(Second Series)
F. Supp.	Federal Supplement
Fordham Int'l L. J.	*Fordham International Law Journal*
Harv. Int'l L. J.	*Harvard International Law Journal*
ICJ	International Court of Justice
ICLQ	*International and Comparative Law Quarterly*
ILC	International Law Commission

ILR	*International Law Report*
Mich. J. Int'l L.	*Michigan Journal of International Law*
PCIJ	Permanent Court of International Justice
RdC	*Receuil des cours de l'Académie de droit international*
RGDIP	*Revue général de droit international public*
RMC	*Revue du Marché commun*
Va. J. Int'l L.	*Virginia Journal of International Law*
Vand. J. Transnat'l L.	*Vanderbildt Journal of Transnational Law*
Yale L. J.	*Yale Law Journal*
YBILC	*Yearbook of the International Law Commission*

제 1 장

본서의 목적

Ⅰ. 국제조약의 체약국내 직접적용에 관한 원리의 규명 필요성

1. 국제조약의 국내실시 방임에 따른 문제

국제조약(國際條約, 국가(정부)간 체결되는 조약을 지칭하며 이후 단순히 '조약'이라고 부른다)은 국제관습법과 더불어 국제법의 양대 법원(法源)으로서 국제관계를 규율해 오고 있다. 이 가운데, 교통과 통신의 비약적 발달로 지구촌 사람들이 나날이 가까워지고 국가, 국제기구, 기업, 단체, 개인과 같은 실체들의 상호의존이 극도로 심화되어 국제관계와 국제적 생활관계의 양상이 복잡다단해지고 있다. 오늘날에 있어 법규로서 형성되는데 상당한 세월의 결정(結晶)이 필요한 국제관습보다는 국제사회의 입법적 수요에 적시에 입법기술적으로 대응하는 제정법규로 볼 수 있는 조약이 압도적으로 중요한 법규 창출력을 지니고 있다. 조약은 전통적으로 동맹결성과 같은 국가간의 정치・외교적 중대사를 규율해 왔으나, 전 세기 들어 인권, 무역통상, 투자, 상거래, 교통통신, 재산권 등 개인과 기업 등 비국가적 실체(非國家的 實體)의 법적 지위와 활동을 규율하는 범위가 점차 확대되고 있고 앞으로 더욱 이러한 경향이 강해질 것이라는데 의문이 없다.[1] 이렇게 조약이 중요한 법규범으로서 등장하고 있으나 종래 조약은 국가간의 관계에서 다루어야 할 문제로 치부되는

---

1) 현재 우리나라가 체결한 조약만 하더라도 약 2천여 건에 달한다. 구체적 통계는 〈www.mofa.go.kr〉상 조약정보란 참조.

관성으로 말미암아 실제 우리들의 생활관계, 구체적으로 우리 주변에서 조약이 어떻게 실시되고 적용되어야 하는지에 대한 법이론적 연구와 실천이 다소 미약했다고 볼 수 있다.

조약을 체결한 국가들이 이를 국내에 실시하는 모습을 보면, 각국의 제도나 관행, 그리고 정치적 입장에 따라 천차만별로 차이를 노정한 채 조약을 실시하고 있다고 해도 과언이 아닐 것이다. 현행 국제법은 조약을 체결한 국가들에게 여하한 방법으로 이를 실시하도록 위임하고 있다는 도그마에 따라 서구권과 같이 철저하게 국내입법에 반영하든지 또는 직접 효력을 인정하는 등 국내법에서 수용을 통해 실시하고 있다. 반면에, 해당 조약 체약국인지 여부를 판별하기 어려울 정도로 명목상의 체약국으로서 국내이행에 소극적인 나라들도 있다. 예를 들어, 대부분의 국가들이 체약국이 되어 있는 인권조약 규정에 있어 개별 인권 내용의 실현은 국가간 정치·경제·사회적 여건과 현실에 따라 차이가 있을 수 있다. 그러나 해당 인권의 법적 수혜자로 주장할 수 있는 실체적은 고사하고 절차적 공권도 보장되지 않는 현실을 여러 법역에서 오늘날에도 목격할 수 있다. 이러한 혼란의 배경은 근대 민족국가의 태동과 함께 소위 국가주권의 대내적 불간섭과 자율이라는 원칙의 한 반영으로 나타난 것으로 볼 수 있을 것이다. 후술하겠지만 국제사회의 최강국이면서 선진 법률문화를 자랑하는 미국의 경우에도 자신들이 개발한 조약의 국내 적용을 위한 소위 '자기집행적 조약'(self-executing treaties) 개념의 적용 폭을 점차 좁혀오고 있으며, 나아가 연방 및 모든 주의 입법과 정책들이 해당 조약의 원칙과 내용에 따라 잘 조정되지 않고 있음으로써 실제 해당 조약의 실행력이 상당히 제한되고 있는 실정이다.[2)]

조약의 국내실시 방식이 각국의 법제에 따라 다양한 스펙트럼으로 나타난다. 어떤 나라에서는 조약이 직접 적용되어 재판의 준칙(準則)이 되나, 다른 나라에서는 조약의 국내법규로서의 지위가 부인되어 국내 이행입법조치(履行立法措置), 소위 조약의 국내법으로의 변형이 있어야 조약의 목적이 달성되고, 조약의 직접적용을 긍정하는 나라들 사이에서도 어떤 조항이 적용되기도 하고 적용이 거부되기도 하는 등 혼선이 있다. 나아가 조약의 국내실시를 위한 이행입법의 경우에 조약 규정의 충실한 이행을 기하는 경우가 많지만, 도리어 조약의 규정을 생략하거나 왜곡하는 경우도 있을 수 있어 국제법으로서 조약의 실시에 일관성을 확보하는데 문제가 제기된다.

우리나라의 경우를 예로 들어보면, 우리 헌법 제6조에서 적법하게 체결된 조약에 대하여 국내법과 동일한 효력을 인정하고 있어 조약을 국내에 수용하는 측면에서 비교적 진보적인 입장을 취하고 있으나, 우리에게 있어서 조약은 막연히 우리 헌법 제6조에 의하여 국내법과 동일한 효력을 가진다고 생각될 뿐이고, 구체적으로 국내에서 조약을 이행하는 측면에서 특정 조약 및 그 조약의 어느 조항이 적용될 수 있는지 여부를 판단할 수 있는 기준 내지 조건이 확립되지 아니하다. 따라서 개인은 물론 이려니와 조약의 시행을 책임지는 정부기관과 법률상 권리의 구제를 최종적으로 책임지는 사법부의 입장에서도 혼란스러운 실정이다.

실제 정부의 조약체결 절차를 보면, 조약의 국내시행과 관련

---

2) Anja Seibert-Fohr, "Domestic implementation of the International Covenant on Civil and Political Rights Pursuant to its article 2 para. 2," *Max Planck Yearbook of United Nations Laws*, Vol. 5, 2001, pp.443-453 참조.

하여 어떤 기준에 의거하는지 불분명하다. 다만 국내법규와 조약이 차이가 있는 경우에 해당 국내법규를 개정하는 등 법제 정비를 거쳐 체결을 하고, 대체로 형사법규의 경우는 국내법으로 해당 조약의 규정을 국내에 실시한다는 정도에서 그칠 뿐이다. 개인으로서는 조약이 체결됨으로써 자기의 권리가 직접적으로 원용될 수 있는 것인지 불확실하여 실효적인 개인의 법적 보호가 이루어지지 못하게 되는 결과를 가져오게 된다. 예를 들어, 정부수립 이래 가장 중요한 조약 중 하나인 1965년에 체결된 한국과 일본 간의 청구권협정의 경우를 보면, 협정 제2조에서 규정한 한-일 간의 청구권 문제의 해결에 대하여 개인의 권리에 어떠한 영향을 미치는지에 대해 오늘날까지 논란이 되고 있다.[3] 그리고 각급 법원과 헌법재판소 등 국내법원에서 조약의 국내적용에 관련된 사건을 다루게 되는 경우가 늘어나고, 조약에서 규정한 내용이 국내적으로 어떤 법적 결과를 가져오는지는 세계화가 급속하게 진전되고 개인의 생활관계가 더욱 국제성을 가지게 되는 오늘날 더욱 중요한 법적 문제가 되고 있다고 본다.

2. 문제의 소재

조약을 당사국 내에서 실시하는 문제는 관행적으로 각국의 법제에 일임한다는 관점에서 각국이 자국의 법적 전통 내지 헌

3) 청구권협정 제2조 제1항에서 "한-일 간 및 양 국민 간의 청구권 문제가 완전히 그리고 최종적으로 해결된 것이 된다는 것을 확인한다"고 규정하였다. 이의 해석상 국가의 외교적 보호에 기한 청구권과 별도로 개인의 청구권의 소멸 여부가 논란이 된 바가 있다. 정인섭, 『재일교포의 법적 지위』(서울대학교 출판부, 1996), 429-448면 참조.

법질서에 의거하여 자율적으로 조약상 의무를 이행하고 있는 것이 현실이기 때문에 국가에 따라 조약을 원용하는 방식이나 범위에서 차이를 보일 수 있을 것이다. 이를테면 자기집행적(自己執行的, self-executing) 조약의 개념과 같이 국내적으로 조약을 자국의 법원(法源)으로 인정하여 직접 개인이 이를 원용하는 것이 가능한 경우가 있고, 일일이 자국의 입법(立法) 등 실시조치(實施措置)가 수반되어야 조약의 목적이 달성되는 경우도 있으며, 도대체 개인의 권익이 규정된 조약이 어떻게 국내에서 적정하게 실시되는지 잘 알려지지 아니하고 불분명한 경우도 있다. 나아가 일부 국가들은 중요한 조약의 당사국이 되는 과정에서 명백하게 개인의 권리를 인정하는 조약에 대하여 비자기집행적(非自己執行的)이라고 선언하여 실제 국내에 직접적으로 적용하는 것을 차단함으로써 인권단체들로부터 실질적인 조약의무 이행을 방기하는 문제가 있다고 지적되고 있다.[4]

사실 오늘날 논란이 되는 국내 인권 시비도 이러한 국제인권협약이 개인이 원용할 수 있는 상태만 되더라도 상당한 부분에서 해소될 수 있는 것이다.[5] 지금의 지배적 관행처럼 조약의 국내실시가 당사국의 재량으로 인정된다면, Verzijl의 말처럼 조약은 국내법으로 변용하는 마술적 과정(magic process)을 통하여 국가간에 적용되는 허울뿐인 규칙(the paper-rules supposedly governing inter-State conduct)으로 격하되어 조롱을 받을 뿐이라는 한계에 여전히 봉착하고 있다.[6] 더구나 그간 이 분야에 관

4) 제3장 각주 87) 참조.

5) Watson, "the Death of Treaty," 55 *Ohio State University Law Journal* 781 (1994), pp.781-782 참고.

6) J.H.W. Verzijl, *International Law in Historical Perspective* (1968), Vol. Ⅰ, p.136, p.144.

한 연구가 주로 각국이 자국의 헌법질서에 따라 조약을 어떤 방법과 수단으로 국내에서 이행하는지에 집중하는 비교법학의 성격이 워낙 압도적이었기 때문에 국제법학은 국제법의 해석과 적용에 대한 미시적(微視的) 모습인 국내적용(國內適用)에 무관심하였다. 이는 국제법이 현실적으로 실효적이지 않다는 억측과 위약성을 더하게 된 원인이 되었다고 본다.

이와 같은 실태는 곧 조약과 관련된 법률관계의 권리 보호·구제, 법적 안정성과 예측 가능성에 부정적인 결과를 야기할 수 있는 문제점이 있다. 고전적 방식과 같이 오직 국가를 대상으로 하는 정치적 성격 위주의 조약이 대종을 이루던 시대에는 조약의 국내실시와 관련하여 별 문제가 없이 넘어갈 수 있지만, 오늘날은 사뭇 다른 관점에서 접근하여야 할 필요가 있다. 상당수의 조약이 개인의 보호 및 권익증진을 목적으로 체결되고 있지만, 법익(法益)의 주체인 개인 등 비국가적 실체(非國家的 實體)의 권리보호와 구제에 공백을 드러내고 있다.

그렇다면 이러한 문제에 대한 대안은 조약을 외교적 보호, 대응조치(counter-measures) 등 외교적 수단에 의하기보다는 당사국의 국내에서 적용 가능한 권리구제제도에 의하여 보호하고 구제하는 것이 가장 효과적이고 편리한 방법일 수 있다.[7] 비엔나 조약법협약(條約法協約)은 명시적으로 조약당사국의 신의성실한 조약의 이행을 규정하고 있다.[8] 신의성실한 조약의 이행의 방법으로서 조약의 규정을 당사국의 국내에서 직접적으로 적용한다는 것은 국내이행입법과 같은 다른 매개물이 없이 그

7) *Supra* note 2, pp.470-471에서 인권협약의 체약국내 직접 적용이 인권 실현의 궁극적 방안임을 설명하고 있다.

8) 동 협약 제26조.

대로 조약의 목적과 규정내용이 실현되는 것이므로 조약의 체결목적에 가장 부합하고 이는 곧 가장 성실한 이행이라고 볼 수 있을 것이다.[9] 실제 프랑스, 미국 등을 비롯한 상당수의 국가들이 조약의 국내법으로서의 자격을 인정하고 법규로 직접 적용하고 있으며, 유럽공동체에서는 공동체 내부에서 체결된 조약과 공동체규범을 역내국가의 국내에서 직접 효력을 부여하여 적용하고 있어 조약이 현실적으로 국내에서 적용되고 있다. 이러한 실천적 경험을 통하여 모든 조약이 국내에서 직접 원용될 수 있는 것이 아니며, 특수한 기준을 충족시키는 조약만이 그런 종류의 특별한 효력을 가진다.

그런데 그런 종류의 조약이 바로 비국가적 실체인 개인의 법익 보호에 직접적으로 관련이 되는 경우가 많다는 사실도 알 수 있다. 만약 이러한 종류의 조약이 각 국가의 규칙이나 지역공동체의 한계를 넘어서서 국제법의 차원에서 성격이 규명되고 직접 국내에서 적용되게 하는 기준을 규명하여 정식화한다면, 조약이 어떤 경우에 국내에서 법규로서 직접 적용되고 개인이나 기타 법적 주체들이 원용할 수 있는지, 그 조건을 법리적으로 연구하여 이론화하는 것이 조약 관련 당사자들의 권익 보호와 구제에 합리적인 예측 가능성과 법적 안정성을 부여하는데

9) 조약에 대해 국내적으로 법효력을 인정하지 아니하는 영국의 대법원에서도 유럽특허협약 관련 사건에서 "[I]t can always be said that the best way of accurately implementing a treaty is to use the words of the treaty itself"라고 언급하여 조약 문언을 국내적으로 직접 적용하는 것이 조약의 가장 성실한 이행임을 보여 주고 있어 조약의 적용의 문제는 조약의 성실한 이행의 본질과도 연결됨을 보여 준다. *Smith Kline & French Laboratories Ltd. v. R.D. harbottle (Mercantile) Ltd. & Ore.*, James Crawford, "Decisions of British Courts during 1980 involving Questions of Public International Law," 51 *BYIL* 303 (1982), pp.309-311.

기여할 것이다.[10][11]

II. 연구의 목적과 방법

본서는 일반국제법의 측면에서 조약의 어떠한 요소와 성격이 법률상 체약국내 직접적용의 조건이 될 수 있는지 살펴 보고자 한다. 이 연구의 대상이 되는 것은 조약의 체결 및 국내적 수용을 통하여 조약의 국내 유효성(effect)을 발생시키는 각 개별 체약국이 해당 조약을 자국 법체제 내에서 수용(incorporation, reception 또는 adoption)하는 행위 이전(以前) 또는 그 상위(上位)의 단계로 볼 수 있는 국제법상의 문제로서 조약의 체약국내 직접적용의 문제를 다루려고 하는 것이다. 즉 국제법상 적법하게 체결된 조약의 국내적용의 문제를 다루지만, 개별 체약국(contracting parties, 또는 contracting States)이 자국 헌정 및 법제에 따라 체결된 조약을 국내법상으로 유효하게 하는 절차와 과

---

10) 예를 들어, 대표적으로 개인의 권리와 관련되는 유형으로서 ILO조약의 국내실시와 관련하여 근본적으로 자기집행성의 정확한 기준이 없고, 개인이 이 조약이 부여한 권익을 사법절차에서 원용하더라도 정상적 해석과 일치되는 판결을 기대하는 것이 보장될 수 없다는 문제점이 있다. 또한 ILO조약은 개인을 보호하기 위하여 제정된 것으로 자기이익 보호를 위한 상호주의가 적용되는 다른 조약과 차이를 인정해야 한다고 하여, 개인에 대한 적용을 전제로 하는 조약은 계약적 성격의 조약과 다른 차이를 보여 주고 있다. Fred Einbinder, "Book Review and Notes: Leary, Virgina A., International Labour Conventions and National Law: the Effectiveness of the Automatic Incorporation of Treaties in National Legal Systems," 78 *AJIL* 258(1984), pp.258-260.

11) 유엔인권위원회 및 국제법위원회(ILC) 위원이었던 C. Tomuschat은 인권에 관한 개인의 직접원용이 국가의 인권협약의 국내실시 방식에 구애되어서는 아니된다고 강조한다. *Supra* note 2, p.433.

정은 포함되지 않는다는 뜻이다. 우리나라의 경우 조약 체결에 있어 서명(signature), 비준(ratification), 가입(accession) 등의 체결행위는 물론, 필요시 국무회의 상정 또는 국회 동의 요청 그리고 관보를 통한 공포절차 등이 특정 조약이 국내적으로 유효한 조약으로 대우받게 하는데 필요한 법적 조치들이다. 이러한 측면은 후술하는 조약의 국내적 수용 구조의 측면에서 참고될 수 있을 것이다.

전술한 대로 오랫동안 조약의 체약국내 직접적용의 문제는 기본적으로 국내법질서(國內法秩序)의 문제로 인식하여 개별 국가의 재량으로 인식되어 온 경향이 압도적으로 강하다고 볼 수 있다. 이런 관행을 극복하기 위하여 국제법 이론으로서 조약이 국내에 직접적용되는 기준(test)을 제시하여 선제적으로 개별 체약국이 자율적으로 결정하기 이전에 후술하는 특정 기준을 충족하는 국제적 합의는 국제법상 직접 체약국 내에서 적용하는 방식이 국제법상 요구된다는 점을 논증하면 조약에 관련된 국내적 이행에 진전을 가져오는 것이 중요하다고 본다. 특히 개인의 법익에 관련되는 조약이 체약국의 국내입법과 같은 간접적 수단에 의한 이행보다 바로 해당 조약의 조문을 체약국내 유효한 법률로서 적용하여 국가기관, 사법부 등이 이에 기속되는 것보다 더 우수하고 확실한 이행수단은 없다고 본다. 더구나 동일한 조문을 모든 조약 체약국 내에서 적용하게 된다면 조약의 해석과 적용의 일관성과 안정성에 절대적으로 기여하리라는 것은 의심의 여지가 없다.

본서는 이러한 목적하에서 먼저 기초작업으로 조약의 국내 직접적용의 관행을 주요 국가 및 국제적 실행을 관찰하여 정리하고, 이를 토대로 국제법상 조약의 체약국내 직접적용의 개념을 알아보며, 이러한 조약의 직접적용의 법적 성격 및 효과로부터 관찰된 내용을 비판적으로 평가하여 조약의 직접적용을 판단할 수 있는 기준을 제시함으로써 이에 관한 국제법상 규칙을 정식화하고자 한다. 이러한 목적하에 본서에서 후술하는 연구의 목적을 다음과 제시하고자 한다.

첫째, 조약이 국내적으로 직접 적용되는 관행(慣行)을 각국의 제도 및 실례 그리고 국제판례(國際判例) 등 국제적 실행을 통하여 살펴보고, 이를 기초로 각국에 모두 적용될 수 있는 일반적 개념으로서 조약의 직접적용의 개념을 정립하고자 한다.

둘째, 법리적으로 조약의 직접적용 문제의 성격이 무엇인지 규명하고자 한다. 이를 위하여 일반조약과 다른 어떤 성격이나 요소가 이런 특질을 만들어 내는지 고찰하고, 나아가 국제법의 문제로 볼 수 있는지 여부를 먼저 규명하려고 한다. 조약의 직접적용 문제는 각국이 자국의 조약실시의 관행에 따르는 것은 별론으로 하고, 근본적으로 국제법 자체에 의하여 선제적으로 결정될 수 있다는 것이 법률상 논증되어야 할 것이다. 법이론 측면에서 이 연구를 통하여 도출될 조약의 직접적용에 관한 국제법 규칙이 어떤 법적 성격과 효과를 가지는지, 특히 어떤 조약의 규정을 국내에 직접 적용하여야 하는 것으로 판별된 경우에 이러한 직접적용의 의무가 국제법상 어떤 내용인지 규명하고자 한다.

셋째, 조약 및 그 규정이 국내에 직접 적용되어야 하는지 여부를 결정할 수 있는 국제법상의 일반적 기준(tests, *criteria*)을 제시하고자 한다. 이런 기준을 종합하여 국내에 직접 적용될 수 있는 조약, 소위 직접적용이 가능한 조약 내지 조약내 그러한 규정을 개념적으로 정의하고자 한다. 한편, 이러한 연구의 결과를 토대로 결론 부분에 가서 이 문제에 관한 우리나라의 관행에 대해 간략히 평가하고자 한다.

이 분야의 연구는 대부분 특정 국가의 관행이나 제도를 고찰하는 일차적 연구가 대부분이기 때문에 심도 있는 국제법 차원에서의 접근이 아쉬운 형편이다. 따라서 이 연구는 일단은 각국의 관행을 조사하고 지역국제법의 사례인 유럽공동체의 실행을 참고하여 국제판례 및 관련 학설을 근거로 이론을 전개한다. 국제법상 조약의 직접적용에 관한 법칙의 연구가 기존 각국의 재량에 맡겨져 있는 조약실시 관행과 저촉될 수 있다는 우려로 말미암아 유엔 국제법위원회(International Law Commission: ILC)의 조약법(law of treaties) 및 국가책임법(law of State responsibility) 성문화작업 과정에서도 구체적인 성과를 내지 못한 전력이 있기 때문에 이 분야는 하나의 국제법상의 공백으로 남아 있다. 따라서 자칫하면 입법론(*lege ferenda*)으로 경도될 위험이 있으므로 최대한 실증국제법학의 방법론하에서 관련 규칙의 발견을 시도하고자 한다. 이 문제에 대한 유권적 해석기관으로 볼 수 있는 국제사법기관의 판례를 기본원칙으로 수용하면서 각국의 사례나 유럽공동체 사례에서 획득된 규칙을 일종의 법적 'analogy'로 사용하여 법논리적 추론을 통해 결론을 도출하려 한다.

연구의 전개에 있어서 최종적으로 조약의 체약국내 직접적용을 법리적으로 판별할 수 있는 기준을 제시한다는 목표하에 국내 및 국제적 차원에서 제반 관행을 고찰하고 이를 이 연구에 참고할 부분을 도출하기 위하여 비판적으로 평가한 후 도구 개념으로서 조약의 직접적용의 개념을 정의한다. 이어서 이러한 조약의 적용의 성격이 기존의 조약의 성격에 대조하여 어떤 법적 특질을 가지는지를 역사적 방법론, 법 일반이론, 나아가 인접분과법(隣接分科法)의 이론도 차용하여 이 법적 현상을 설명하고자 한다. 이를 기초로 그간 관행상 제시된 직접적용의 판단기준을 구성하는 요소들을 하나하나 고찰하여 국제적 관행을 존중하고 각국의 제도를 포섭하는 조건하에서 법이론상 정합성을 갖춘 조약의 체약국내 직접적용을 판단할 수 있는 기준을 도출한다.

여기서 미리 전제하고자 하는 것은 이 연구가 기본적으로 국제법상의 관점에서 문제를 다루기 때문에 각국의 국내법 내지 국내제도에서 나타난 조약의 직접적 적용과 관련된 관행을 참고로 하지만은 어디까지나 이 연구의 목적은 조약의 국내에서의 직접적용에 관한 국제법 규칙을 탐구하는데 있다는 것이다. 또한, 한 가지 밝혀 둘 것은 이 연구는 종래부터 많은 논쟁 대상이 되었던 고전적 연구주제인 국제법과 국내법과의 관계를 규명하는 것을 목적으로 하고 있지 않으며, 이와 관련된 조약과 국내법의 관계에 관한 일원론(monism), 이원론(dualism) 등 어느 학설에 기반하여 논리를 전개하지 않을 것이다.[12] 일종의 선험적이고 법이론적 선택을 요구하는 이러한 교설(教說)은 국제법학이 실제로 필요로 하는 국제법, 특히 실정법의 범위를 일탈하여 극단적 결론을 가지고 오게 되는 문제점이 있어 이 연구의 대상에서 제외한다.

12) 국제법과 국내법의 관계에 있어 근본적 문제에 관한 학설적 논쟁은, 이원론의 대표적인 학자 H. Triepel, "Les rapports entre le droit interne et le droit international," *Cours de l'Academie de Droit International*, 1923, p.76 이하 및 일원론을 주창했던 H. Kelsen, "Les rapports de systeme entre le droit interne et le droit international public," *Cours de l'Academie de Droit International*, 1926, IV, p.227 이하를 참조할 것.

또한 이 책에서 다루는 조약은 연구의 편의상 조약법에 관한 비엔나협약에서 규정하고 있는 방식과 같이 "국제법에 따라 국가간에 체결되는 서면합의(書面合意)"[13]에 한정하여 논의를 진행하고자 한다. 이는 개념상 구두조약 또는 국제기구 또는 비국가적 실체가 체결하는 조약을 일단 연구대상에서 제외함으로써 연구의 대상을 단순화하여 연구의 편의를 도모하려는 것이다.

13) 조약법에 관한 비엔나협약 제2조 제1항 ⓐ를 볼 것.

제 2 장

조약의 체약국내 직접적용 관행 및 개념의 파악

Ⅰ. 국내법질서로부터 고찰

Ⅱ. 국제적 층위에서 조약의 직접적용에 관한 논의

Ⅲ. 국제법상 조약의 체약국내 직접적용의 의의

Ⅰ. 국내법질서로부터 고찰

1. 조약의 직접적용의 맹아(萌芽)

역사적으로 국제법, 특히 조약이 국내에서 직접 적용되는 것이 문제가 되기 시작한 것은 다른 국제법 분야보다 비교적 늦은 19세기 이후에 나타나는 문제이기 때문에 오래된 사례가 그렇게 많지는 아니한 것으로 보인다. 유럽의 역사에서 로마제국의 만민법(*jus gentium*)에서 보듯 고대에서 중세를 거쳐 근세에 이르기까지 나름대로 근대국제법과 다소 다른 보편법의 사상하에서 다양한 종류의 정치적 실체들이 신성로마제국과 기독교에 기반한 보편적 세계를 인정하면서도 그 아래 수많은 부분질서를 수용해 왔었다. 단순하게도 오늘날은 공해와 극지를 제외한 모든 세계는 물샐틈없이 맞물린 국경을 가진 근대국가로 오직 구성되어 있지만, 중세만 하더라도 오늘날 근대국가의 토대가 된 왕조국가는 물론, 교황, 교회, 제후, 영주, 자치도시, 길드단체 등 다양한 종류의 정치・경제・종교 단위들이 각자의 부분질서를 가지고 그 장소와 사안에 따른 연결점으로 관할과 적용법질서에 관한 문제를 해결해 왔다. 이 때문에 우리가 논하는 조약의 직접적용과 같은 문제가 발생할 소지가 거의 없었던 것으로 보인다.

그럼에도 근대로 접어들어가면서 국가면제, 외교사절의 특권과 면제 등 고전적 국제법 주제와 관련하여 조약의 직접적용이 전혀 문제가 되지 않은 것은 아니었다.[1] 절대왕정 시대를 거치면서 군주와 자신의 가산이 근대적 개념의 영토와 국민으로 구성되는 국가 자체가 구별이 잘 안되었고, 군주가 체결한 조약은 실제 군주의 계약으로 간주되고 신민들과는 관계가 없다는 믿음, 게다가 이러한 시기에 풍미하였던 국가주권의 절대성과 국내법질서와 준별되는 조약에 대한 소극적 태도 등이 그 원인이라 보인다. 그럼에도 조약이 소위 국내적 효력에 대하여 가장 보수적인 구 독일제국의 법원에서조차도 조약이 직접당사자인 국가를 넘어 제3자인 개인에게 직접 적용될 수 있다는 점이 나타나기 시작한 것이다.[2]

현대로 접어들면서 전 세계적 범위의 통상과 교류가 본격화되는 시기에 조약의 직접적용의 문제는 이미 후술하는 1928년 PCIJ의 권고적 의견이 나오기 전에 하나의 현실적 문제로 대두되고 있었다.[3] 이러한 문제와 관련되는 사례로서는, 예를 들면 1923년 미국의 중국내 법정(American Court for China)은 미-중 조약(American-China Treaty)에서 금지한 무기거래에 종사한 미국인에 대해 유죄를 인정한 사건이 있고,[4] 이탈리아 최고법원은 1924년 베르사유조약 제300조가가 개인에 직접 적용된다고 하였는데, 그 이유로 직접적용성을 구비하기 위해 그 조문 자체의 성격 및 명시적 규정 등을 근거로 즉시 법으로서 효력을 지니고 개인이 직접 원용할 수 있다고 판시하였다.[5] 또한 독일

1) François Rigaux, *Les conflits de la loi national avec les traités internationaux dans les rapports belges au VIIe Congrès international de droit comparé* (Uppsala, 6-13 août 1966), p.274.

2) Michel Waelbroeck, *Traités internationaux et Juridictions Internes dans les Pays du Marché Commun*(1969), pp.184-189.

3) Rigaux, *supra* note 1, p.274.

4) C.M. Bishop, "Book Review: Lobingier, Extraterritorial Cases," 24 *AJIL* 646 (1930), pp.646-647.

제국법원(Reichsgericht)은 1928년 베르사유조약 제365조에서 규정한 최혜국대우 조항이 사법(私法)상의 관계에 직접적 효력이 있다고 판시하였다.[6] 반대로 독일 제국법원은 같은 시기에 평화조약 제74조 및 제297조(j)는 자기집행성이 없다고 하였는데, 이 조항들에 관해 소위 제3자를 위한 규정(stipulations in favour of third parties)의 주장을 배척하였다.[7] 그리고 상설중재재판소(Permanent Court of Arbitration: PCA)의 *Savarkar* 사건 판정에서 범죄인인도 절차에 있어서 개인의 권리가 인정되지 못하여 많은 비판을 받은 바가 있다.[8] 그러나 이러한 사례는 파편적이고 특수한 사례에 지나지 아니하고 특히 체계적인 이론에 기반하지 아니한 문제가 있다.

2. 자기집행적 조약의 등장

(1) 배 경

미국 헌법 제6조 제2항에서 미국이 체결한 조약은 자국의 최고법(最高法)으로서 미국의 법체계에 수용됨을 규정하고 있다.[9]

---

5) J.H.W. Verzijl, *International Law in Historical Perspective*(1968), Vol. Ⅰ, p.134.

6) *Ibid.*, p.135.

7) *Ibid.*

8) 상설중재재판소(PCA)의 1911년 2월 24일 판결이다.

9) 이 조항을 근거로 미 대법원은 1996년 후술하는 *Ware v. Hylton* 사건 판결에서 영국신민에 대한 채무를 몰수한 버지니아주의 1777년도 입법을 1783년 미-영 평화조약 제4조에 위반된다고 무효화하였다는 점에서 그 실효성을 짐작할 수 있다. Quincy Wright, "National courts and Human Rights—the *Fujii* Case," 45 *AJIL* 62(1951), pp.62-63.

이 헌법 조항의 해석과 조약의 실시와 관련하여 미국은 자기집행적/비자기집행적 조약(self-executing/non-self-executing treaties)이라는 개념의 고안으로 자국 법질서 내에서 조약의 직접적용의 기준을 확립함으로써 조약의 국내실시 분야에서 선도적인 역할을 보여 주었다. 역사적으로 볼 때 신생독립국 미국이 식민 종주국 영국과 독립전쟁의 결과로 체결하였던 강화조약(講和條約)[10]이 단순한 계약적 문서로 취급되어 그 법적 효력이 제한되는 것보다는 도리어 미국이 종주국 영국으로부터 유래된 법원칙, 즉 국제법은 자국법[11]이라는 인식의 바탕 위에서 모든 구성주(構成洲) 및 시민이 이를 법규로 준수하도록 강제하는 것[12]이 아직 취약한 신생국가의 수호에 유리하다는 정치적 고려에서 이러한 조약의 최고법 조항(最高法 條項)이 헌법에 규정된 배경

---

10) 1783년 9월 3일 체결되어 1784년 비준되었다.

11) 전통적으로 영미법계에서 인정되고 있는 기본원칙인 자국법으로서의 국제법의 이념을 Blackstone은 다음과 같이 설파하였다. 이러한 생각이 미국 헌법에서 조약을 포함한 국제법을 자국법의 일원(part of land law)으로 수용한 배경의 한 부분으로 볼 수 있을 것이다.
"… the law of nations(whenever any question arises which is properly the object of its jurisdiction) is here adopted in its full extent by the common law, and is held to be a part of the law of the land. And those acts of parliament, which have from time to time been made to enforce this unversal law, or to facilitate the execution of its decisions, are not to be considered as introductive of any new rule, but merely as declaratory of the old fundamental constitutions of the kingdom; without which it must cease to be a part of the civilized world."(Sir William Blackstone, *Commentaries of laws of England,* Book IV, Chap. V)

12) 미-영 강화조약 체결에 즈음하여 미국 의회는 모든 주(州)의 입법과 법률을 이 조약에 일치되도록 조치할 것을 권고하는 결의(resolution)를 채택하였다. 그럼에도 확실한 조약이행체제를 구축하기 위하여 각 주가 조약을 자기 재량으로 실시하는 것보다는 아예 조약을 법으로 인정하게 하는 것이 필요하다는 의견이 제시되어 조약의 최고법 조항의 기초가 되었다. A. Evans, "Self-executing Treaties in the United States of America," 30 *BYIL* 178(1953), pp.178-179.

으로 볼 수 있다.[13]

그러나 이러한 조약의 최고법 조항은 실제 조약의 적용단계에 있어서 소위 자기집행적/비자기집행적 조약이라는 구별에 의하여 국내적으로 직접 적용되는 범위를 줄여 그 실효성(實效性)이 제한되는 결과를 가져오게 된다.[14] 이러한 구분에 대하여 본질적으로 특정 범주의 조약, 예를 들어 의회의 권한에 속하는 세입・세출(歲入・歲出)에 관련되는 사항에 관한 조약은 애초부터 비자기집행적 조약으로 보아야 한다는 견해[15]와 이러한 범주적・본질적 제한은 존재하지 아니하고 개별 조약의 규정 양태 및 해석에 의하여 자기집행성 여부를 판별하여야 한다는 논의가 있고,[16] 이러한 제한은 원래 최고법 조항의 목적으로부터 벗어나는 측면이 있지만,[17] 국내적으로 직접 적용되는 조약을

---

13) 岩澤雄司, 『條約の國內適用可能性』(有斐閣, 1985), 157면.

14) 미국 헌법제정사를 보면, John Jay의 제안 등에 비추어 자기집행성 여부에 관계없이 모든 조약이 국내법으로서 효력을 가지고 적용되는 것으로 원래는 의도된 것으로 보인다. 미국 내의 법원은 관련 사안에 조약을 법으로서 적용할 것이 요구되었다(… to be applied in all court hearing, causes or questions arising or touching on such law). 따라서 모든 조약이 사실상 자기집행적인 것으로 원래는 보았던 것이다. Jordan J. Paust, "Self-executing Treaties," 82 *AJIL* 760 (1988), pp.760-761.

15) 소위 'Edwards rationale'이라 하여 의회의 권한으로 헌법상 유보되어 있다 하더라도 조약으로 그 사항을 규율하여 직접 적용하는 것이 배제되는 것이 아니라 경합하는 것이 가능하다는 판례(*Edwards v. Carter*, 580 F. 2d at 1057-1058)가 있다. *Ibid.*, pp.777-781.

16) 미국 대통령과 상원은 조약의 체결로써 'supreme law'를 만들 수 있지만 미 하원도 이에 상응한 자신의 권한하의 사항에 대한 최고법을 만들 수 있다. 논자들은 하원의 이러한 권한에도 불구하고 조약은 직접 적용될 수 있고, 미 헌법 제1조상 하원의 고유한 권한이라는 것 중 순수하게 배타적으로 하원에게만 유보된 것은 아주 적은 부분으로 보고 있다. *Ibid.*, pp.780-781.

17) 실제로 미국에서 19세기 및 20세기 초에 이르기까지 자기집행/비자기집행이라는 구분을 무시하고 조약을 최고법으로 인정한 판례도 평행적으로 있었다. *Ibid.*, pp.771-775.

판별하기 위한 법이론적 체계를 세우는 과정의 결과로 조약의 국내에 직접 적용하는 문제에 대하여 법리적으로 접근하게 되는데 기여했다는 점에서 의미가 있다. 미국의 독립과 번영이 확실해진 이후에 있어서 미국은 자기집행적 조약의 문제를 사법적 차원에서 단순한 조약 텍스트의 해석을 넘어서서 행정부와 의회 간의 권한배분 문제, 정치문제(political questions)로서 정치·외교적 고려가 선행되는 등의 이유로 자기집행적 조약을 인정하는 범위를 협소하게 보려는 경향이 있다.

이러한 자기집행조약의 개념은 미국 국내법상 조약의 수용과 실시에 관련된 이론과 실행이라는 특수한 상황에서 도출되었기 때문에 보편성의 관점에서 보면 한계가 있다고 할 수 있다. 그럼에도 조약이 법규로서 적용될 수 있음을 체계적으로 보여 준 점에서 평가되어야 할 것이다.

(2) 주요 판례

이러한 미국 헌법상 조약의 최고법 조항을 단순하게 규정하고 있어 실제 조약을 실시하는 구체적 단계에서 어떻게 해석하여야 하는지는 구체적 판례를 통하여 조약의 실시에 관한 기준을 구축해 가게 되었다. 가장 먼저 이 문제를 다룬 것이 1796년 미국 연방대법원의 *Ware v. Hylton* 사건으로서 이 판례에서 미국이 영국과 체결한 강화조약(Peace Treaty) 제4조가 명시적으로(explicitly) "쌍방의 채권자는 … 채무의 회수에 대하여 하등의 법적 방해를 받지 아니함을 합의한다"라고 규정되어 있는 것에 대하여 다수의견은 사법부에 의하여 직접 적용될 수 있고 헌법 제6조에 의하여 이에 저촉되는 버지니아주의 입법을 무효로 하는 의도로 볼 수 있다고 결정하였다. 이 판결에 대해 당시 재판부를 구성했던 Irdell 판사는 반대의견을 내고,[18] 이 평화조약의 조항은 영미의 계약법상 개념인 'executed'와 'executory'란 구별을 이용하여 입법조치에 의하여 실시되어야 한다는 점을 지적하여 향후 '자기집행적/비자기집행적'이라는 개념의 단초를 제시하였다.[19]

미국에서 자기집행적/비자기집행적 조약의 개념이 도출된 선도적 판례는 1829년 미국 대법원의 *Foster v. Neilson* 사건이다. 이 사건은 1818년 미국과 스페인 간의 조약에 의한 미시시피강 동쪽 지역의 토지에 대한 할양을 둘러싸고 이 조약에서 할양토지에 대한 주권이 미국으로 양도되면서 개인의 소유권과 관련하여 스페인에 의한 토지의 불하는 "추인되고 확인되어야 한다"(shall be ratified and confirmed)라는 규정이 직접 적용 가능한지 여부가 문제가 되었다. 이 사건에서 당시 마셜(Marshal) 대법원장은 미국의 헌법에서 어떤 조약이 어떠한 입법적 조치의 조력이 없이도 실시될 수 있으며 의회에서 제정된 법규와 같은 법적 지위를 부여받을 수 있음을 규정하고 있고, 만약 특정 조약이 당사자에 의하여 특정의 이행행위가 요구되거나 관련되면 의회는 이를 위한 입법적 조치를 하여야 하는 것으로 언급하였다.[20] 또한 조약의 성격을 원칙적으로는 국가간의 계

18) Irdell은 헌법 제정 당시 조약의 최고법 조항에 대해 지지하였다. 이 판례에서 소극적 입장을 제시한 까닭은 당시 미국 헌법이 제정되어 완전히 모든 주에서 비준을 받아 발효한 상황이 아니었기 때문이라 본다. *Ibid.*, pp.761-764.

19) 3 U.S.(3 Dall.) 199, 244-5; *id.* at 272(Irdell, J., dissenting opinion).

20) 원문은 다음과 같다.

Our Constitution declares a treaty to be the law of the land. it is, consequently, to be regarded in courts of justice as equivalent to an act of the legislature, Whenever it operates of itself without the aid of any

약으로 보나 미국은 조약의 최고법 조항으로 선언하고 있으므로 이 양자의 성격을 절충하는 결과가 이러한 조약에 대한 특별한 원칙을 가지게 된 계기라 보인다. 이러한 최고법 조항 아래에서 어떤 조약의 문언 중에 계약을 의미하든지, 당사국의 의사가 특정 행위를 수행할 것을 약속하는(engages to perform a particular act) 내용을 가진 것은 사법부가 아닌 행정·입법부에 대하여 이러한 계약의 의무이행을 부과하는 것으로 보았다.[21)]

우리나라는 영미법이 아닌 대륙법계에 속하기 때문에 이러한 자기집행적 조약의 입론(立論)에 대해 생경할 수 있으나, 우리 민법상의 개념으로 유추해 본다면 소위 낙성(諾成)계약과 요물(要物)계약을 구별하는 것을 생각해 볼 필요가 있다. 비자기집행적 조약이라는 것은 해당 조약상 합의내용이 다음 이행의 단계를 남기고 그 이행을 통해 이행의 제공 또는 권리·의무의 발생, 변경 및 소멸과 같은 법률상 효과를 발생시켜야 하는 낙성식 계약의 성격과 유사한 점이 있다. 따라서 비자기집행적 조약은 비록 제3자의 법익이 규정되어 있다 하더라도 그것이 그 자체로서 그러한 권리·의무를 형성하지 아니한 경우 추후 국내 입법기관에 의한 이행입법이나 기타 정책적 조치를 통해 실시되어야 한다는 뜻으로 볼 수 있을 것이다.

이에 비해 요물계약이라는 것은 차후 이행의 문제를 남기지 아니하므로 그 계약 자체가 바로 이행의 제공이 되거나 권리·

legislative provision. But when the terms of the stipulation import a contract, when either of the parties engages to perform a particular act, the treaty addresses itself to the political, not the judicial department; and the legislature must execute the contract before it can become a rule for the court.

21) 27 U.S.(2 Pet.) 253, 314-5(1829).

의무의 형성적 효력을 발생시킨다는 점에서 추후 국내입법과 같은 이행조치가 필요하지 아니한 비자기집행적 조약의 성격을 이해하는데 도움이 될 것으로 평가된다.

이러한 관점에서 상기 "추인되고 확인된다"라는 문구를 추후 이행의 여지를 남기는 계약적 성격의 문언으로 판단하여 원고의 청구를 기각하였다. 그런데 불과 4년후 스페인으로부터 양도된 영토에 대한 소유권확인을 위한 *U.S. v. Percheman* 사건에서 미국 대법원은 이번에는 *Foster v. Neilson* 사건 판결과 반대로 문제가 된 영토할양조약 조항의 자기집행성을 인용하였다. 스페인어본인 이 조약 제8조를 번역하여 보면 토지를 점유한 개인에게 그 불하는 "추인되고 확인된 바로 있다"(shall remain ratified and confirmed to the persons in possession of them …)라고 한 규정의 자기집행성을 인정한 것이다.[22] 문언의 차이가 별반 없는 두 사건에서 다른 결론이 난 까닭은 해당 계쟁 토지에 대한 미국의 외교적 입장의 차이라는 것이 주된 동기였다는 측면에서 이러한 자기집행적 조약의 이론이 법적 안정성의 측면에서 보면 정책적 고려에 의하여 일관성이 부족할 수 있다는 문제점이 노정된다.[23]

22) 이 판결에 대한 Marshall 미 대법원장은 다음과 같은 의견을 제시하였다. "although the words 'shall be ratified and cofirmed,' are properly words of contract, stipulating for some future legislative act; they are not necessarily so. They may import that they 'shall be ratified and confirmed' by force of the instrument itself." 32 U.S.(7 Pet.) 51(1833), at 89.

23) 정확한 원인으로는 *Foster v. Neilson* 사건에서 문제가 토지에 대해 동 사건의 미국-스페인 조약과 관계없이 이미 1803년에 미국이 프랑스로부터 매입한 것으로 미국이 자국의 권원을 주장하여 이 조약에 의한 권원의 양도를 부인하고자 하는 미국의 외교적 입장인데 비하여, *U.S. v. Percheman* 사건의 경우 이러한 사전 영유권 권원의 다툼이 없었기 때문에 할양조약의 자기집행성을 인정할 수 있었던 것이다. Thomas Buergenthal, "Self-executing and Non-self-executing

또한, 1884년 미국 연방대법원은 *Head Money* 사건 판결에서 조약으로 사인(私人)에 대하여 권리를 부여할 수 있으며, 조약의 그러한 조항을 개인이 국내법정에서 원용할 수 있는 가능성을 인정하였다.[24] 한편, 1950년 캘리포니아주 대법원은 *Fujii v. State* 사건에서 유엔헌장상 인권조항(人權條項)이 충분한 정확성(precision)과 개인에게 권리를 부여하려는 소위 형성적 의사가 보이지 않는다는 이유로 자기집행적 성격을 가지지 않는다고 판시한 바가 있다.[25] 그러나 이 *Fujii v. State* 사건 판결은 미국의 헌법상 조약 관련 규정의 의미와 향후 조약의 국내적 효력과 관련하여 큰 반향을 일으켰으나, 이 판결에서 주목해야 하는 것은 조약의 일부는 자기집행적으로 볼 수 있으나 다른 일부는 비자기집행적으로 볼 수 있다는 점이다. 이러한 점에서 미국 법원은 인권의 존중을 규정하고 있는 유엔헌장의 규정은 비자기집행적이라 보면서도 회원국 내에서 유엔헌장의 특권과 면제를 규정하는 헌장 제105조는 자기집행적 조항으로 보고 있다.[26]

(3) 자기집행적 조약의 특성

자기집행적 조약의 등장은, 비록 미국 국내법상의 개념일지

Treaties in National and International Law," *RdC* (Vol. 235, 1992), pp.372-373.

24) 112 U.S. 580, 598-9(1884). 이 사건에서 Miller 대법관은 조약이 일반적으로 국가간 'compact'로서 사법부와 관련이 없으나, 조약의 규정이 개인에게 권리를 부여하는 경우에는 국내법의 성격(nature of municipal law)을 띠게 되고 개인들 사이에서 집행될 수 있으며, 이는 의회제정법과 동일한 지위를 가지는 것이라 판시하여 개인의 권리의 창설이 자기집행성의 한 요소로 인정하였다.

25) *Fujii v. State*, 38 Cal. 2d 718, 242 p.2d 617, 620-22(1952).

26) *Curran v. City of New York*, 77 N.Y.S. 2d 206, 212(1947).

라도, 조약을 단순히 국가간의 계약 정도로 인식되었던 당시 세계에서는 아주 혁신적인 조약의 집행에 관한 제도로서 받아들여지게 되고, 많은 나라의 조약실시 제도에 영향을 미치게 되어 각국이 조약을 국내에 적용하는데 이론적・실천적 근거를 제시하게 되었다. 미국에서 발전된 특수한 제도를 넘어서 조약을 바라보는 거의 일반적 틀로 사용되고 원용하는 수준으로 인정되게 된 것이다. 이러한 측면에서 자기집행적 조약의 개념은 조약이 국내의 사법기구에서 직접 적용하고 원용할 수 있는 법규가 될 수 있다는 진보적인 면모를 자랑하게 되었으나, 한편으로는 미국은 조약을 그대로 국내법원으로 인정하는데 비해 여타국, 특히 영국의 경우는 조약을 국내법상 법원(法源)으로 전혀 인정하지 않는다는 점을 들어 불만을 가지고 일방적으로 불리한 제도가 아니냐는 조야의 인식까지 나타나게 된다.[27] 자기집행적 조약의 등장은 조약의 직접적용의 한 틀을 제시한 것이지만, 다른 법역에 수출되어 조약의 직접적용의 일반적 제도화의 가능성을 논의하는데 상당한 기여를 하였던 것은 명백하다.

상기한 마셜(Marshal)의 언명에서 자기집행적 조약이라 함은[28] 다양한 개념적 스펙트럼이 있을 수 있으나 기본적으로 조약 자체로서 다른 정치적 기관인 의회의 입법적 작용의 도움도

---

27) 1950년대에 *Fujii v. State* 사건 판결의 영향으로 소위 'Bricker Amendment'가 제기되어 미국 헌법상 조약 관련 규정을 개정하자는 논의가 있었던 바, 특히 캐나다 방식으로 조약 관련 헌법규정을 바꾸려 시도되었다. 이에 대한 평가는 John B. Whitton and J. Edwards Fowler, "Bricker Amendment－Fallacy and Dangers," 48 *AJIL* 23(1954) 참조.

28) *Foster v. Neilson* 사건에서 마셜이 자기집행성의 개념을 밝혔음에도 소위 'self-executing'이라는 용어는 1887년 *Bartram v. Robertson* 사건에서 필드(Field) 대법관이 처음으로 사용한 것이다. 성재호, "조약의 자기집행성,"『국제법평론』(1997-Ⅰ, 통권 제8호), 16면(각주 58).

없이 사법부에서 적용할 수 있는 조약을 말하는 것으로 일응 정의할 수 있을 것이다.[29] 이 개념에서는 직접적용의 근거로서 조약의 목적을 달성하기 위하여 더 이상의 국내적 실시를 위한 제도적 준비가 요구되지 않는다는 특정 조약의 특성을 제시하고 있는 것이다. 조약의 직접적용이라는 측면에서 이러한 기준이 기각될 수 없는 중요한 근거로서 인식되어야 하는 것은 당연하고 사실 오랫동안 조약의 직접적용을 이야기할 때 바로 자기집행성이 그러한 특질로서 설명되었다는 것은 이해가 가능하다고 볼 수 있다. 따라서 어떤 조약이 자기집행적이라고 한다면 조약당사국의 국내법원에서 직접 집행될 수 있을 것이나, 비자기집행적 조약은 관련 추가조치가 있어야만 국내법원에서 시행할 수 있는 권리・의무를 창설하게 된다. 그러한 추가적 시행조치에는 입법적인 조치 이외에 기타 집행적 조치가 상정될 수 있으나, 자기집행성의 개념은 미국 사법부에 의하여 창안되고 발전되어 온 것이므로 법원이 조약과 관련한 역할과 관련된 것이다.[30] 결론적으로 자기집행성이란 개념은 기본적으로 미국의 국내제도에서 발생하고 적용되어 온 것이라는 태생적 한계가 있어 이를 국제법으로 포섭되는 일반적 원칙 내지 문명제국(文明諸國)에 통용되는 법의 일반원칙으로 인정될 수 있느냐는 좀 더 상세한 주의와 연구가 필요할 것으로 본다.[31]

29) 미국의 판례에서 자기집행적으로 보는 조약의 종류는 영토할양조약상 소유권확인, 통상조약상 시민 및 외국인의 거주・사업・허가 등에 관한 권리의 상호적 보장, 통상조약상 무조건 최혜국대우조항, 관세면제, 미주상표권보호조약상 상표권의 보호, 국경획정조약, 1907년 헤이그 제4협약 중 일부 조항, 항공운송의 일부 규칙의 통일에 관한 바르샤뱌조약의 손해책임 조항, 1936년 선박소유주의 책임에 관한 협약상 선원의 보호, 유엔헌장상 특권과 면제 조항 등이다. Evans, *supra* note 12, pp.186-187.

30) 성재호, *supra* note 28, 12-13면.

조약의 직접적용이라는 것은 국내법질서에서 해당 조약의 규정을 조약체결 당사자인 국가 이외의 제3자가 또는 제3자에 대하여 국내의 정치기구이든 사법기구이든 원용하는 것으로 본다면, 조약의 직접적용이란 작용은 단순히 그 조약 자체의 성격이 다른 여타의 조치가 더 이상 필요하지 않은 채 바로 효력을 가지고 적용할 수 있다는 자기집행성의 개념을 뛰어넘는 좀 더 복합적이고 다층적인 개념이라고 짐작된다. 이러한 면에서 자기집행의 개념은 복잡한 과정인 조약의 직접적용의 포괄적인 기준으로 미흡한 면이 있다고 본다. 예를 들어, 어떤 조약의 규정이 완전하게 실시되기 위해서는 추가 국내입법과 같은 조치가 필요하지만, 기본적으로 분명한 원칙을 선언하고 있는 어떤 조항이 어떤 행위 내지 처분의 적법성을 다툴 경우와 같은 특별한 경우에 적용법조로서 원용하는 것이 방해되지 아니할 수 있을 것이다. 또한 위에서 언급한 미국의 판례에서 보듯이 미국의 정책적이거나 외교적 고려가 중요한 기준이 될 수 있기 때문에 법적 안정성과 예측 가능성의 면에서 문제가 있을 수 있다.[32][33]

31) 미국의 국제법에 대한 입장을 정리한 "Restatement of the Law－the Foreign Relations Law of the United States"(Vol. 1, 1987) 중 §111(4)에서 조약이 이행입법이 없이는 국내법으로 효력을 가지지 않는다는 의사를 표시하거나, 조약에 동의를 부여하는 상원 또는 결의로써 하원이 이행입법을 요구하거나, 또는 이행입법이 헌법질서상 요구되는 경우에는 자기집행성이 없다고 설명하고 있다. 여기서 제시되는 자기집행성의 기준을 보아도 자국의 조약정책에 대한 배려 및 국내법, 구체적으로 헌법질서의 요구를 주요 기준으로 하고 있어 미국의 자기집행적 조약의 개념이나 기준을 보편적 관점에서 활용하는데 일정 장애로 작용할 수 있다.

32) 미국에서 자기집행성 또는 비자기집행성을 판단하는 문제는 원래는 문언 자체에 의하여 판단되는 것으로 의도되었으나 헌법상 의회의 권한을 고려함에 따라 사법부의 판단이라기보다 행정부와 의회의 권한으로서 사법적 심사가 곤란한 소위 '정치문제'(political questions)라고 볼 수 있어 결정의 명확한 기준을 만들기 어려운 사정이 있다. Quníncy Wright, "Legal Nature of Treaties," 10 *AJIL*

그럼에도 미국에서 개발된 자기집행성의 개념은 다소간 정치·외교적 간섭을 제외한다면 조약의 직접적용의 관점에서 순수하게 조약 텍스트를 가지고 법이론적으로 직접적용 여부를 판단한다는 점에서, 조약의 직접적용의 문제를 어떻게 바라보아야 하는지에 대한 중요한 기준을 제시하였다는 공적은 결코 과소하게 평가되어서는 안된다는 것이다.

3. 여타 국가의 조약의 국내적용 제도

(1) 영 국

영국에서는 유럽공동체조약을 제외하고는 일반적으로 조약은 국내 직접적용성이 없다. 즉, 효력을 부여하기 위한 국내적 조치를 요구하는 조약이라도 의회의 협조, 그러니까 법률 내지 하위입법 등의 형태로 실시되지 아니하는 경우에 영국 국내적으로 효력을 가지지 못한다. 헌법상 영국이 조약에 따라 가지는 권리·의무는 국내법질서에 직접적으로 수용될 수 없고 필요시 국내법규에 의하여 효력이 부여될 뿐이다.[34] 이러한 영국의 태도는 *Attoney-General for Canada v. Attoney-General for Ontario* 사건에서 표명된 Atkin경의 다음과 같은 의견에 잘 나타나 있다.

706(1916), p.735 및 Paust, *supra* note 14, pp.770-771.

33) "Judicial Decisions involving Questions of International Law; *American Express Company et al. v. U.S.*," 7 *AJIL* 891(1913), pp.891-909 참조.

34) ASIL, *National Treaty Law and Practice* (Leigh, M. and Blakeslee, M.R., ed.), Studies in Transnational Legal Policy, No. 27(1995), pp.229-230.

> 둘 이상의 주권국가 간의 합의를 구성하는 표현을 사용하는 조약에 의하여 설정되는 의무의 형성과 이행 사이에 구별이 있다는 점을 유념하는 것이 본질적이다. 조약을 체결하는 것은 집행적 행위이지만 현행 국내법의 수정이 야기되는 그 의무의 이행은 입법적 조치를 요구한다는 것이 대영제국에서 확립된 규칙이다. … 어떤 나라들과는 달리, 적법하게 비준된 조약 규정은 조약 그 자체만으로는 영국 내에서 법적 효력(legal force)을 가지지 않는다는 것이다.[35]

영국에서는 ① 기존 보통법(普通法) 내지 제정법(制定法)의 제정・개정을 야기하는 조약, ② 정부에 새로운 권한을 부여하는 조약, ③ 사적 권리에 영향을 미치는 조약, ④ 영국에 대하여 재정적 부담을 주는 조약, ⑤ 유럽의회의 권한의 증대를 목적으로 하는 조약의 경우에는 기본적으로 자국 의회의 제정법에 의하여 영국 내에서 실시되어야 한다.[36]

위와 같이 영국에서는[37] 조약 규정이 자동적으로 영국의 국내법(law of the land)이 될 수 없고, 영국의 현행법이 조약의 국내적 실시를 담보하지 못한다면 조약의 발효 이전에 실시에 필요한 입법조치가 선행되어야 하는 것이다. 조약의 국내적 이행을 위한 입법적 조치에는 조약 원문이 포함되는 특별법을 제정하는 방식과 기존법의 개정을 통한 방식이 있다. 따라서 원래의 조약과 입법에 의하여 수용된 조약의 내용은 완전히 별개의 독

35) 영국 최고심(Judicial Committee of the Privy Council)의 판례집, [1937] A.C. 326, 347을 볼 것.

36) *Supra* note 34, p.230.

37) 영국과 유사한 조약실시제도를 가지는 국가로서는 캐나다, 호주, 덴마크, 스웨덴, 노르웨이, 아일랜드와 일부 아시아-아프리카 국가, 카리브해 국가 및 일부 중동국가들을 들 수 있다. 성재호, *supra* note 28, 10면.

립된 법이며, 조약이 실효하더라도 이러한 실시입법이 즉각 효력을 잃지는 아니한다.[38] 조약이 이러한 방식으로 실시될 때에 조약 자체는 영국 내에서 결코 법적 효력을 가지지 못하나, 다만 예외적으로 긴급한 경우에는 그러한 효력을 인정하는 경우가 있다. 예를 들어, 외교특권법(Diplomatic Privilege Act 1964)에 의하면 비엔나 외교관계협약의 특정 조항에 대하여 법적 효력을 부여하고 있다.

영국은 조약의 경우 철저하게 주권자(主權者) －영국식으로 보면 군주(君主)－ 간의 계약으로 보고 국내적 층위에서 여하한 법적 효력을 인정하지 않고 있다. 그러나 이러한 관행은 영국의 헌정사에서 의회주권의 존중, 법치주의 원리 등으로부터 파생된 것으로 충분한 근거가 있다. 그러하더라도 현대와 같이 다수의, 다양한, 전문적인 성격의 조약이 양산되고 이를 신속하고 효율적으로 국내에 실시하여야 하는 시대에 있어 국내・국제의 이분적인 사고방식으로 국제적 층위에서 생성된 법규를 국내에 실시되는 것을 엄격히 차단하는 것은 타당하지 않다. 이는 국제기구의 영국 내에서의 법인격의 인정,[39] 유럽공동체의 조약 및

38) 성재호, *supra* note 28, 10면.

39) 영국은 자국의 조약에 대한 이원론적 입장을 견지하는데 있어, 특히 자국이 당사국이 되지 아니한 조약에 의하여 설립된 국제기구의 영국내 법인격의 인정을 둘러싸고 문제를 드러내고 있다. *Arab Monetary Fund v. Hashim and others* 사건 판결에서 영국의 국내법상으로 인정되지 아니한 국제기구의 인격을 부인해야 한다는 의견이 제시되기는 하나, 국제기구의 존재 그 사실을 무시할 수 없고 그 국제기구가 특정 당사국의 국내법에 의하여 법인격이 인정되면 영국의 국제사법 규칙에 의하여 영국에서도 그 법인격이 인정될 수 있다는 자못 궁색한 논리로 조약이 형성하는 객관적 법질서를 외면하려 하는 모습이 보인다. Christopher Staker, "Decisions of British Courts during 1991 involving Questions of Public or Private International Law," 62 *BYIL* 433(1992), pp.443-437.

법규의 실시방식에서 이미 한계를 드러내고 있다고 판단된다.[40] 후술하겠지만, 영국은 직접 적용되어야 하는 조약의 경우, 해당 조약의 개별적 수용을 통하여 국내에 법규로 도입하고 그 규정과 문언상 동일한 규정을 재판규범으로 원용하고 있다.[41] 말하자면 그냥 표지만 바꾸어 소위 국내법질서에 편입해 적용하는 것으로서 실질적으로 조약을 직접 적용하는 것이나 차이가 없는 것으로 보아야 한다. 이러한 표지만 바꾸는 형식상 편입 내지 변형은 국제법적 측면에서 보면 조약을 국내법체계에 수용하는 구조의 작용의 일환으로 볼 뿐이다. 조약 자체를 국내의 법규로 인정하지 아니하는 엄격한 이원론(dualism)에 입각한 특정 국가군들이 있다고 하여 바로 일반국제법상 조약의 직접적용에 관한 이론이 정립될 수 없다는 논거로 사용될 필요는 없을 것임을 미리 말해 두고자 한다.

(2) 프랑스

1) 프랑스 헌법상 조약에 대한 태도

프랑스 현행 헌법 제55조에 의하면 조약 우위의 일원론적(monist) 체제가 채택되어 적정하게 비준되거나 의회의 승인을

40) 정부의 언론에 대한 보도지침의 하달이 유럽인권협약의 위반과 관련된 *R v. Secretary of State for the Home Department* 사건 판결에서 사법부에서 동 협약을 직접 원용하는 것은 입법부의 권한을 침해하는 것이라고 보고, 단지 의회는 협약에서 의도하는 대로 국내실시 입법이 되었을 것이라고 추정된다고 할 뿐, 여전히 조약에 대한 영국의 이원론적 입장을 견지하고 있으나 Ackner경은 이미 이 협약이 뒷문을 통해 영국 내에 수용되었다고 소수의견을 제시하고 있는 등, 영국의 엄격한 조약과 국내법의 분리는 모순에 직면하고 있다. *Ibid.*, pp. 437-441.

41) *Infra* note 112, 115 참조.

받은 조약 또는 협정은 공포한 때로부터 타 당사국에 의한 상호적 적용(相互的 適用)[42]이라는 제한하에 의회의 입법보다 우위에 있다고 한다.[43] 그러나 프랑스의 경우도 1946년 헌법 이전에는 전통적으로 이원론적 입장을 취하여 조약은 이를 다시 법규로서 공포하는 정부령(décret)이 있어야 국내에 법규로 수용될 수 있는, 일종의 변형절차를 가지고 있었다. 그 뒤 제4공화국의 1946년 헌법 제26조[44]에서 과거와 같은 변형절차 없이 적법하게 비준되고 공포된 조약은 국내법상 효력을 가지게 되었으며, 이는 제5공화국 헌법에서 본질적 변경이 없이 승계되어 적용되고 있다.[45]

2) 조약의 국내적 적용

조약을 국내에 실시하기 위하여 국내수용의 조치가 필요한 바, 중요한 요건은 조약의 공포(公布, publication)로서 이는 조약

---

42) *In Re Rekhou* 사건(1981년 5월 29일)에서 프랑스 행정법원(Conseil d'État)은 1962년 프랑스-알제리 간 에비앙협정상 연금수급권 상호인정에 관한 판단에서 상호주의의 충돌이 조약의 적용의 전제가 된다고 판단하였다. 그리고 이러한 상호주의 충족 여부는 외교부서에서 판단한다고 판시하였다. Monroe Leigh, 77 *AJIL* 144(1983), pp.161-162. 또한, 1958년 헌법개정안 심의 당시 프랑스 정부측도 이를 명확히 확인한 바가 있다. Luchaire, F. et Conac, G., *La constitution de la République française* (2e éd., 1987), p.1066 참조.

43) Louis C. Bial, "Some Recent French Decisions on the Relationship between Treaties and Municipal Law," 49 *AJIL* 347(1955), pp.253-255.

44) 동 제26조에 대한 프랑스 정부의 비망록이 유엔 사무총장에게 1953년 1월 10일 제출된 바, 이에 따르면 조약은 법효력을 가지며 적용되기 위하여 그 규정을 재생하는 개입입법의 필요가 없으며 그 자체로서 공공기관은 물론 개인에 대하여도 준수의 효력을 가진다고 명언하고 있다. Alexandre-Charles Kiss, *Répertoire de la pratique française en matière de droit international public*, Tome I (1962), p.534.

45) 박기갑, "조약의 자기집행력: 프랑스이론 및 판례를 중심으로,"『판례실무연구』(제3권, 1998), 182-183면.

의 공포에 관한 국내법에 의하여 규율된다.[46] 그러나 모든 조약과 국제적 협정이 모두 공포되는 것이 아니라, 그것의 실시가 개인의 권리・의무에 영향을 미칠 수 있는 경우에 관보에 고시하여 공포하는 것이다. 따라서 모든 조약이 공포되지 않기 때문에 공포되지 아니한 조약을 개인이 법정 등 국가기관에서 원용할 수 없게 될 수 있다. 따라서 정부의 재량으로 공포를 제한하여 조약의 국내적 효력을 통제할 수 있는 것이다. 법정의 판사는 직권으로 원용되는 조약의 공포 여부를 조사하여야 하며 공포되지 아니한 조약을 적용하여서는 아니 된다.[47]

프랑스에서 공포된 조약이 직접 적용될 수 있느냐의 문제와 관련하여 프랑스 국내에서 계속 쟁점이 되어 온 바가 있었는데, 이 점에 대해 프랑스 판례와 이론은 미국이 사용하는 '자기집행성'이라는 표현 대신 여타 유럽 국가들처럼 '직접적용성'(applicabilité directe) 또는 '즉각적 청구권'(droit immédiatemnt exigibles)이란 개념을 사용하고 있어 주목된다.[48]

프랑스에서 어떤 조약이 국내적으로 스스로 집행되기 위해서는 그 내용이 충분히 명확하고 관련 국내법 규정상 그러한 목적을 달성하기 위한 제반 조치가 이루어져 있는지 여부, 재정적

46) 프랑스 현행 헌법상 '공포'의 절차는 자칫 조약의 국내법에의 도입 및 적용을 지연시킬 수 있는 장애요소로 등장하였던 바, 이를 시정하기 위한 조치로서 '프랑스 정부에 의해 서명된 국제조약의 비준과 공포에 관한 1953년 Décret' (no. 53-192 du 14 mars 1953 relatif à la ratification et la publication des engagements internationaux souscrits par la France)에 의해 조약의 공포절차가 보다 명확하게 확정되었다. 원칙적으로 외교부 장관이 비준과 공포권을 가지며 예외적으로 노동에 관한 조약의 경우에만 노동부와 협의하여 그러한 권한을 행사하도록 하고 있다. *Ibid.*, 183면.

47) *Supra* note 34, pp.11-12.

48) 박기갑, *supra* note 45, 184면.

구조에 합당한지 여부 등 전제조건을 충족시켜야 한다고 보며, 조약 규정상 개인에 대한 권리·의무의 부여 여부는 필요요건으로 보는 경우와 그렇지 아니한 경우로 나뉘고 있어 확실하지 아니하다.[49] 만약, 조약이 충분히 명확하지 못하여 법원이 적용하기 곤란한 경우, 소위 직접적용성이 부재하고 추가적인 실시조치가 요구된다는 측면에서 해당 조약의 직접적용이 배제될 수 있다. 1990년까지는 행정법원이 조약에 대한 해석의 권한이 없었고 조약문이 아주 명백한 경우(소위, théorie de l'act clair)가 아닌 이상 외교부의 해석에 의존하였으나,[50] 1990년에 들어와 국참사원(Conseil d'État)은 기존의 태도를 바꾸어 조약의 해석권을 행사하기 시작하였다. 일반법원의 경우 해석권을 가지고 있으나 이는 어디까지나 전적으로 개인의 권리 또는 이익이 계쟁사항이 되어야 하고 공공의 이익과 관련되는 경우에는 프랑스 대법원은 해당 조약의 해석권이 없다. 예를 들어, 1990년 뉴욕에서 채택된 아동권리보호에 관한 협약은 개인에게 직접적 효과가 없으며 오직 국가만 적용된다고 대법원(Cours de Cassation)에서 판단한 바가 있었다.[51]

3) 프랑스 제도에 대한 평가

프랑스는 조약의 국내 직접적용과 관련하여 조약의 충실한 이행의 측면에서 가급적 법적 효력을 최대한 발휘하도록 국내법질서가 협조하여 온 역사를 가지고 있다.[52] 즉, 1946년 헌법

49) *Ibid.*, 184-185면.

50) Pirre Pescatore, "Interpretation of Community Law and Doctrine of 'Act Clair'," in the Legal Problems of an Enlarged European Community, *British Institute Studies in International and Comparative Law*, No. 6(1972), p.42.

51) *Supra* note 34, p.14.

제26조에 의하여 인정되기 이전 19세기 초부터 조약의 국내적 법효력과 직접적용성(直接適用性)을 인정해 온 전통을 가지고 있다. 이는 현대, 특히 유엔 설립 이후에도 변함없이 프랑스적 전통을 국제사회에서 주장하면서 국제법의 법효력과 적용범위의 확대에 기여하고 있는 것이다.[53] 이러한 프랑스의 관행은 조약의 국내 직접적용의 보편적 제도의 구축에 하나의 표본으로 충분히 고려할 필요가 있다. 특히 마찬가지로 조약에 대한 일원론적 입장을 취하는 미국이 현대에 들어 조약의 국내 직접적용에 소극적인 모습을 노출하고 있는 가운데 선진 법제도를 가지고 있으며 대륙법계의 대표국가인 프랑스의 관행은 중요하게 취급되어야 한다.

(3) 독 일

독일 기본법(基本法) 제25조에 의하면 국제공법(國際公法)의 일반규칙은 독일연방법의 불가분의 일체로 인정되고 있으나, 조약에 관해서는 해당 규정을 두고 있지 않다. 다만, 동 기본법

52) 조약이 법적 효력을 가지므로 프랑스 국내 공공기관이 적용해야 한다고 판시한 것은 대법원(Cour de Cassation) 민사부의 1811년 1월 15일 판례(Dame Champeaux-Gramont c. Cardon) 및 국참사원(Conseil d'État)의 1868년 12월 12일 판례(Cie générale des asphalte c. Breitmayer et autres) 이래 수다한 각급 법원에서 같은 취지의 판결을 내려왔다. Kiss, *supra* note 44, pp.533-534.

53) 프랑스 대표는 1928년 6월 28일 개최된 국제난민지위회의에서 난민보호를 위한 비자 또는 증명서가 영사가 아닌 다른 난민보호기구에 의하여 발급되더라도 이에 관한 조약이 체결되면 프랑스는 국내실시 입법조치가 없이도 바로 이러한 증명서의 법적 효력을 법률상 인정할 수 있음을 설명한 바가 있고, 1946년 11월 5일 유엔 총회 제4위원회에서 유엔헌장상 신탁통치에 관한 규정이 프랑스에서 법으로서 적용된다고 언급한 바가 있는 등, 국제법의 국내에서의 적용에 있어 적극적인 모습을 보여 주었다. Kiss, *supra* note 44, pp.534-536.

제59조 제2항에서 "연방의 정치적 관계를 규율하거나 연방의 입법사항(立法事項)에 관한 조약은 연방법률(聯邦法律)의 형식으로 각각 연방의 입법에 관하여 권한을 갖는 기관의 동의 또는 협력을 필요로 한다"라고 규정하여 의회의 승인이 요구되는 입법사항에 관련되거나 국가의 존립 및 지위, 독립, 영토의 보전, 국제사회에서 국가의 활동 등에 관한 정치적 성격의 조약은 동 조약의 국내적 유효성과 적용을 인정하는 동의법(同意法, Zustimmungsgesetz)에 의해 국내법에 수용된다. 이 두 가지 범주에 해당되지 아니하는 기타의 조약은 의회의 동의가 요구되지 아니한다.[54)]

종래에 연방법률의 형식을 취하는 의회 동의의 법적 성격을 둘러싸고 변형이론(Transformationthese), 수용이론(Adoption- und - Inkorporationthese) 및 집행이론(Vollzugsthese) 등의 학설적 논의가 제기되었다. 변형이론에 따르면 독일 헌법상의 동의법의 요구와 관련하여 조약이 바로 국내법으로 자동적으로 효력을 갖게 되는 것이 아니기 때문에 이러한 조약이 국내적으로 국가기관 및 개인에게 효력을 가지기 위해서는 원칙적으로 변형되어야 한다는 것으로, 이런 관점에서 보면 국제법·국내법의 관계에 있어서 이원론적 입장에서 본 것이라 평가된다. 이에 비해 수용이론은 일원론적 관점에서 조약이 국내적으로 다른 변형을 거치지 아니하고 국내법으로 도입되어 다른 입법적인 조치가 필요 없이 효력을 가지게 된다는 이론이다. 집행이론에 의하면 국제규범이 국내법으로 집행되기 위해서는 국가의 행위가 필요하다는 것에 기초하여 국제법을 국내적으로 실시하기 위해서

54) *Supra* note 34, p.44.

그 효력의 근거, 수범자, 법체계의 연관 등의 변형이 없이 가능하다는 전제에서 조약은 조약으로서 국내에 실시되고, 동의법은 조약을 국내에 실시하는 것을 명하는 적용명령의 성격을 가지는 데에 불과하다는 것이다. 이러한 집행이론은 국제법규가 국내에 적용되는 전제조건을 만드는데 불과하여 해당 국제법규와 유리된 독자적인 실질적 내용을 가지는 것으로 볼 필요는 없다는 것이다.[55] 이러한 제반 학설에 비추어도 조약의 국내수용구조에 따른 차이가 조약의 직접적용성을 좌우하는 본질적인 근거가 아니란 점을 보여 주고 있다.

1899년 트리펠(Triepel)의 고전적 저서 『국제법과 국내법』(*Völkerrecht und Landesrecht*)이 출현한 뒤 독일의 학설은 트리펠의 이원론(二元論)을 20세기초 켈젠(Kelsen)으로 대표되는 비엔나학파가 등장할 때까지 조약을 포함한 국제법과 국내법의 관계에 관한 지배적인 학설로 받아들이게 되며, 조약에 관해서는 실제 트리펠보다 더 잘 알려진 이론은 마찬가지로 이원론에 입각한 법실증주의자 라반트(Laband)와 그나이스트(Gneist)의 이론이다. 소위 'Laband-Gneist 이론'이라고 불리며 조약의 국제법상 유효성과 국내법원에서 적용될 수 있는 '의무적 효력'(obligatory force)은 준별되어야 하며, 이러한 효력을 인정하기 위해서는 조약이라는 국제적 계약을 국내법으로 변형하는 국가의 행위(act of the State)가 필요하다고 주장한다. 제국헌법하에서 조약을 국내실시하기 위해 조약의 문언을 담은(embodying) 입법조치를 하거나 조약을 입법 형태와 같이 관보에 공포함으로써 국내법과 같이 국가기관과 개인을 기속하게 하는 소위 변

55) 법무부, 『조약의 국내수용 비교연구』(법무자료, 제208집), 12-16면.

형조치를 취했었다.[56)]

이러한 구 독일제국의 국제법/국내법 준별의 태도는 제1차 세계대전 패전과 바이마르헌법의 등장으로 이론적으로 변화를 겪게 된다. 이런 계기로 이원론에 입각한 변형이론보다는 수용이론이 통설적 지위를 가지게 되는데, 그 배경은 바이마르헌법상 국제법 수용조항 때문인 것으로 판단된다. 특히 베르사유조약의 성실한 이행을 확보하는 것이 중요했던 연합국의 입장은 이런 국제법의 자동적 수용을 지지하였을 것이란 짐작이 가게 한다.[57)] 그러나 기본법 제정 이후 변형이론 쪽으로 다시 기울었는데, 동의법의 성격은 조약의 국내적 실시를 가능하게 하고, 특히 조약의 수범자를 국내적 주체로 변형하는 효과를 가지게 된다는 것으로서 다시 트리펠류의 이원론으로 회귀하는 것으로 평가될 수 있다. 그러나 상기한 집행이론에 의하면 국제법의 국내적 투과성을 인정하는 바탕 위에서 국제법과 국내법 간의 엄격한 분리를 수정하는 통합적 논의로 평가된다.

독일의 경우에도 독일에 정당하게 수용된 조약의 직접적용 내지 자기집행성을 인정하는 경우에 속한다. 자기집행적 조약인 경우 동의법을 통하여 국내법질서에 편입되지만, 비자기집행적 조약의 경우 실시입법을 요하는 것은 다른 나라와 큰 차이가 없다. 최근 들어 조약 등 국제법 규범이 국내에서 효력을 발생할 수 있느냐라는 국내적 효력(innerstaatliche Gewaltung)의 문제와, 어떤 조건에서 국제법 규범이 국내에서 직접 개인에게

56) Ruth D. Masters, *International Law in National courts* (1932), pp.23-26.

57) 바이마르헌법 제4조에서 일반적으로 승인된 국제법규는 독일연방의 법을 구성한다고 하여 일반국제법을 자동수용하게 되었다. 이에 대해서는 *Ibid.*, pp.51-65를 참조할 것.

권리・의무를 발생시키고 국내법원과 행정기관이 이를 준수해야 하느냐의 직접적용 가능성(unmittelbare Anwendbarkeit)의 문제를 구별하는 등 조약의 국내적용에 관한 진보적 면모를 보여주고 있다.[58)]

(4) 인 도[59)]

인도의 헌법에는 미국 헌법 제6조 제2항과 같이 조약의 국내적 지위를 선언하는 조항은 없고, 다만 입법권한을 명시하는 동 헌법 제253조에서 조약을 실시하기 위한 의회의 입법이 요구되는지에 대해 명확한 지침을 주지 않고 있다. 또한 조약의 체결에 대한 의회의 동의권도 규정하고 있지 않고 있어 조약의 국내적 지위가 명확하게 규정되고 있지 않다.

조약을 체결하기 이전에 인도 정부가 이를 실시할 수 있는 법적 권한이 없는 경우 또는 법규가 미비한 경우에는 의회 입법을 통하여 이를 보완하여야 한다. 특히 중요한 조약으로서, 예를 들어 주변국과의 국경획정조약은 의회의 실시입법을 통하여 동의를 획득하여야 하는데, 인도 최고법원의 *Beru Bari* 사건에 대한 권고적 의견에서 인도 영토의 양도는 적정한 입법적 조치가 없으면 실시될 수 없다는 원칙이 확립되었다. 이러한 특성은 기본적으로 영국의 조약에 대한 태도를 계수한 것으로 보여지는 측면이라 판단된다.

---

58) 법무부, *supra* note 55, 110-111면.
59) *Supra* note 34, pp.79-114.

(5) 일 본

1) 헌법의 관련 규정

일본 헌법 제98조 제2항에서 "일본국이 체결한 조약 및 확립된 국제법규(國際法規)는 이를 성실히 준수할 것을 요한다"라고 규정하고 있다. 이 규정에 대해 국제법에 국내적 효력을 인정한 것인지 여부와 관련하여 학설이 분분했으나, 오늘날 이 규정은 '국제법의 국내법화(國內法化)의 규정'이라 부르며 압도적 다수의 학설은 이 조항이 조약을 포함한 국제법에 대하여 국내적 효력을 부여하는 근거로 보고 있다.[60] 일본 정부도 이 조항의 입법사를 고려하여 동일하게 해석하고 있다.[61]

2) 조약의 직접적용 가능성

일본의 재판소는 미국과 달리 자기집행성의 개념을 원용하여 조약의 국내 직접적용성의 기준으로 사용하지 아니하고 바로 조약 규정에 대한 해석을 통하여 직접적용 여부를 결정하는 것으로 보인다.[62] 일본 재판소는 일본이 체결한 대일평화조약(對日平和條約) 제19조(a)[63]의 연합국 및 그 국민에 대한 포괄적 청구권 포기에 관한 규정이 직접 국내적으로 수용되어 이 조약 규정의 국내적 효력이 인정된다고 판시하였다.[64] 한편 이와 관

60) 법무부, *supra* note 55, 115면; 岩澤雄司, *supra* note 13, 29면.

61) 岩澤雄司, *supra* note 13, 29-30면.

62) *Ibid.*, 33면.

63) 동 조항은 "일본국은 전쟁에서 발생하였거나 또는 전쟁상태가 존재했기 때문에 취한 행동에서 발생한 연합국 및 그 국민에 대한 일본국 및 그 국민의 모든 청구권을 포기하고, 또한 조약의 효력 발생 이전에 일본국 영역 내에서의 모든 연합국의 군대 또는 당국의 존재, 직무수행 또는 행동에서 발생한 모든 청구권을 포기한다"라고 규정하였다. 법무부, *supra* note 55, 116면(각주 126)에서 인용.

련하여 주목되는 판례는 재일한국인에 대한 일본 국적의 상실과 관련하여 대일평화조약 제2조(a) 규정이 근거가 될 수 있느냐가 쟁점이 되었다. 이 조항은 "일본국은 조선의 독립을 승인하고 … 조선에 대해 모든 권리, 권원 및 청구권을 포기한다"고 규정한 것을 근거로 일본 법무부는 1952년 4월 19일 "평화조약에 따른 조선인, 대만인 등에 관한 국적 및 호적사무처리에 관하여"라는 민사갑 통달(民事甲 通達) 제438호를 발하여 재일한국인 등 구 식민지 주민의 일본 국적을 상실하게 하는 행정적 조치를 취하였다. 이는 일본 헌법 제10조에 규정한 국적법률주의(國籍法律主義)에 반하는 조치일 소지가 큰 사안임에도, 하급심의 엇갈리는 판결에 대해 최종적으로 1961년 일본 최고재판소는 통달내용의 합법성을 전면적으로 지지하였다.[65] 이러한 판결은 조약의 국내 적용성 여부에 관한 문제를 떠나서 조약상 영토변경에 수반한 강제 국적변경이 국제법상의 원칙이나 확립된 관행이 아님에도 이렇게 과잉해석을 한 것은 무리라고 판단된다.

일본에서는 학설상으로는 비자기집행적 조약은 국내적 효력이 부인된다고 보는 것이 유력하다.[66] 조약의 자기집행성의 기준으로는 입법조치를 취할 것을 약속하는데 불과한 조약, 규정의 내용이 명확성을 결여한 조약, 정치적 의무를 부과하는데 불

64) 東京高判, 1959.4.8. 下民集 10券, 712면, 720-721면 등.

65) 最(大)判, 1961.4.5. 이 사건의 배경 및 법적 쟁점에 대해서는 정인섭, 『재일교포의 법적지위』(서울대학교 출판부, 1996), 89-110면을 볼 것.

66) 黑田 교수는 일본 헌법학자 다수가, 굳이 말하자면 국제법학자 다수도 간과하고 있는 중대한 점으로서 조약이 국내법적 효력을 가지는 것은 조약이 자기집행적인 한에서 그렇다고 한다. 또한 高野 교수도 마찬가지의 입장을 취하고 있다. 법무부, *supra* note 55, 123면.

과한 조약, 권고적 성격의 조약, 중립조약, 공동방위조약, 안전보장조약과 같이 정치적 성격의 조약 등은 비자기집행적이라고 분류하고 노동자의 권리, 저작권, 특허권, 관세, 외국인의 지위, 국적, 최혜국대우 등에 관한 조약은 자기집행적 조약으로 분류된다고 학설상 인정한다.[67]

II. 국제적 층위에서 조약의 직접적용에 관한 논의

1. ILC의 논의 회피

유엔에 의해 국제법의 진보적 발전과 성문화를 위해 설립된 국제법위원회(International Law Commission: ILC)에서 비엔나 조약법협약(條約法協約)을 성안하는 과정에서 조약의 국내적용에 관한 조항이 초안(草案)으로 제시되기도 하였으나,[68] 이 초안과 관련하여 당시 제4특별보고관(Special Rapporteur)이었던 월독

---

67) 법무부, *supra* note 55, 124면.

68) ILC는 1964년도에 다음과 같은 조약의 개인에 대한 직접적용에 관한 조약법 초안을 제시하였다. *YBILC*, Vol. II(1964), p.45.

Article 66 - Application of treaties to individuals

Where a treaty provides for obligations or rights which are to be performed or enjoyed by individuals, juristic persons, or groups of individuals, such obligations or rights are applicable to the individuals, juristic persons, or groups of individuals in question:

(a) through the contracting States by their national systems of law;

(b) through such international organs and procedures as may be specially provided for in the treaty or in any other treaties or instruments in force.

(Sir Waldock)이 기본적으로 "약속은 지켜져야 한다"(*pacta sunt servanda*)는 원칙에 의하여 조약은 당사국의 약속대로 이행되는 만큼 구태여 존치시킬 이유가 없다고 주장하여,[69] 이 초안 자체가 철회되고 대신 이행의 형태는 포괄적으로 동 비엔나협약 제26조에 의하여 보장된다는 것으로 결론을 내리는 바람에 이 사항에 관한 국제적 입법 및 관련 해석과 사례 집적의 기회가 아쉽게도 사라지게 되었다.[70]

국제사회에서 국제법 발전과 성문화의 중심기구인 ILC가 이와 같이 조약법의 진보적 발전을 기할 수 있는 기회를 살리지 못하고 단지 퇴행적 초안을 내었다가 이마저 논의를 하지 못하는 무력함을 보여 준 것은 유감스런 모습이라 생각된다. ILC 구성 자체가 서구권과 개발도상국이 혼합되어 있지만, 실상 초안 성안과 논의의 진행은 서구권 위원들이 독주하고 개발도상국

69) 그러나 상기 초안 제66조는 이러한 개인의 권리・의무를 발생시키는 조약의 적용도 각국의 법제에 의하도록 함으로써 국제법상으로 직접적용을 규정하는 것 자체를 포기하고 있어 어떤 면에서 수용 여부에 상관없이 조약을 그대로 적용한다고 판시한 PCIJ의 단치히 재판소의 관할권에 관한 권고적 의견에서 인정된 원칙과 어긋난다고 평가된다. 이러한 결과는 당시 특별보고관이었던 피츠모리스(Fitzmaurice)나 월독(Waldock) 두 사람이 영국의 국제법관을 대표하는 자로서 조약의 국내사회에 대한 불침투성을 지지하는 영국적 특수성을 보호하려 하지 않았느냐 하는 생각이 든다. 이러한 논의 중에 당시 ILC 위원이었던 Yassen은 이러한 문제를 정확히 지적해 내고 있는데, "… it is recognized that, to a certain extent and in certain circumstances, a treaty could be invoked directly for or against individuals"라는 국제법의 최근의 발전 경향을 초안에 반영하여야 하다고 언급하였다. *Ibid.*, pp.114-115.

70) ILC에서 이 문제를 토의한 것은 1964년 제741차 회의에서였는데 상기 초안 제66조에 대한 논의가 분분하였다는 것을 보여 주었다. 당시 ILC는 이 조항이 포함되어야 한다는 의견과 현행법 법전화(codification of existing law)의 범위를 넘어선다는 부정적 의견으로 갈려 있었다. 이에 비해 각국 정부는 별다른 입장을 보여 주지 아니하여 조약의 직접 개인에 대한 적용에 대하여 관심이 많지 아니하였음을 짐작하게 한다. Shabtai Rosenne, *Developments in the Law of Treaties 1945-1986* (1989), p.72 참조.

위원들은 이를 간헐적으로 제동을 거는 역할을 주로 수행하는 모습이 보인다. ILC 내에서 국제법의 역할을 증대시키는 진보적 안이 논의되기 힘든 분위기는 보수적 입장을 가진 서구권 위원들과 함께 주권과 국내문제 불간섭이라는 구 사회주의권 및 비동맹회의에서 지배적으로 주창되어 온 원칙에 익숙한 개발도상국 위원들로 비롯되는 측면이 있다고 보인다.

조약의 직접적용의 문제는 국제법/국내법이라는 대립항의 기성구조를 발전적으로 재조정하고 조약의 완벽한 이행을 기하기 위한 한 방식으로 제기될 수 있는 문제로 보인다. 따라서 이 직접적용의 법리는 영국의 법철학자 하트(H.L.A. Hart)의 주저 『*the Concept of Law*』에서 설명된 일차규범(primary rules)으로서 해당 조약의 해석을 통해 직접적용의 의무로 설명될 수 있지만, 좀 더 추상적으로 보면 조약상 의무를 수행하는 방식을 지도하는 이차규범(secondary rules)으로서의 역할도 가지는, 말하자면 '법에 대한 법' 내지 메타법으로서 성격도 함유하고 있는 것으로 평가된다. 이러한 측면을 고려해 ILC가 향후 관련 논의시 각국의 임의적 재량에 맡겨진 조약의 국내실시에 관한 심도 있는 토의와 진전을 기하기를 기대해 본다.

2. PCIJ의 권고적 의견

(1) 내 용

기본적으로 국제법, 특히 조약이 국내사회에서 직접적으로 적용되는 원리에 대하여 설시한 최고의 법적 권위(authority)는 20세기 초에 설립된 상설국제사법재판소(Permanent Court of

International Justice: PCIJ)가 1928년 내린 "단치히 재판소의 관할권에 관한 권고적 의견(勸告的 意見)"[71]이며 바로 조약의 직접적용의 법적 문제를 직접적으로 다루었다. 사실상 이 권고적 의견이 조약의 국내적 직접적용 문제를 보편적으로 다룬 거의 유일한 국제적 판례이다. 이 권고적 의견이 국제법상 포괄적으로 정확하게 이 문제를 다룬 유일한 법적 권위(legal authority)가 되었는데 판결의 그 핵심내용은 다음과 같다.

> 명백하게 확립된 국제법의 원칙에 따르면 국제협정은 그 자체로서 개인의 권리·의무를 발생시킬 수 없다는 것이 이미 인정되어 있다. 그러나 그 협정의 목적이 당사자의 의사에 의하여 개인에게 권리와 의무를 발생시키고 국내법원에 의하여 집행이 가능토록 하는 명확한 규칙을 당사자들이 채택하는 것은 다투어지지 아니한다(It may be readily admitted that, according to a well established principles of international law, the *Beamtenabkommen*, being an international agreement, cannot, as such, create direct rights and obligations for

71) *Advisory Opinion on Jurisdiction of the Courts of Danzig* (1928), PCIJ, Ser. B, No. 15. 이 사건은 단치히 자유시의 철도직원들이 단치히 자유시와 폴란드 간에 체결된 협정(Beamtenabkommen, 단치히-폴란드 간 직원전속협정을 말함)에 따라 전속선언을 하는 경우 폴란드 철도청으로 전속되어 이 협정에서 정한 규칙에 따라 근무하고 대우를 받게 되었다. 이 협정에 의거하여 전속된 직원들이 폴란드에 대하여 근무관계에 관련되는 금전적 청구를 동 협정 또는 동 협정에 따른 전속선언에 의해 폴란드 철도청에 근무하게 되는 근무계약(contract of service)에 기초해 단치히 자유시 구역내 철도 관련 소송에 대해 전속적 관할권이 베르사유조약 산하 파리협약(단치히 자유시 지위 규정) 및 관련 부속문서에 의해 부여된 단치히 법원에 제기하자, 폴란드는 조약에 해당하는 동 협정은 개인에게 적용되지 않으며 이 법원에서 동 사건을 다루는 것을 인정하지 않겠다고 주장하면서, 이러한 개인의 청구권이 단치히 지방법원에서 다루어질 수 있는지 여부가 쟁점이 되어 단치히 시정을 관리하는 국제연맹에 의하여 결국 PCIJ의 권고적 의견이 요청되었다.

> private individuals. But it cannot be disputed that the very object of an international agreement, according to the intention of the contracting Parties, may be the adoption by the Parties of some definite rules creating individual rights and obligations and enforceable by the national courts).[72]

이 판례를 해석하면, 원칙적으로 조약은, 특단의 당사국 의사가 확인되지 않는 한, 개인에게 권리・의무를 발생시킬 수 없고 같은 맥락으로 국내에 직접적으로 적용되지 않는 것으로 추정된다는 의견이라고 볼 수 있다. 이는 기본적으로 국제법과 국내법의 관계에 관한 이원론(二元論)의 입장[73]에 근거한 당시 PCIJ의 보수성을 반영한 견해로 평가되지만, 그만큼 조약이 가진 계약적 성격 내지 인상이 작용한 측면도 있는 것으로 보인다. 그러나 조약이, 당사국의 특별한 의사(意思)에 의하여 정해진다는 전제가 있지만, 국내에 직접적으로 적용될 수도 있음을 인정하고 있다는 측면에서는 국제법의 권위로서 귀중하게 참고하고 적용해야 할 판례라고 볼 수 있다.

이 판례에서 언급한 대로 '명확한 규칙'(definite rule)을 설정하는 법규성을 갖춘 조약으로서 개인을 대상으로 삼는 조약은 국내에서 직접 원용될 수 있고 국내법원에 의하여 적용될 수 있다고 볼 수 있다. 환언하면 당사자들이 특정 조약 또는 특정 조약내 특정 조항에 대하여 국내 사법기관에서 재판규범으로 적용되는 준거법과 같이 사용할 의사가 해석상 확인된다면 해당 조약의 규정은 국내에 적용될 수 있는 것이 된다는 것이다.

72) *Ibid.*, pp.17-18.
73) Waelbroeck, *supra* note 2, p.165.

(2) 평 가

상기한 PCIJ의 권고적 의견에서 추단할 수 있는 직접적용의 개념은 당사국의 의사로써 개인에게 권리와 의무를 부과하고, 국내에서 직접 집행될 수 있는 명확한 규칙을 설정하는 조약을 일컫는 것으로 간단히 요약할 수 있다. 이런 판례가 나오는 가운데 당시 이론가였던 법학자 왈츠(Walz)는 트리펠(Triepel)의 이원론에 기본적으로 천착하면서도 조약의 국내 적용의 필요성을 인정하여 국제법을 기본적으로 '원초적 의미의 국제법'(droit international au sens originaire)과 '파생적 의미의 국제공법'(droit international public au sens dérivé)으로 분류하여, 전자의 경우에는 국내법과 별도로 오직 국가에만 적용되고, 후자는 국제적으로 법효력을 지니지만 국내적으로 수용조치에 의해 국내에서도 효력을 지니는 조약으로 정의하였던 바,[74] 이는 제1차 세계대전 이후 바이마르헌법[75]을 위시한 여러 나라에서 민주적 헌법의 제정으로 국제법이 국내에 수용되는 경험적 사실을 이론적으로 수용하려는 시도로 평가되나,[76] 이러한 기교적 설명과 관계 없이 국제재판소는 조약의 직접적용성을 명시적으로 인정하

74) G.A. Walz, "Les rapports du droit international et du droit interne," *RdC* (1936), pp.64-65.

75) 제1차 세계대전후 채택된 바이마르공화국 헌법 제4조는 일반적으로(allgemeine) 인정되는 국제법규는 독일 연방법과 불가분의 일체를 구성한다고 규정하여 국제법을 자동적으로 수용한 바, 종래 이원론이 강하던 독일 국내에 상당한 논쟁을 불러일으킨 바가 있다. Masters, *supra* note 56, pp.51-65.

76) Antonio La Pergola, "the relationship between international and domestic law: traditional problems and new trends," *European Commission for Democracy through Law, Proceedings of the UniDem Seminar(1993) on the relationship between international and domestic law*, pp.4-11 참조.

고 있다.[77)]

결론적으로 상기 권고적 의견을 통하여 본 조약의 직접적용이라는 것은 개인에게 권리·의무를 발생시키고 이를 적용 내지 실시할 수 있는 명확한 규칙을 당사국의 의사에 의하여 형성하는 조약 그 자체를 국내법원에서 적용 내지 실시하는 것이라고 파악할 수 있을 것이다. 이러한 조약의 직접적용의 개념은 기본적으로 국제법을 국가의 동의에 기반을 두려는 주관주의(主觀主義)에 의거하고 있음을 알 수 있다. 조약의 직접적용도 결국은 국가의 의사(意思)에 결부시킴으로써 국제법 형성과 적용에 국가의 주도적 역할을 원칙적 전제로 두고, 현실적으로 국내에 조약을 직접 적용하는 경우를 포섭하는 논리이자 개념이라 평가된다. 그럼에도 이 권고적 의견은 직접적용을 설명하는 다른 요소, 이를테면 개인에 대한 권리·의무와 명확한 규칙(rule)의 창설 내지 형성이라는 측면을 제시하여 이후에서 설명하는 조약의 직접적용의 기준을 제시하는 기초를 설정하는 점에서 중요하고 가치 있는 판례로 인정된다.

3. 유럽공동체의 조약의 직접적 효력 내지 적용

(1) 개 설

상기 PCIJ의 20세기 초에 이루어진 일회의 권고적 의견에 비하여 20세기 중반 이후 법조 선진지역인 서구국가를 중심으로 이루어진 유럽공동체 내에서 유럽공동체의 조약 기타 공동

---

77) 岩澤雄司, *supra* note 13, 93-94면 참조.

체 입법의 국내적 적용과 효력을 위요한 유럽사법재판소(Court of Justice of the European Communities: ECJ) 등 공동체 사법기관의 판결은 일관성이 있는 상당수의 판례를 통하여 공동체법의 직접적용의 원칙을 확립하여 왔다. 이러한 원칙은 단순히 공동체 내부의 특수한 법원칙에 지나지 않는 것이 아니라, 조약의 국내적 직접적용에 관해 참고할 만한 원칙과 발전방향을 제시하고 있다고 본다. 이러한 측면에서 동 공동체에서 이루어낸 성과는 법적 선례로서 참고될 충분한 가치가 있다고 보아야 할 것이다.[78]

특히 우리가 참고하여야 할 사항은 공동체의 사법기관이 오직 공동체법의 직접적용성만을 특별한 공동체의 규칙으로 판단하는 것이 아니라, 국제법의 일반규칙을 포함한 제반 법적 논리로써 이러한 조약의 직접적용성에 관한 원칙을 정립하여 왔기 때문에 우리가 이를 일반적 관점에서 적용하더라도 정합성이 완전히 배제된다고 볼 수는 없을 것이라는 점이다.[79]

1963년 ECJ는 *Van Gend & Loose* 사건의 판결을 통하여 개인에 대한 유럽경제공동체(EEC)협약 규정의 직접적용성(direct applicability) 내지 직접적 효력(direct effect)을 인정한 이래, 유럽공동체는 유럽공동체조약, 기타 공동체 입법의 국내적 적용성을 확대하여 왔다.[80] 관할권을 행사하는 중앙법원이 있고 적

78) 비록 유럽공동체법이 성격상 일반국제법과는 차이가 있지만 유럽공동체법을 개인에게 적용하는 것은 국내법과 국제법의 관계에 관한 이론에 기초하고 있음은 명백하다고 지적되고 있다. D.J. Harris, "Review of Books: Torrelli, Maurice: L'individu et le droit de la Communauté économique européenne," 44 *BYIL* 299(1978), pp.299-230.

79) ECJ는 *International Fruit Company* 사건(1972)에서 EEC의 수입제한조치가 GATT상의 의무에 위배되는지를 판단함으로써 동 재판소가 국제법에 의하여 사건을 다룰 수 있음을 밝히고 있다. *E.C.R.*(1972), p.1219.

용되는 자체 법질서를 가진 유럽공동체의 구조는 여타 일반 국제관계와 다르고 진보적인 법규범을 발전시킬 수 있는 특수한 환경이 있다. 따라서 유럽공동체 내에서 발전되어 온 원칙과 기준은 탈국가적 법규범의 효력과 적용에 있어 나름대로 참조할 만한 가치가 있다고 볼 수 있다. 이 판결에서 ECJ는 EEC조약이 단순히 국가 상호간의 의무의 창설을 넘어 국제법상 하나의 새로운 법질서를 구축함을 목적으로 하는 점을 강조하면서 이를 위하여 공동체에 의하여 일정 구성국의 주권이 제한되고 이 공동체에는 구성국뿐만 아니라, 그 시민도 포함한다는 논지에서 공동체법은 개인에게 권리・의무를 발생시키는 것임을 명언하였다.[81]

상기 ECJ의 판결을 효시로 유럽공동체 법질서는 소위 직접적 효력 및 국내 직접적용성의 개념을 발전시켜 확고한 공동체 법질서상의 원칙으로 통용되고 있다. 이를 미국의 자기집행성 내지 일반국제법상 인정되는 원칙과 비교한다면, 유럽공동체의 관행은 사인(私人)의 권리에 대한 보호에 그치지 아니하고 보호의 가치가 있는 이익에 대해서도 보호의 범위를 넓혀 왔다. 심

80) Josephine Steiner, *Enforcing EC Law* (1995), pp.14-15.

81) 관련 판결문은 다음과 같다.

[T]he Community constitute a new legal order of international law for the benefit of which the states have limited their sovereign rights, albeit within limited fields, and the subjects of which comprise not only member States but also their nationals. independently of the legislation of member States, Community law therefore not only imposes obligations but is also intended to confer upon rights which become part of their legal heritage. These rights arises not only where they are expressly granted by the Treaty, but also by reason of obligations which the Treaty imposes in a clearly defined way upon individuals as well as upon member States and upon the institutions of the Community. [1963] *CML Rep.* 129-130.

지어 순수 사적(私的)인 성격의 문제에 대해서도 공동체법이 원용되도록 적용의 범위를 확대하였다. 이러한 경향을 볼 때 공동체 내에서 체결된 조약은 법규범으로 원용되는 것은 당연하다고 볼 수 있다. 그러나 동 공동체 외부에서 체결된, 예를 들어 WTO(GATT)와 같은 역외국이 참여하는 일반조약에 대해서는 직접적용과 관련해 일반국제법의 시각에서 소극적으로 바라보는 것으로 보인다.82)

(2) 직접 효력 및 적용의 개념

공동체 내에서 조약 등 공동체 규범이 직접 적용되는 모습은 좀 더 상세한 관점에서 바라보아서 그 직접적 효력과 직접적용의 현상을 규명할 필요가 있다고 본다. 그래서 아래와 같이 관점을 나누어서 설명한다.

유럽공동체라는 것은 공동체기구・기관, 구성국, 개인으로 구성된 별도의 법질서를 구축하고 있다. 이 공동체에서 공동체법의 직접적용성이라는 것은 공동체에 있어서 개인 등에 직접

82) EU내 조약이 아닌 WTO 규칙의 경우에도 EU의 선진적인 조약의 직접적용 원칙을 적용해야 하는지 논란이 있었지만, 이 경우 EU 사법기관은 다른 역외국가들이 조약상 이익을 향유하는 자들에게 이러한 선진적 대우를 허용하지 않을 수 있다는 소위 역차별(reverse discrimination)의 가능성이 제기되면서 WTO 규칙과 같은 역외조약에 대해서는 부정적 입장으로 있다. 대표적인 판례로 Case C-19/96, *Portugal v. Council*, 1999 *E.C.R.* I-8395 및 Case C-377/02, *Leon Van Parys NV v. Belgishche Interventie-en Restitutiebureau*, 2005 *E.C.R.* I-1465 등 참고. Armin von Bogdandy, "Pluralism, direct effect, and the ultimate say: on the relationship between international and domestic constitutional law," *I・CON's fifth-anniversary conference("Rethinking Constitutionalism in an Era of Globalization and Privatization"* 제하로 2007년 10월 25~26일 개최)에서 인용함.

적용된다는 것이 아니라, 공동체에서 제정한 법규가 바로 구성국의 법질서 내에서 직접 적용될 수 있다는 것을 뜻한다는 것이 정확한 것이라고 본다. 즉, 공동체라는 특별한 법질서 내의 문제가 아니라 공동체 규범의 국내법질서에서의 적용법조로서의 지위의 문제이다. 동 공동체에서는 EEC조약 등 공동체 규범이 바로 회원국 국내법의 질서를 구성하며 그 국내법상 법원(法源)이 된다.

상기 *Van Gend & Loose* 사건 판결에서 EEC조약 제12조[83]는 직접적 효력(direct effects)을 발생시켜 국내법원이 보호하지 않으면 아니될 개인의 권리를 창설한다고 판시한 후 다른 판례에서 이러한 취지로 판결함이 적지 않다.[84] 여기서 직접적 효력을 발생시킨다는 것은 직접적용성과 다르지 아니한 것으로 볼 수 있다. 나아가 직접적 효과를 발생시킨다는 것과 개인의 권리를 창설한다는 것은 보통 같은 의미로 보는 것으로 보인다.[85] 다만, 직접적용성(direct applicability)과 직접효력(direct effect)은 다소 다른 개념이기는 직접효력의 개념이 아무래도 직접적인 대세효에 중점을 두어 개인의 법익을 직접 창출하는 측면을 강조하는 개념이라 생각되며 이에 대해 후술한다.

유럽공동체에서는 선도적이고 발전적인 직접적용의 범위가 이러한 직접적용의 관계를 공권력과의 관계인 수직적(vertical) 관계를 넘어 일반 사안간의 관계에서 원용되는 소위 수평적

83) 동 조약 제12조: "구성국은 상호간에 수입 및 수출에 관한 관세 또는 이것과 동등한 효과를 가지는 과징금을 신설하거나 상호의 무역관계에 있어서 부과하고 있는 이들의 관세 또는 과징금을 인상하여서는 아니된다."

84) Steiner, *supra* note 80, p.14.

85) 최승재, "조약의 국내적 효력에 대한 비교법적 연구," 서울대학교 석사학위논문 (2000), 58-59면.

(horizontal) 적용에까지 확대해 가고 있다. 예를 들어, EEC조약 제85조 및 제86조(사적 독점금지)는 문언상으로 볼 때 주로 개인간의 관계를 규율하는 것을 목적으로 한다고 보이며, ECJ는 이러한 규정이 그 성질 자체에 의하여 개인간의 관계에 대하여 직접적으로 효과를 발생한다고 판시하였다.[86] 동 재판소는 나아가 명시적으로 구성국을 대상으로 하는 규정이라도 개인간의 관계에 직접 적용되는 경우가 있다고 인정하고 있다.

자전거 경주대회에서 종사자의 국적을 제한한 것이 문제가 된 *Walrave* 사건[87]에서 재판소는 EEC조약 제7조, 제48조, 제59조 등에서 규정한 국적에 기한 차별의 금지는 공법관계에만 적용되는 것이 아니라 고용 등을 집단적으로 규율하는 것을 목적으로 하는 기타 성질의 규칙에도 미치며, 동 제59조는 직접적용 가능하다고 판단하였다. *Defrenne* 사건[88]은 퇴직한 스튜어디스가 성별 차별에 기한 임금을 이유로 손해배상을 청구한 사건인데, EEC조약 제119조는 성별에 따른 임금의 차별을 철폐할 구성국의 의무를 규정하고 있음에도 재판소는 이러한 고용계약에 대해 이 조항의 직접적용성을 인정하였다. 이는 인권의 대사인(對私人) 관계로의 확대로 말미암아 당연히 조약도 인권, 노동 등의 분야에 있어서 전통적으로 권력적인 관계를 규율하는 공법관계 이외에 제3자적 효력과 직접 원용할 수 있음이 인정되는 것은 당연하다고 판단된다.

86) Eric Stein, "Lawyers, Judges, and the Making of a Transnational Constitution," 75 *AJIL* 1(1981), pp.17-20.

87) *Walrave v. Union Cycliste Internationale,* (1974) *E.C.R.* 1405, 1418-21.

88) 43/75(1976) *E.C.R.* 473-476.

(3) 평 가

유럽공동체에서 조약의 직접적용은 주로 개인의 제소권이 인정되는 EEC조약 및 ECJ를 주축으로 하여 발전하여 왔음을 알 수 있다. 따라서 당연히 개인의 권익구제와 공동체 규범의 우위라는 목적적 원리가 추구되어 비교적 직접적용의 폭을 넓게 사용하는 것으로 보인다.

상기 *Van Gend & Loose* 사건 판결에서 네덜란드 정부가 국제법상 조약인 EEC조약이 직접 적용되기 위해서는 일반국제법상 당사국의 의사가 중요한 요소인 점을 지적하였던데 대하여 ECJ는 조약의 규정이 직접효과를 가지느냐는 제 규정의 정신·구조·표현을 고찰하는 것이 필요하다고 하고, EEC조약은 전문, 시민에게 영향을 미칠 권한을 가진 기관의 설립, 그리고 제177조가 공동체법이 구성국의 법정에서 개인에 의해 원용이 될 수 있음을 확인하고 있는 등에 근거해 개인에게 권리·의무를 부여하는 의사가 있다고 판단하였다. 이것은 상기 PCIJ의 권고적 의견에서 밝힌 당사국의 의사라는 기준과 다른 조약의 정신·구조·표현이라는 새로운 기준을 제시하고 있다.

그러나 PCIJ도 현실의 의사(意思)를 요구하는 것이라기보다는 협정이 적용될 수 있는 태양을 고려하여 협정의 내용으로부터 실체적으로 확인하는 당사자의 의사가 결정적이라는 점에서 상호 모순되는 것은 아닌 것으로 보인다. 그러나 조약의 정신·구조·표현이라는 용어에 의하여 ECJ는 PCIJ의 권고적 의견에서 사용된 '협정의 내용'을 발전시킨 결과로 당사국의 의사라는 기준은 암묵적으로 확인되어야 하는 것이라는 견해가 제시되고 있다. 즉, ECJ는 명시적인 당사국의 의사를 기준으로 삼지는 않고 있는 것이다. 물론 PCIJ도 당사국의 의사는 협정의 내용으로부터 확인되어야 하는 것으로 하여 일반적으로도 객관적으로 추론되는 경우가 많고, 이는 텍스트의 체계적 해석에 의해 암묵적으로 인식될 수 있고 나아가 그것은 일종의 의제로 볼 수 있을 것이다. 이러한 태도는 아무래도 목적적 해석과 문맥적 해석의 접근태도를 지닌 것으로 소위 조약 해석의 방법론 중에서 당사국 의사주의보다는 통설로 인정되는 문언주의에 입각한 텍스트 중심주의의 경향을 보인다.

한편, 유럽공동체법은 비록 직접적용성은 없다 하더라도 직접적용성과 구별되는 국내법상 일정 법적 효력(legal force, validity)을 구비하는 것으로 인정되고 있다. 이러한 국내적 효력은 국내의 당국에 대하여 직접적으로 원용되기보다는 관련되는 국내법규나 규칙이 공동체의 법과 저촉되지 아니하는지를 판단하는 기준으로 역할을 하는 것이 기대되고 있다. 즉 국내에 정당하게 수용된 공동체조약, 법, 규칙 등은 국내법질서를 구성하고 국내입법 조치의 합법성을 심사하는데 사용될 수 있다. 공동체법의 이러한 모습은 비록 직접적용이나 직접효력이 인정되지 않더라도 추상적 수준에서라도 회원국내 규범통제의 역할을 수행하는 것으로 상당한 시사점이 있다고 보이며, 조약의 국내실시의 문제와 관련해 과연 직접적용 아니면 간접적용이라는 이분법적 극단을 변증법적으로 해소하고 조약의 직접적용의 문제로부터 적용의 정도를 형량하는 방향으로 진화하는 롤모델(role model)을 보여 주는 것으로 참고할 필요가 있을 것이다.

4. 미주인권재판소의 권고적 의견

1986년 미주인권재판소(Inter-American Court of Human Rights)는 코스타리카로부터 미주인권협약 제14(1)조[89]의 해석에 관한 권고적 의견을 심리하게 되어 조약의 직접적용을 다루게 되었다. 코스타리카는 동 협약 제1조(1)[90]에 의하여 당사국이 부담하는 의무로서 제14조에 보장된 권리의 완전하고 자유로운 행사가 이미 당사국 관할하의 모든 자들에게 보장되는 것인지를 물어본 것이다.

동 재판소는 협약 제14조(1)이 "국제적으로 실시 가능한 반론권"(internationally enforceable right to reply)을 형성하고 있다고 하면서, 동 협약 제2조(2)[91]와의 관계에서 코스타리카는 자

89) 이 조문은 다음과 같다.
Anyone injured by inaccurate or offensive statements … disseminated to the public in general by a legally regulated medium of communications has the right to reply or to make a correction using the same communications outlet, under such conditions as the law may establish.

90) 원래 당초 초안에는 이러한 규정이 없었으나 B인권규약 제2조를 본따서 삽입하자는 의견이 제시되자 미주국가의 조약의 국내실시 관행상 대부분 국내에 수용하여 효력이 인정되는 마당에 이러한 특별조치를 규정하는 것이 무의미하다는 주장이 제기되었으나, 미국이 이 조약의 자기집행성을 부인하는 근거로 삽입에 찬동하고 원제안자인 칠레는 이러한 조항의 존재가 기존의 각국의 조약실시의 관행을 변경하는 것이 아니라는 점에 힘입어 삽입되게 되었다. 따라서 이 조항을 둘러싸고 당사국의 명확한 의사가 어떤 합의 조항의 준비작업을 보면 자기집행성을 부인하려는 배경이 나타나지는 아니한다. 岩澤雄司, *supra* note 13, 133-136면 참조.
이 조문은 다음과 같다.
The States Parties to this Convention undertake to respect the rights and freedoms recognized herein and to ensure to all persons subject to their jurisdiction the free and full exercize of those rights and freedoms ….

91) 이 조문은 다음과 같다.
"Where the exercise of any of the rights and freedoms referred to in Article

국법상 이러한 권리가 보장되어 있지 아니하다면 입법조치 등을 취할 의무가 있다고 하였다. 이러한 재판소의 의견에 대해서는 협약 제14조(1)의 권리에 대한 직접적용성(direct applicability)에 대해 판단을 내린 것이냐에 대해 이견이 있었다.[92] 그러나 이 권고적 의견과 관련하여 코스타리카 정부는 이 제14조(1)의 말단에 "under such conditions as the law may establish"라는 규정을 근거로 자국이 국내법으로 보장하지 아니하는 한도에서는 반론권이 이 협약에 의하여 부여되는 것으로 인정하여야 하는 것이 아니라는 논지로 항변하였으나, 동 재판소는 이를 기각하고 이 협약은 "국제적으로 집행 가능한"(internationally enforceable) 반론권을 보장하고 있다고 명백하게 결정하였음을 볼 때, 당사국의 국내적 이행입법 유무와 관계 없이 조약상 권리의 직접적용을 인정하였다고 평가된다.[93]

이러한 미주인권재판소의 태도는 후술하지만 조약의 직접적용을 방해하는 소극적 조건 중의 하나인 국내실시 규정의 존재에도 불구하고 권리의 핵심은 이에 종속되지 아니하고 권리로서 효력을 가진다는 점에서 조약의 직접적용의 개념과 나아가 기준을 정하는데 일정 정도 기여할 수 있을 것으로 보인다.[94]

---

1 is not already ensured by legislative or other provisions, the States Parties undertake to adopt … such legislative or other measures as may be necessary to give effect to those rights or freedoms."

92) 당시 판결을 내린 7명의 판사 중 3명은 이 사건이 코스타리카 국내에서 해당 조문 규정의 자기집행성 여부에 대한 의견이 요청된 것으로 보아 각하해야(inadmissible) 한다는 의견을 내었다. Buergenthal, *supra* note 23, p.339.

93) Jimenez de Aréchaga, "Self-executing Provisions of International Law," *Staat und Volkerrechtsordnung* (Band 98, 1989), p.417.

94) 동 재판소는 다음과 같은 입장을 밝힘으로써 국제법적 의미에서 조약의 직접집행성에 관한 태도를 보여 주고 있다.
The fact that the State Parties may fix the manner in which the right of reply

이것은 그간 국제법원이 가급적 조약의 실시를 각 당사국의 국내적 실시에 의존하고, 직접적용 자체도 소위 자기집행성(self-executingness)과 같은 국내적 개념에 따라 각국이 자율적으로 결정하는 것을 선호하여 왔던 것에 비해 이례적인 것으로 보일 수 있을 것이다.

Ⅲ. 국제법상 조약의 체약국내 직접적용의 의의

1. 조약의 체약국내 직접적용에 관한 국제법상 개념 정의의 필요성

앞에서 고찰한 대로 조약을 국내에서 직접 적용하는 양상이 다양하게 전개되어 왔음을 알 수 있다. 한 가지 조그마한 결론은 어느 나라이든지 조약의 국내적용 문제가 조약의 이행에 있어서 하나의 과제로 되어 있고 그 직접적용이 대체로 인정되고 있다는 점에 있다. 이 연구의 궁극적 목적은 조약이 국내에서 직접 적용되는 기준과 조건을 정립하는데 있다면, 조약의 적용에 관한 관행에서 귀납하여 법칙을 정립할 수밖에 없을 것이다. 그렇다면 전 세계 모든 국가의 관행과 제도를 모두 고찰하여야 한다는 것인데, 이것은 현실적으로 전수조사와 비교법적 연구

or correction is to exercised does not impair the enforceability on the international plane, of the obligations they have assumed under Article 1(1) … If for any reason, therefore, the right of reply or correction could not be exercised by "anyone" who is subject to the jurisdiction of a State Party, a violation of the Convention would result. *Ibid.*, p.417에서 재인용.

를 진행하는데 곤란이 있고 나아가 그러한 결론이 각국 국내법의 가족적 유사성에 입각하여 어떤 소론을 제기할 수 있을 것이다. 그러나 국제사회에서 원용될 수 있는 국제법의 규칙 내지 원칙으로 승화되지 아니하는 한, 국제법의 관점에서 법적 원칙이라 보기보다는 참고지침의 지위를 가질 뿐일 것이다.

여기서 개별 국가들이 운영하고 있는 조약의 직접적용에 관한 규칙의 집적을 단순히 각국이 가진 내재적 운영준칙이라는 한계를 넘어 보편적 실천원리로서 일반국제법의 법칙 내지 원칙으로 인정되는 조약의 직접적용 개념의 정립을 통하여 우리가 대상으로 하는 목적을 분명하게 정하여야 한다. 물론 이러한 개념정의는 이 연구의 머리 부분에서 사전에 이루어지는 것이 향후 명확하게 연구의 목적과 진행방향을 제시한다는 측면에서 방법론으로 정당성이 클 것으로 생각되지만, 앞에서 서술한 바와 같이 넓은 의미에서 조약의 직접적용의 모습을 본 뒤에 이의 개념을 다듬어 보는 것도 바람직한 면이 있다고 판단하였다.

일반적으로 조약의 적용이라는 것은, 조약문의 의미를 결정하는 과정인 조약의 해석을 전제로 하고, 조약 규정에 의지하여 특정 상황에서 법적 결과를 결정하는 과정이라고 볼 수 있다. 이러한 조약의 해석과 적용 과정은 원칙적으로 해당 조약의 체약국과 해당 조약에 대한 해석 내지 적용의 권한을 부여받은 국제재판소, 중재정, 국제기구 등 국제조직의 임무에 속하게 된다. 그러나 직접적용이란 단어에서 짐작되듯이 이러한 국제조약의 정규적 적용의 과정이 아닌 국내의 정치적・사법적 기관들이 조약을 다른 국내적 입법조치 등의 매개 없이 바로 적용하여 법적 결과를 산출한다는 측면에서 직접적용의 의의가 있다.

국내에서 조약을 포함한 법의 적용은 각 법역에 따라 미소한 차이를 가질 수 있고, 조약이 우리 국내에 들어와 적용되려면 정규의 재판준칙으로서 법조 적용부터 해당 규정의 법규성 판별, 실체적・절차적 공권의 구별, 단순한 반사적 이익과 법률상 보호이익의 구별 등 여러 가지 적용의 양태와 테스트를 거쳐야 한다. 다른 나라의 경우에도 각자의 고유한 법 적용에 관한 원리를 가지고 있을 것이므로 경험적으로 나타난 모든 양상을 포괄하는 정의를 가지기는 어렵다. 따라서 국제법의 층위에서 경험적으로 인식되고 있는 제반 직접적용의 외연 내에서 포착된 내포를 단순화해서 이 개념의 소론을 추출하는 것이 바람직하다고 본다. 이러한 측면에서 조약의 직접적용의 개념은 국제사법(國際私法) 내지 섭외사법(涉外私法)에서 외국 준거법(準據法)을 적용하는데 관한 국제적으로 통용되는 수준의 국내 사법기관의 적용을 기준하는 것이 타당하지 않을까 판단된다. 이는 후술하는 조약 규정의 직접적용의 문제가 해당 조약이 구성하는 특별한 법질서 내지 법체계의 승인(承認)과 관련이 있기 때문에 전체적 원리로서 이러한 접근을 취하는 것이 바람직할 것이다.

여기서 한 가지 정확하게 짚고 넘어가야 할 것이 단행 조약은 다양한 형태와 내용의 문언을 지닌 다수의 조문으로 이루어져 있기 때문에 조약 전체와 실제 직접 적용되는 조약내 규정은 구분될 수 있으며, 정확한 개념상 '조약의 직접적용'이란 개념은 그 조문 중에 실제 직접 적용이 될 수 있는 문언이 포함되어 있다는 뜻으로 사용된다는 것을 부연한다. 만약 어떤 조약내 특정 규정의 직접적용에 관련되는 경우 '조약 규정'의 직접적용이라고 표현할 것이다.

2. 조약의 자기집행성과 직접적용성

(1) 자기집행성 개념의 한계

소위 '자기집행적 조약'(self-executing treaty)이라는 개념은 현재 전 세계 상당수 국가들이 조약의 국내에서의 직접적용을 논할 때에 사용되는 일종의 보편적 개념으로 인정될 수 있을 정도로 널리 통용되는 법적 용어가 되었다.[95] 그러나 이 개념이 미국에서 발생하여 다른 국가의 국내절차에 원용되어 발전되어 온 것이라는 측면에서 완전히 국제적 기준으로 정식화될 수 있는 것인지는 면밀한 검토가 필요하다고 본다.[96] 이 개념은 하나의 유개념(類概念)으로서 각국이 조약을 국내에 수용한 후에 조약을 국내 사법기관에서 직접 적용하는 현상을 말하는 것으로 일반적으로 이해될 수 있다.

각국이 조약을 직접적으로 적용하는 태양은 각국의 법제, 외교적 고려 등 다양한 환경이 적용되는 만큼 일관성 있는 개념

95) 예를 들어, 네덜란드는 1956년 헌법을 개정하여 동 헌법 제66조에 모든 국민에게 수혜를 부여하는 구속력을 가진 조약 규정(les dispositions obligatoire pour tous les citoyens d'accords)에 저촉되는 법규정을 적용하는 것이 금지된다고 할 때, 여기서 모든 국민에 대한 수혜의무를 부담하는 규정의 기준을 자기집행성의 유무로 판단한다고 헌법제정사에 나타나 있으며, 다수 판례를 통하여 자기집행성을 직접적용성의 기준으로 사용하고 있다. Waelbroeck, *supra* note 2, pp.180-189 참조.

96) ICJ의 *LaGrand* 사건 판결(2001년 6월 27일)에서 독일은 비엔나 영사관계협약상 구금자에 대한 국적국 영사의 접견권 고지의무(동 협약 제36조 제1항)가 자기집행적 규정임을 강력히 주장하였으며, 이에 대해 ICJ는 개인의 권리로서 인정하였으나 자기집행성 여부에 대해서 논의를 전개하지는 아니한데서 보듯이 국제법 층위에서 이 문제를 논의하는데 소극적이면서도 신중하였다. http://212.153.43.18/icjwww/idocket/igus/igusframe.htm 참조.

으로 정리되기는 대단히 곤란할 것이다. 자기집행성이라는 개념이 갖고 있는 미국법의 논리라는 특수성과 각국의 헌정질서에 따라 자율적으로 결정하여 조약을 적용한다는 현실은 자기집행성의 개념을 국제법학에서 조약을 직접 적용하는 현상을 연구하는데 출발점으로 삼는 기본개념으로 하기에 부족한 측면이 있다고 본다. 우리는 각국이 조약을 국내적으로 직접 적용하는 논리의 최소공약수를 찾아내어 일반원칙화는데 참고하여야 하지만, 이를 관통하는 기본원칙이 무엇인지를 모색하여야 하는 측면에서 정의되는 개념이 필요하다.97)

(2) 보편적 개념으로서 직접적용의 개념적 특성

상기와 같이 자기집행성의 개념은 국제법상 국내적 직접적용을 표현하는 용어로서 광범위하게 사용되고 있지만, 본질적으로 국내법상의 제도에서 도출된 것으로서 국제법의 평면에서 이를 그대로 적용하기에는 적정하지 않다고 본다. 조약이 각국의 헌법에 따라 정당하게 체결되어 자국 법질서의 일부를 구성하는 전제, 즉 국내에 수용된 조약을 대상으로 직접적용성 여부를 논하는 것은 기본적으로 해당 조약의 성격과 내용에 따르는 점 이외에도 자국 헌법 규정, 타 국내법규와의 관계, 외교정책, 국내정치적 고려 등 제반 사정을 기초로 하여 자국 내에서 직접적용 여부를 결정한다. 이러한 측면에서 보면 미국적인 개념

97) 자기집행성의 개념은 'workable test'로서 기능하기 어렵고 더 이상 효용이 없다는 의견이 제시되고 있다. Schachter, O., "The Charter and the Constitution: the Human Rights Provisions in American Law," 4 *Vand. L. Rev.*(1951), pp.643-645.

으로서 더 이상 조약의 실시조치가 없이 적용한다고 하는 자기집행성의 개념은 각국의 실시조치와 별도로 일반적 기준을 모색하는 국제법학의 독자성에 비추어 이를 국내적으로 조약을 직접 적용하는 현상을 지칭하는 하나의 개념으로 받아들이는 것은 별론으로 하고 이를 일반적 개념으로 삼기는 곤란하다고 본다.

유럽은 자기집행적 조약이란 개념보다 일반적으로 직접적용성(direct application, *applicabilité directe*)을 관용적으로 사용하고 있다. ECJ의 판례에서도 이러한 직접적용성 또는 직접효력(direct effect, *éffet direct*)이라 지칭하는 개념을 사용하고 있는데, 추후 판례와 관행의 발전에 따라 재판규범으로서 직접 적용될 수 있다는 의미에서 직접적용 내지 직접적용성이 개인에 대한 직접적인 법익의 부여에 중점이 있는 직접효력의 개념보다는 본 연구의 취지에 더욱 부합하는 개념이라 판단된다.[98] 유럽에서 사용하는 직접적용의 개념은 기본적으로 미국의 자기집행성이 전제하고 있는 헌법상 조약의 최고법 조항과 같은 국내

98) 유럽공동체법상 '직접적용'과 '직접효력'은 면밀하게 보면 구별되는 개념인데, 전자는 소위 공동체법의 변형(transformation)이 없이 그대로 국내에서 적용될 수 있는 것인데 비해, 후자는 공동체기관 내지 구성국의 입법 등 추가적 조치가 없이도 바로 직접적으로 개인의 법익을 부여하는 공동체 법규의 특별한 효력을 말하는 것으로 이해되고 있다. 따라서 양 개념은 중복되어 사용되는 경우가 많지만 완전히 일치하는 것은 아니며, 전자는 그야말로 재판적합성을 가리키는 것으로 볼 수 있고, EEC조약 제189조에서 'EEC Regulations'은 직접적용성을 가지는 것으로 규정하였어도 경우에 따라서는 그 성격이나 목적에 비추어 개인에 대하여 직접효력을 가지지 못하는 수도 있다는 측면에서 그 차이를 알 수 있다. Schemers, Henry G. and Waelbroeck, Denis F., *Judicial Protection in the European Communities* (5th ed., 1992), p.123, p.138 그리고 Tomasz Kramer, "Main Characteristics of EU Law—Relation between EU Law and National Legal System," *EIPA-2011*를 참조할 것.

적 조건에 묶여 있지 않고, 일종의 국제적 층위에서 모색된 것이라는 측면에서 본 연구가 직접적용의 문제가 논의되는 만큼 일반적 기준으로 적합하다고 볼 수 있는 면이 많다.[99] 앞서 소개한 조약의 직접적용에 관한 선도적이고 가장 보편적인 국제법 판례인 단치히 재판소 관할권에 관한 PCIJ의 권고적 의견의 판결문에서도 "직접적 적용 가능한"(directly applicable)이라고 명시적으로 언급함으로써 보편적 국제사법기구에서도 직접적용이란 용어가 이러한 법률관계를 지칭하는데 적합함을 보여주고 있다.[100]

한편, 이러한 자기집행성과 직접적용성은 일견 유사하게 보이지만 적용되는 차원이 다를 수 있다. 이와 관련하여 버겐탈(Buergenthal)은 아주 중요하면서도 흥미 있는 차이를 제기하여 국제법상 직접적용성의 독자성을 다음과 같이 언급하고 있다.

> 이러한 의미에서 자기집행적 조약이란 개념과 직접 적용 가능한 조약이란 개념은 진정 다른 전제에서 성립된 것이다. 하나의 국가에서 어떤 조약이 그 나라의 법원에 의하여 개인이 그 조약의 의도된 수혜자로 결정되고 그 문안이 추가적 입법

99) 벨기에 최고법원의 1920년 2월 3일 판결(베르사유조약에 따른 개인의 배상책임의 면제 거부)에서 조약이 개인의 전쟁배상책임에 관한 규정을 두는 것을 배제하는 것은 아니라고 판시하였고, 1920년 10월 15일 독일 최고법원은 알사스-로렌의 양도에 따라 동 거주인에 대한 국적국으로서의 권리의 포기를 규정한 베르사유조약 제53조의 규정이 동 거주인의 재산몰수의 취소와 관련하여 직접적 적용을 인정하는 등 조약의 직접적용에 관한 관행과 이론을 구축해 왔다. Waelbroeck, *supra* note 2, pp.168-172에서 재인용.

100) PCIJ, *Ser. B.* No. 15, p.18. 원문은 다음과 같다.
The wording and general tenor of the *Beamtenabkommen* show that its provision are directly applicable as between the officials and the Administration.

조치가 없어도 법원으로 하여금 직접 적용 가능한 형태로 성안되어 있다면 이러한 조약은 자기집행적일 수 있다. 한편으로 그러한 자기집행적 조약에 있어서 그 조약의 당사국들이 그 조항을 국제법의 문제로서 직접적용토록 의도했어야 하는 것은 필수적인 것이 아니다. 직접 적용 가능한 조약의 경우 당사국들의 의사는 조약상 특정 권리의 향유자로서 개인이 체약국내 법원에서 동 조항을 원용하는 것을 보장토록 성안된 어떤 **특별한 체제**를 성립하는 것이어야 한다(In that sense, the concepts of self-executing treaties and that of directly applicable treaties are founded on very different assumptions. A treaty may be self-executing in a country because its courts conclude that individuals are its intended beneficiaries and because it is drafted in a form that enables these national courts to apply it without additional legislation. for a treaty to be self-executing, however, it is not necessary that the States parties to it should have intended to make its provisions directly applicable as a matter of international law. The intention of the States parties in the latter case must have been to establish some special regime designed to ensure that individuals, as the beneficiaries of certain rights, can invoke the specific provisions of the treaty in national courts).[101]

위와 같은 소론은 두 개의 개념이 준별되는 것으로 조약의 직접적용의 경우 개인의 권리창출성에 대한 당사자의 의사를 넘어 개인의 권리를 보장할 수 있도록 고안된 '특별한 법체제'

101) Buergenthal, *supra* note 23, p.328.

(special legal régime)의 창설에 관한 당사국들의 의사가 존재하는 것을 그 개념적 징표로 제시하고 있다. 이러한 태도는 국가가 아닌 제3자, 특히 개인에게 조약을 직접 적용하는 것의 전제로서 규범적 제도화(normative institutionalization)를 모색한다는 측면에서 충분히 이론적으로 규명되어야 할 사항이라 판단된다. 조약당사국의 의사를 결정적 기준으로 묘사하고 있음에도 조약의 직접적용성이 기초하는 중요한 기준적 요건을 새로이 발굴한 것으로 볼 수 있다. 이러한 관점에서 보면, 위에서 본 PCIJ의 권고적 의견에서도 다음과 같은 유사한 견해를 볼 수 있다.

> 그 내용에 따르면, 그 협정은 폴란드 관할로 넘어온 단치히 철도 관리, 직원 및 고용원들과 폴란드 철도당국 간의 관계를 규율하는 **특별한 법적 체제**를 창설하는 것을 목적으로 볼 수 있다. 체약국들의 의사에 따르면 이러한 특별한 법적 체제는 바로 이 협정의 조항에 의하여 규율되는 것이다(According to its contents, the objects of the *Beamtenabkommen* is to create a special legal regime governing the relations between the Polish Railways Administration and Danzig officials, workmen and employees who have passed into the permanent service of the Polish Administration. This special regime, according to the intention of the contracting Parties, is to be governed by the very provisions of the *Beamtenabkommen* …).[102)]

상기 권고적 의견에서 간과하기 어려운 언급이 바로 대상이

102) PCIJ, *Ser. B.* No. 15, p.18.

된 조약의 성격과 목적으로 미루어 특별한 법체제(special legal régime)를 창설하고 있다는 점이다. 물론 이러한 법체제 내지 제도가 무엇을 의미하는지는 현재로서는 명확하지 아니하다. 이러한 인식은 ECJ의 *Van Gend & Loose* 사건 판결문에서도 EEC조약이 단순한 당사국 상호간 의무를 설정하는 이상으로 당사국과 함께 시민에게 적용되는 제도의 형성(establishment of institutions)이라는 측면을 강조하고,[103] 조약을 포함한 유럽공동체 규범이 "새로운 국제법의 법질서"(a new legal order of international law)를 창설하는 것이라고 언명하고 있다. 나아가 "일반 국제조약과 달리 EEC조약은 조약의 발효와 함께 회원국 법체계의 불가분의 일부가 되며, 회원국 법원들도 이를 적용해야 하는 그 자체의 법체계를 창설하는 것으로 볼 수 있다"(By contrast with ordinary international treaties, the EEC Treaty has created its own legal system which, on the entry into force of the Treaty, became an integral part of the legal systems of the Member States and which their courts are bound to apply)[104]라고 언명하여 회원국의 국내에서 직접 적용되는 EEC조약이 그 자신의 독자적 법체계(legal system)를 창설한 것으로 그 직접적용성과 국내법에 대한 우위성을 강조하였다. 이런 측면은 국내법에서 발전된 개념인 자기집행성과 다른 국제법상 개념인 직접적용성에 관한 특질로 여겨진다.

직접적용의 대상이 되는 조약의 특성이 무엇보다도 체약국내 일반적 법질서에 대해 상대적으로 그 자신 스스로 하나의 특별한 법제도, 법질서, 또는 법체계로서 면모를 갖추고 있어야 하는

103) Schemers and Waelbroeck, *supra* note 98, p.124.
104) ECJ, *Costa v. ENEL*, 2 *CML Rev.* 197-198(1964-1965).

것으로 해석할 수 있을 것이다. 그것은 직접 적용 가능한 조약이라는 법규범이 국제법에 근거해 그 성립·효력·해석과 적용이 이루어지고, 국가간의 관계를 넘어 제3자, 즉 개인 등 비국가적 주체에게도 적용되게 하는 일반 국내법질서와 준별되는 특별성에 기초하고 있는 것이다. 이러한 측면에서 Waelbroeck는 유럽공동체설립조약과 같이 국가뿐만 아니라 개인도 함께 결합하는 긴밀히 통합된 관계를 창출하는 조약의 경우 직접적용의 추정이 있을 수 있음을 언급하였다.[105] 이로 미루어 직접적용의 개념은 국가를 넘어 개인 등 제3자가 법률적으로 관련되는 일정 정도의 법제도 내지 법질서에 기초하고 있는 것으로 이해해야 하는 것으로 볼 수 있다. 역으로 직접적용성을 구비한 조약을 판별하기 위해서 이후에 논의하는 바와 같이 국내법질서와 준별되는 특별한 법질서가 창설되느냐 여부가 중요한 기준이 되는 것이다.

3. 조약의 국내수용구조와 직접적용(실질적·형식적 의미의 직접적용)

조약이 국내에 적용되기 위해서는 각국의 헌법질서에 의하여 인정되는 수용－구미어로 'incorporation', 'reception', 'introduction' 등으로 표현된다－의 절차를 거쳐 국내법질서에 도입되게 된다. 각국의 조약에 대한 수용행위에 관한 제도를 대별하여 보면, 우리나라, 프랑스, 미국 등과 같이 조약의 비준 등 체결행위와 별도로 관보(官報) 등을 통한 공포(promulgation), 독일

105) Waelbroeck, *supra* note 2, p.165.

과 같은 동의법(同意法)의 제정, 스위스와 같은 의회에 의한 비준 등을 들 수 있다. 이러한 조약의 수용행위는 관습국제법의 국내수용과도 구별되고, 더욱이 조약의 체결행위와 중복되는 것으로 나타날 수 있으나 개념상 조약의 체결행위와 국내적 수용행위는 구별될 수 있다.[106] 이러한 수용행위를 통하여 조약은 당사국의 국내법질서에서 원용될 수 있는 잠재적 자격을 가지게 되는 것이다.

그런데 관습국제법이 어느 나라에서나 일반적으로 승인된 국제법규로 별도의 수용행위 없이 바로 국내법으로 인정되는데 비해, 조약은 적어도 관보 공포와 같이 개별적으로 개개의 수용행위가 필요하다는 것이 각국의 제도에서 고찰할 수 있다. 이러한 측면에서 조약의 국내법질서로의 수용은 개별적 수용이 일반적인 것으로 보인다.[107] 다만, 우리나라나 미국과 같이 헌법상 적법하게 체결된 조약은 국내법의 일부로 간주되는 것은 개념상 조약체결 행위와 국내수용 조치가 합치되어 나타나는 결과로서 체결과 수용행위가 구별 가능하지만, 사실상 체결로써 수용의 효과가 자동적이라는 측면에서 조약의 자동적 수용의 범주에 포함시킬 수 있을 것이다.

한편, 조약과 국내법의 관계에 있어서 일원론적(monistic) 입장을 취하는 국가[108]는 자국의 국내법질서에서 조약을 하나의

106) De Visscher, "Les tendances internationales des constitutions modérnes," 80 *RdC* 511(1952), p.557 참조.

107) *Ibid.*, p.555 참조.

108) 대체로 이러한 국가로는 미국, 프랑스, 일본, 오스트리아, 스위스, 우리나라 등이 포함되는데, 자국의 헌법에 의하여 적법하게 체결된 조약은 자동적으로 국내적으로 효력을 가지는 국가군을 말하는 것으로 보인다. 그러나 국제법과의 관계에서 일원론이라고 할 때 그것은 국제법과 국내법이 하나의 법질서를 구성하고 그 법의 정립과 적용에 있어서 통일적인 구조를 가지고 있다고 인식하

법원(法源)으로 취급하게 되겠지만, 이원론적 국가,[109][110] 예를 들어, 영국과 같이 조약을 아예 국내에서 법적 효력을 인정하지 아니하는 경우에 있어서 조약의 국내적 직접적용이 원천적으로 봉쇄된다. 때문에 일반적 원칙으로 조약의 국내 직접적용의 틀을 모색하는 노력이 무색하게 되는 것이 아니냐 하는 의문이 있을 수 있을 것이다.

그러나 본서에서 연구대상으로 하는 것은, 이미 앞에서 언급한 대로 조약이 국내에 수용된 상태에서 조약이 직접 적용되는 것이 아니라, 이러한 국내수용 이전의 단계에서 조약의 직접적용성 구비 여부 및 그 기준을 탐구하는 것이다. 따라서 특정 조약이 국내에 수용되어 당사국의 국내법질서, 특히 조약의 실시에 관한 자국 고유의 제도에 의하여 조약이 국내에 실시되는 것은 여기서 고찰하는 대상이 아니다. 이러한 국내수용과 별개

는 것을 지칭한다고 할 때에 사용한다고 본다면, 헌법에 의한 자동적 수용을 일원론에 완전히 일치한다고 보기에는 문제가 있을 수도 있을 것이다. 참고로 조약의 국내수용과 관련하여 미국의 경우와 같은 일반적 수용(la réception générale)과 특별수용(la réception spéciale)으로 나누고, 후자의 경우 변형(transformation)을 수반하는 수용과 그렇지 아니하는 수용으로 나누어 분류하는 방법도 있다. Marco G. Marcoff, "Les Règles d'Application Indirecte en Droit International," *RGDIP* (1976), pp.386-393 참조.

109) 조약을 국내법질서상 법원(法源)으로 보지 아니하고, 조약을 국내에 실시하기 위하여는 개별적 수용형태로 입법적 조치가 수반되는 국가군으로서 영연방국가, 그 외 덴마크 등 스칸디나비아 국가 등이 여기에 속한다고 대체로 볼 수 있다.

110) 예를 들어, 유럽인권조약을 비준한 국가 중 18개국은 자국에 동 조약을 수용하였으나, 노르웨이, 스웨덴, 아이슬란드, 영국, 아일랜드는 이 조약을 국내법으로 수용한 것은 아니다. C.A. Norgaard, "the implementation of international human rights agreement within domestic legal system," *European Commission for Democracy through Law, Proceedings of the UniDem Seminar(1993) on the relationship between international and domestic law*, pp.15-16.

로 순수한 국제법의 단계에서 조약이 국내에서도 직접 적용될 조건을 구비한 것인지를 판단하는 것이다. 만약 어떤 조약이 국내에서 직접 적용될 수 있는 조건을 구비하였다고 판단된다면, 다음 단계에서 각국은 자국의 국내법질서하에서 이를 직접 적용하는 것을 국제법상 보장하여야 할 것이다.

그런데 여기서 문제가 도출되는 것은, 어떤 당사국처럼 미국의 자기집행성 부여의 제도와 같이 조약을 자국 내에서 직접 적용하는 제도적 기반을 갖춘 국가에서는 국내수용 이전의 단계에서 순수하게 특정 조약이 국내 직접적용성을 구비하고 있다고 판단된 경우에는 자국 내에서 이를 그대로 직접 적용하는 데 제도상 문제가 없을 것이다. 그러나 조약을 오직 국내입법 등 개별 수용조치로 실시하는 영국과 같은 국가에서는, 국제법상 아무리 조약이 당사국의 국내에 직접적으로 적용될 수 있는 것으로 해석되더라도, 자국 법제상 형식적 의미에서 해당 조약 그 자체로서는 국내적으로 소송절차 등에서 직접 원용되기 어려울 것이다. 물론 영국은 조약의 교섭과정에서 자국이 당사국이 되는 조약의 자국내 직접적용성 자체를 인정하지 않을 것이므로 기본적으로 이를 제도적으로 유보된다고 볼 수 있을 것이나, 조약의 직접적용성이 형식적 의미에서 보면 보편적으로 모든 나라에 관철될 수 없다는 난관이 도래할 수 있다.

여기서 국제법상 직접적용성을 구비한 조약이 그대로 그 조약의 자체의 명의와 자격으로 당사국 국내에서 직접 적용되는 경우를 형식적 의미의 조약의 직접적용이라 규정한다면, 특히 조약의 국내법상 지위에 관한 이원론의 입장을 지닌 국가의 경우를 포함하여 조약이 국내수용절차를 거친 결과, 변형되어 조약 자체의 명의와 자격이 상실된 경우라도 그 조약문의 텍스트가 동일성을 유지하여 국내에 적용되는 경우를 '실질적 의미'의 조약의 국내 직접적용이라고 규정하고, 이러한 방식에 의한 실시도 국제법상 직접적용성을 구비한 조약의 규정을 그러한 성격에 걸맞게 국내에서 직접 적용한 것으로 보는 것이 이론의 보편성과 포괄성의 측면에서 바람직하다고 판단된다. 따라서 조약의 직접적용이라 할 때는 형식적 의미는 물론 이러한 실질적 의미의 경우도 포함하는 것으로 하고자 한다.

대표적으로 영국의 조약 실시의 사례를 보면, 조약에 대한 엄격한 이원론의 입장이 종종 논리적으로 타당할 수 없는 궁지에 몰리기도 하고, 어떤 경우에는 직접적 적용에 유사한 판단을 하는 사례도 있다.[111] 일일이 국내입법으로 조약의 국내실시를 완벽하게 해결한다는 것은 사실 무리이기 때문이다. 오늘날 다자조약(多者條約) 형태로 국제입법이 양산되는 시대에서 조약을 아직도 군주간의 계약 정도로 보고 있는 이러한 전통적 태도는 일관성 있게 지속되기 어려울 것으로 본다.[112] 오늘날 영국이 유럽공동체의 조약과 자체 입법을 수용하는 방식을 보면 일종의 자가당착적인 모순을 보이고 있다.[113] 유럽공동체의 조약 등 법규에 대하여 백지위임장과 같이 일종의 포괄적 직접 효력

111) 영국은 조약과 법 간의 괴리, 즉 조약을 법규로 인정하지 아니하는 문제로 인한 구체적 타당성을 확보하는데 어려움이 있다. Lord McNair, *The Law of Treaties* (1986), pp.322-339.

112) 영국 대법원(House of Lords)은 1982년 4월 22일 *Garland v. British Rail Engineering Ltd.* 사건 판결에서 양성간 동일노동, 동등임금 지급을 규정한 EEC조약 제119조가 직접 적용됨을 인정하였다. *ILR*, Vol. 93(1993), pp.622-624.

113) 영국은 의회제정법으로 'The European Community Act 1972'를 제정하여 유럽공동체법을 포괄적으로 국내에 적용될 수 있다. 동법 제2조(1)에 의하면 조약 등 공동체법은 수용은 몰론, 영국 내에서 법으로 직접 적용되는 것을 보장하고 있다. Steiner, *supra* note 80, pp.23-24.

내지 적용을 보장한 것으로 볼 수 있는 영국의 조치[114]에서 조약의 체약국내 직접적용의 소론을 추구하는 것이 단지 이론에 국한되지 아니하고 실천적으로 영국과 같은 강고한 이론원적 입장의 국가에서조차도 명백하게 목격되는 것임을 알 수 있다.[115] 이러한 측면에서 그 용어가 변형이 되든 편입이 되든 조약의 국내 수용구조에 상관없이 조약의 문언이 그 자체로서 적용 가능성이 존재한다면 직접적용의 범위에 포함되는 것으로 인정하는 것이 타당하다고 본다. 성문헌법이 없는 영국에서 최고권위의 의회제정법으로 설정한 이러한 유럽공동체조약 등에 대한 자동적 국내수용제도는, 비록 유럽공동체의 경우에만 한정된다 하더라도, 사실상 미국이나 우리나라와 같이 헌법상 조약의 국내법적 지위를 인정하는 것과 차이가 없고, 조약의 국내 직접적용이 이론적으로뿐만 아니라 실천적으로도 인정된다는 증거이다.

---

114) European Community Act 1972, 제2조(1): All such rights, powers, liabilities and restrictions from time to time created or arising by or under the Treaties, and all such remedies and procedures from time to time provided for by or under the Treaties, as in accordance the Treaties are without further enactment to be given legal effect or used in the United Kingdom shall be recognized and available in law, and be enforced, allowed and followed accordingly; and the expression: enforceable Community right and similar expression shall be read as referring to one to which this subsection applies. *Halsbury's Statutes of England and Wales* (Vol. 17), p.289.

115) 영국 대법원(House of Lords)은 1982년 5월 20일 *United City Merchants (investments) Ltd. v. Royal Bank of Canada* 사건 판결에서 상품매매 대금의 지급과 관련하여 매수인 소속국가(페루)의 외환규칙을 위반한 것으로 이것은 브레턴우즈협정 제8조의 위반으로 보고, 이미 영국이 이 협정에 대해 Order-in-Council로 영국 내에서 이 조항의 법적 효력을 부여하고 있으므로 이 협정 규정을 직접 적용하여 이러한 대금지급 방식을 무효로 판단하였다. Leigh, "Judicial Decision," 77 *AJIL* 144(1982), pp.155-157.

실질적 의미의 조약의 국내 직접적용의 사례로서, 영국은 직접적용성의 요건을 충족한다고 보이는 특정 조약의 문언을 그대로 전사하는 조약변형의 입법조치를 하는 경우가 있다. 이것은 국제법상 특정 조약의 국내 직접적용성을 담보하면서도 자국의 제도상 국내법으로 변형이 필요하다는 측면을 절충한 것으로 평가되고, 또한 이를 일종의 개별적으로 수용하는 조치로 간주할 수도 있을 것이다.[116] 이러한 수용방식은 조약의 직접적용성을 인정하면서도 껍데기만 남은 국내 변형수용을 통해 형식적으로 조약을 국내법으로 전환하는 것에 불과한 것이다. 즉 앞서 말한 표지만 바꾼 수용조치로서 당연히 영국의 사법부는 형식적 의미에서는 해당 조약이 아닌 이러한 국내 변형입법을 적용하는 것이라고 위안을 삼을 수 있겠지만, 이는 조약의 텍스트를 직접 적용하는 것을 보장하는 것으로 보아 직접적용성을 부인하는 증거로 볼 필요는 없는 것이다. 왜냐하면 영국의 법관이 적용법조에 있어서 해당 국내입법을 원용하더라도 이의 해석・적용은 어디까지나 해당 조약의 해석・적용, 즉 그 조약의 문언, 당사자의 의사, 목적 등이 고려되어야 하므로 그 조약의 텍스트를 자국 내에서 직접 적용하는 것으로 간주하여 볼

116) 예를 들어, 영국의 'Contracts(applicable law) Act 1990'은 1980년에 채택된 '계약채무의 준거법에 관한 로마협약'(Convention on the Law Applicable to Contractual Obligations)을 국내에 실시하는 입법조치이다. 이 입법의 부록(Schedules)에 이 협약의 전문(전문 및 전 조항)을 변형 없이 그대로 수록하고 동 입법 제2조에서 영국에서 이 협약이 'force of law'를 가지고, 제3조에서 해석의 규칙을 유럽법원의 결정을 따르도록 하는 등 사실상 직접적용을 명시적으로 규정하고 있다. 이는 사실상 형식적 의미에서 직접적용으로 볼 수 있으나, 국내입법으로 수용된다는 측면에서 실질적 의미의 직접적용의 한 양태로 볼 수 있을 것이다. *Halsbury's Statutes of England and Wales* (Vol. 4), pp.245-262.

수도 있을 것이다.[117)]

따라서 조약이 국내에서 원용되는 계기에서 나타나는 실질적 의미의 직접적용의 모습도 조약의 직접적용에 관한 국제적 규칙의 연구대상에 포함하여 고찰하는 것이 타당하다고 본다.[118)]

4. 국내적 효력과의 관계

우리 헌법 제6조 제1항에서 "헌법에 의하여 체결・공포된 조약은 … 국내법과 같은 효력을 지닌다"라고 규정하여 조약의 국내적 효력(domestic validity)의 원칙을 규정하고 있는 것과 같이 모든 나라는 나름대로 자국의 법제에 따라 조약의 유효성의 요건 및 확보절차를 두고 있다.

조약이 국내에서 직접적으로 적용된다는 것은 선결적으로 국내에서 해당 조약의 국내적 효력이 인정되어야 한다는 것이 전제되는 것이다. 후술하는 바와 같이 De Visscher 등은 직접적용의 문제와 국내에 수용하는 문제를 구별하여, 전자는 국제법

117) J.H.W. Verzijl, *International Law in Historical Perspective* (1968), Vol. Ⅰ, p.145 참조.

118) 영국에서 비록 국제조약이 국내 입법조치에 의하여 수용되었다 하더라도 관련 사안의 해석에 있어서 국내적 접근을 지양하고 그 조약의 국제적 성격(international character)이 존중되어야 하며, 그 조약의 국제적 목적과 해석의 국제적 관행(international currency)이 존중되어야 한다는 것이 영국 대법원의 확고한 판례로서 *Stag Line Ltd. v. Foscolo, Mango & Co. Ltd.* 사건에서 Macmillan경에 의하여 공식화된 바가 있다고 한다. 사실 영국 사법부의 경우 자국의 입법으로 국내에 수용된 조약의 해석은 실질적으로 해당 국내입법을 해석한다기보다 해당 조약 규정의 의미를 국제적 수준에서 판단하는 경우가 많다. 이런 측면에서 조약의 실질적 의미의 국내적용 개념이 형식적 의미의 국내 직접적용과 실질적으로 차이가 별로 없다는 점에서 의의가 있다. James Crawford, "Decisions of British Courts during 1980 involving Questions of Public International Law," 51 *BYIL* 303(1982), pp.316-325 참고.

상의 사항인데 비하여 후자는 국내법상의 문제로 규정한 바가 있다. 조약의 국내적 수용을 통하여 조약이 국내법상 법원(法源)으로 취급될 수 있게 되고, 조약이 집행 가능한 상태(executoire)로 놓이게 하는 자격 내지 가치를 부여한다는 것이다. 이러한 수용이 바로 국내소송 등 절차에서 조약이 적용법조로 적용되게 하는 것으로 예단되지는 아니한다고 한다. 헌법이나 법률이 유효하게 발효하더라도 그 적용의 양태는 추상적이거나 하위법령에 위임하는 것과 같이 반드시 직접적용을 담보하지 않는 것과 마찬가지이다. 그것은 조약의 직접적용에 있어 단지 하나의 조건을 형성하는 것이라는 것이다.[119)]

이와 관련해 체약국내 직접 적용될 수 있는 조약의 국내적 유효성을 인정하는 국내수용 절차는 전체적으로 보면 하나의 국가가 체약국으로서 조약체결의 일환으로 볼 수 있다. 이는 특정 조약이 상정하는 하나의 특별한 법질서 내지는 법체제가 존재한다는 것을 승인(recognition)하는 행위의 국내적 측면으로 이해할 수 있을 것이다. 국내법과 입법의 근거 및 형태가 다른 이질적인 조약을 국내법체계 내로 초청하는 절차로서 수용구조는 이질적인 조약이 상정하는 부분질서를 승인하는 것으로 해석하는 것으로서 다음 장에서 상술한다.

한편, 이와사와 유지(岩澤雄司) 등은 이와 관련하여 국내적 효력이 국내 직접적용 가능성의 문제보다 선결적으로 전제된다는 관점에서 논리적으로 일차적이고, 적용의 문제는 이차적인 문제로 파악하고 있다.[120)] 이러한 관점은 논리적으로 효력의 문제가 우선적으로 국내법에 의하여 규율되는 바탕에서 적용의

119) De Visscher, *supra* note 106, p.558.
120) 岩澤雄司, *supra* note 13, 323면.

문제가 다루어지므로, 본 연구와 같이 국제법의 문제로 보려는 조약의 직접적용에 관한 판단이 국내적 효력에 관한 국내법에 좌우되는 법체계상 이상한 결론이 나올 수 있다.

그러나 이러한 논리적 문제점은 국제적 층위와 국내적 층위에서 각기 구별하여 효력과 적용의 관계를 고찰하지 아니한데서 나온 것으로 볼 수 있다. 무엇보다 체약국내 직접적용성은 국제법의 층위에서 결정될 수 있고 국내법의 측면에서 다루어질 수 있다는 것은 후술한다. 조약의 국제법상의 효력은, 비엔나 조약법협약에 규정되어 있듯이, 정당한 권한을 가진 국가의 대표가 의사표시에 하자가 없이 적법하고 타당한 범위 내에서 체결하고, 당해 조약이 정한 발효조건을 충족하면 국제법상 유효하게 되고 이러한 전제에서 국제법상 해석을 통하여 해당 조약의 체약국내 직접적용성이 판단될 수 있는 것이다. 이 조약이 국내적으로 헌법 및 관련 법규에 따라 적법하게 수용되면 국내적 효력을 지니게 되고, 이 경우에도 국내적 차원에서 최소한 국제법상 직접적용의 의무를 침해하지 않는 한도에서 직접적용 가능성 여부 내지 그 폭을 결정할 수 있다. 국제법상 조약의 직접적용성 문제에 관한 규율이 조약의 국내적 효력에 좌우되지는 않는 것이고 논리적으로 선후를 나누는 것도 타당하다고 볼 수는 없는 것이다. 상기 PCIJ의 권고적 의견에서 조약이 국내에 수용되었는지 여부와 상관없이 직접적용의 문제가 결정될 수 있음을 명시적으로 규정하고 있어 조약의 국내적 수용 및 효력의 문제와 분리하고 있음이 지적되어야 할 것이다.[121]

---

121) PCIJ, *supra* note 71, p.20. PCIJ의 권고적 의견은 이렇게 표현되어 있다. "It follows that Article 9 of the *Beamtenabkommen* (단치히-폴란드간 직원전속 협정을 말함) should not be construed in a manner which would make the

5. 조약의 체약국내 직접적용의 정의

상기 고찰을 기초로 조약이 체약국 내에 직접적으로 적용된다는 것의 개념을 살펴본다. '국내'에서 적용된다는 것은 일반 사법(私法)상 계약처럼 조약이 조약당사자인 국가에게만 적용되는, 소위 국제적 층위(international level, plan international)에 한정되어 해석·적용되는 것이 아니라, 그 당사자인 국가라는 주권체의 외피를 투과하여 국내에 존재하는 그 구성원인 개인과 같은 비국가적 주체, 물건 및 법률관계에도 적용된다는 의미로 사용된 것이다. 물론 주권국가는 배타적 관할권을 보유하므로 국가 외부에서 입법된 법규나 명령을 거부할 수 있을 것이나, 이것은 국내적으로 합법화될 수 있다 하더라도 국제적으로도 완전히 이러한 차단이 전적으로 정당한 것인지는 단언할 수 없는 것이다. 특정 국가의 입법적 관할권에 기초하지 아니한 외생적 요소인 외국의 법령, 판결이나 국제중재 판정을 국내에 적용하거나 실시하고 있음에 비추어 이와 동시할 수 있는 조약이라는 특정의 법질서도 국내에서 적용되고 실시될 능력이 있다고 보는 전제에서 이 연구에서 목적으로 하는 조약의 직접적용의 개념을 도출하고자 한다.

개념상 '조약의 체약국내 직접적용'(direct application)[122)]이라

applicability of the provisions of the *Beamtenabkommen* depend on their incorporation into Polish Regulation."

122) 岩澤雄司는 '국내적용 가능성'이란 용어를 사용하고 있는데(*supra* note 13), 이는 'direct applicability'에서 그대로 가능성이란 부가어를 추출하여 사용하고 있는 것으로 보인다. 그러나 이것은 적용되어야 하기보다 적용될 수 있는 상태 내지 자격을 의미하여 국내적 직접적용이라는 것이 조약당사국 임의로 선택할 수 있고, 결국 이러한 문제가 국내적 재량의 문제로 결론을 내리는데 부합하는 것으로 보인다. 이 책에서는 (체국약내) '직접적용성'이라고 표현하여

는 것은 국제법상 직접적용성을 갖춘 조약의 규정이 체약국 내에서 소송상 또는 소송외 적용법조로 원용되는 것을 의미한다고 정의하고자 한다. 조약이 국내에서 직접 원용되는 것을 의미하는 국제법상의 개념인 직접적용은, 미국이라는 특정 국가의 국내관행에서 개발되고 그 결정기준이 조약 내재적 기준보다는 외교정책적 관점에서 결정되는 경향이 있고,[123] 나아가 그 원용의 근거가 국내법에 기초하여 다른 국내법에 의한 경합 및 후속 국내입법에 의하여 추월되는 것을 배제하지도 못하는 자기집행성의 개념과 상당한 차이를 가진다.[124] 특정 조약의 체약국내 직접적용이라는 개념은 국내적으로 개인은 물론, 정부, 지방자치단체 등 모든 주체가 권리·의무규범으로 자신 또는

그러한 임의성을 제거하려 하고, 직접적용의 문제가 조약의 성격과 내용에서 우러나온다는 측면을 강조하고자 한다.

123) 미국 상원은 유엔고문방지협약(UN Convention against Torture)에 대하여 비자기집행의 선언을 부여하고 있는 바, 이로 인하여 미국내 법원이 이 협약을 직접 원용하는 것이 원천적으로 봉쇄되고 있다. 다만, 범죄인인도 사건에 있어서 인도범죄인이 인도요청국에서 고문을 받을 우려가 있는 것과 관련하여 미 국무부의 인도결정이 자의적 남용인지 여부를 심사할 수 있을 뿐이라고 하여 조약의 국내원용이 정책적 고려에 의하여 제한되고 있는 실상을 보여주고 있다. Jacques Semmelman, "International Decisions: Comejo-Barreto v. Seifert," 95 *AJIL* 435(2001), pp.435-438.

124) 미국법상 소위 'later-in-time rule'이라 하여 조약은 후속 연방입법에 의하여 그 적용이 제한될 수 있다. 이러한 미국의 조약에 대한 태도는 J. Helms 전 상원 외교위원장의 다음과 같은 언급에서 잘 나타나 있다.

[T]reaty obligations can be superseded by a simple act of Congress. This was the intentional design of our founding fathers, who cautioned against entering into "entangling alliances."

그리고 이러한 조약의 자기집행성 여부의 결정이 의회 등의 재량에 의하여 결정된다는 것은 부당하다는 의견이 *Lessee of polard's Heir v. Kibbe* (39 U.S.(14 pet.) at 377) 사건 판결에서 Baldwin 판사에 의하여 일찍이 제기된 바 있다. Detlev F. Vagts, "the United States and its Treaties: Observance and Breach," 95 *AJIL* 313(2001), p.321.

타인의 이익을 위하여 조약 규정의 내용이 소송상·소송외에서 원용될 수 있고,[125] 이러한 조약과 양립하지 못하는 국내법규는 그 조약 규정이 적용되는 한도에서 적용상 배제된다. 왜냐하면 직접 적용되어야 하는 조약의 이행은 적용 가능한 사항에 대하여 이를 직접 적용하겠다는 것이 그 조약의 목적과 의무를 이루고 있다고 보고, 또한 앞에서 언급한 바와 같이 법원리상 직접적용의 개념의 특질로 그러한 조약의 법규범은 국내 일반 법질서와 구별되는 특별법질서로서 성격을 가지게 되므로 특별법(*jus specialis*) 우선의 원칙에 의해 그 우선적 적용이 보장되기 때문이다.

특히 조약의 직접적용의 범위와 관련하여 행위·평가규범으로 원용하는 것도 포함하여 고찰하는 것이 필요하다고 본다. 예를 들어, 만약 우리나라가 인접국과 영해경계획정에 관한 조약을 체결한 결과로 어떤 소송절차에서 영해 내의 범죄인지 여부로 관할권이 다투어지는 경우에, 이 조약이 설정한 영해경계에 관한 규정은 개인에게 어떤 권리·의무를 부여하는 것도 아니므로 엄격한 의미에서 직접적용의 조약이라 보기는 곤란한 측면이 있기는 하나, 이러한 범죄행위의 성격과 처리절차에 있어서 이러한 조약의 규정은 중요한 적용법조로서 원용될 소지도 전혀 배제할 수는 없는 것이다.[126] 이런 측면에서 조약이 주관

125) Marcoff, *supra* note 108, p.408 참고.

126) 캘리포니아주 법원은 *Hooker v. the Raytheon Company* (S.D. Calif., Dec. 27, 1962) 사건 판결에서 산타바바라 해협에서 침몰한 선박에 승선한 인원의 사망과 관련하여 영해내 국내의 사고인지, 아니면 공해상 사고인지 판별하기 위하여 관련 국제법 규칙을 조사한 결과 3해리 영해가 타당하다고 결론을 내리고, 나아가 이 사고가 이 3해리 밖에서 발생하였으므로 공해상 사고라고 판단하였다. John Stevenson, "Judicial Decisions involving Questions of International Law," 57 *AJIL* 925(1963), pp.925-926.

적 권리를 부여하는 경우뿐만 아니라 객관적 법질서를 구축하고 이를 하등의 국내적 절차에서 원용하는 경우도 직접적용의 외연에 포함하는 것도 타당하다고 본다. 물론 이러한 적용 여부를 결정하는 구체적 기준은 제4장에서 상술하게 된다.

한편, 이미 언급되었지만, 형식적 의미의 직접적용을 중심개념으로 채택하면서도 각국에서 실시하는 조약의 국내수용 관행 중에서 일부 직접적용으로 볼 수 있다고 판단되는 실질적 의미의 직접적용의 경우도 여기의 개념에 포함된다. 엄격히 국내법규와 조약을 분리하는 영국과 같은 나라에서 조약의 국내적용을 위하여 일일이 국내법으로 변형(transformation)하는 수고를 하지만,[127] 기실 그 실질을 보면 해당 입법의 본문은 형식적으로 실시 관련 사항을 간단히 기술하고, 나머지는 해당 조약문 전체를 그대로 전재하는데, 실질적으로 조약의 조항을 그대로 국내에 적용하는 것으로 보아도 무방할 것이다. 단지 원용하는 법규의 성격과 지위를 국내법으로 변형하였다 하더라도 해석과 적용에 있어 해당 조약의 국제적으로 인정되는 방법으로 해석하고 적용하여야 할 것이므로 사실상 형식적 의미와 차이가 없는 경우를 포괄할 필요가 있다. 또한 수용되지 아니한 조약이라 하더라도 이원론의 입장을 취하는 국가에서 특정 사안에서 평가규범의 역할을 하는 경우가 있다. 이러한 국가의 사례를 실증

127) 영국의 경우 조약의 국내실시 입법을 하는 경우 상기한 바 조약을 그대로 입법의 부속서에 붙여서 하는 경우도 있고(duplicating), 최근의 국제테러 규제협약을 국내에 실시하는 입법에서는 조약의 해당 조항을 그대로 옮겨(transfusion) 규정하고 있어 실제 조약을 직접 적용하는 것과 다를 바가 없다. 그러나 전통적으로 영국의 사법부가 조약의 규정을 해석하는데 국내법의 해석·적용의 규칙을 따르기 때문에 조약의 규정을 왜곡 적용할 우려가 있으며, 이러한 관행은 다른 나라에서도 발견된다고 한다. Verzijl, *supra* note 117, pp.140-146 참조.

적으로 분석해 보면 이러한 현상의 빈도가 증가하고 있음을 알 수 있다.[128] 이러한 경향은 객관적 국제법질서로서 조약의 직접적용이 각국의 수용구조(struture d'accueil)에 관계 없이 발전하고 있음을 보여주는 것으로, 상기와 같이 평가규범으로서 조약의 직접적용의 모습으로 보아야 할 것이다.

여기서 한 가지 지적되어야 하는 것은 어떤 조약의 규정이 직접적용성을 구비하고 있다는 것과 그 해당 조항의 성격이 국내법상의 효력을 지니는 것과는 구별되어야 할 것이다. 조약이 직접적으로 국내에서 적용된다 하더라도 그것은 어디까지나 해당 조약 자체로서 적용되는 측면에서 고찰될 것이고,[129] 다만 국내에 수용된 조약의 국내법상의 지위가 국제법이냐 국내법이냐의 문제는 바로 국제법과 국내법의 관계에 관한 일원론・이원론의 논쟁에 연루되므로 상기한 바와 같이 여기서는 다루지 아니한다.

---

128) Buergenthal, *supra* note 23, pp.393-394.

129) Walz는 국제법이 국내에 수용되면서 국내법으로 되어 국제법의 성격이 '탈각'(dénature)된다고 보나, Mestre는 달리 dénature를 고려할 필요가 없다고 본다. PCIJ의 단치히 재판소 관할권에 관한 권고적 의견에서 이러한 조약이 국내에서의 수용 여하에 관계 없이 국내적 직접적용성이 국제법상으로 다툼이 없다는 논지로 판시한 바 있다. 또한 독일의 Kaufmann은 국제법을 국내법원에서 이용하는 경우 그 법원은 국제법 규칙을 적용해야 한다고 지적하였으나, Triepel은 국제법을 수용한 국내법을 적용하는 것이라는 입장을 견지하였다. Ruth D. Masters, *supra* note 56, p.14.

제 3 장

조약의 체약국내 직접적용에 관한 법적 평가

Ⅰ. 체약국내 직접적용되는 조약의 법적 성격

1. 계약적 성격의 한계

(1) 조약의 계약적 특성

조약은 역사적으로 계약이라는 법적 형식으로부터 발전되어 나온 것임에는 의문이 없다.[1] 다만, 체결의 주체가 국제법상의 주체인 국가(정부), 국제기구 등이 체결한다는 측면에서 나름대로 특수성이 인정되어 있었는데,[2] 그로티우스(Grotius)는 처음으로 조약을 계약과 구별하면서 그 군주의 후계자에게도 구속력이 있다는 논리를 전개하였으나 기본적으로 넓은 의미에서 계약의 일종으로 보았다.[3] 자연법론자인 푸펜도르프(Pufendorf)는 조약에 대해 사인(私人) 간의 계약 이상의 지위를 부여하지 아니하였다.[4] 이렇게 국제법의 초기시대부터 조약은 계약적 성격을 가진 주권자(군주) 간의 계약으로 간주한 것으로서 오늘날

1) 이러한 생각은 국제법 분야에서 각인된(ingrained) 것으로 볼 수 있으나, H. Lauterpacht 등은 그렇다고 계약법을 유추하여 적용하는 것을 경계해야 한다고 지적하고 있다. Detlev F. Vagts, "the United States and its Treaties: Observance and Breach," 95 *AJIL* 313(2001), pp.325-326.

2) 맥네어(McNair)는 국제법상 조약의 개념은 계약에 관한 사법의 발전에 의존하여 왔음을 언급하고 있다. Lord McNair, *The Law of Treaties* (1986), p.6. 한편, 조약은 계약이지만 독특한(*sui generis*) 법체계라는 의견이 있다. Benedetto Conforti, *International Law and the Role of Domestic Legal System* (1993), p.104.

3) Arthur Nussbaum, *A Concise History of The Law of Nations* (Revised ed., 1954), p.112

4) *Ibid.*, p.149.

의 조약의 개념과는 상당한 차이를 보이고 있다.

그러나 국제법 이론에 있어서 자연법주의에 이어 국제법의 성립과 적용에 있어서 국가의 의사와 동의에 기초하는 실정법주의가 대두함에 따라 국제질서를 구성하는 국제법 형성의 성문적(成文的) 수단으로 조약의 중요성과 함께 그 양적 증대가 획기적으로 이루어지고, 이에 따라 소위 국가간의 법을 구성하는 주관주의적 의사법(意思法, law of volition)[5]으로서 조약은 계약적 성격에 더하여 국제관계를 규율하는 실정법 규범으로서 지위가 두드러지게 나타나게 된다. 특히, 웨스트팔리아조약 이후 민족국가(nation-State) 시대로 접어들면서 국제관계의 전면은 주권국가간의 관계로 되고, 국가가 아닌 개인은 국가의 뒤안으로 사라져 취약한 지위로 되었다. 국제법주체로서 국가는 국제규범의 입법자이면서 동시에 수범자로서 조약을 체결하고 그 적용을 받았다. 즉, 계약으로서 조약의 체결과 이행의 문제에 있어 국가란 범주를 벗어나 고려할 이유가 거의 없었다고 볼 수 있을 것이다. 개인의 국제법상 보호가 취약하던 19세기 내지 20세기 초반까지 개인으로 구성된 국내의 영역에서는 조약의 적용 문제가 일어날 여지가 거의 없었던 것이다.

조약이 계약이라는 성격을 가지고 있기 때문에 원칙적으로 당사자간의 특별법규로서만 기능함으로써 제3자 내지 대세적

5) 이러한 흐름은 Emerich de Vattel을 시초로 하여 Moser, De Martens 등이 고전적 국제법 실증주의에 속하며, 19세기 사회과학 분야에 실증주의의 대두로 국제법에 있어서도 이러한 경향이 두드러지게 나타나게 되는데, 독일의 Jellinek · Triepel, 이탈리아의 Anzilotti · Cavaglieri 등을 대표적 이론가로 들 수 있다. 이들은 국가주의자(étatiste)이자 주관주의자(volontariste)로서 국제법의 법원에서 국가의 의사로 체결되는 조약을 중시하였다. Nguyen Quoc Dinh, Patrick Daillier et Allain Pellet, *Droit International Public* (L.G.D.J., 6th ed., 1999), pp.78-82.

(對世的)으로 법적 효력을 발생시키는 것이 제한된다고 볼 수 있다.[6] 조약을 체결하는 주체인 국가 이외의 개인이나 단체에게 권리·의무를 발생시키는 것은 엄밀한 계약의 법리에 따르면 관계자의 수익의 의사표시 내지 동의가 수반되어야 하는 것이라 본다면, 국내법에 의해 지배되고 있는 개인에게는 원칙적으로 효력을 미치지 아니하는 것으로 보는 것이 타당할 것이다.[7] 계약으로서 조약의 법적 구속력은 조약법에 관한 원칙을 떠나 소위 "약속은 지켜야 한다"(*pacta sunt servanda*)라는 법언에서 보듯이 합의(agreement)의 자연법적 규범력에서 유래한다고 볼 수 있다.[8] 물론 이를 비엔나 조약법협약 제26조에서 조약당사국의 성실한 이행을 규정하여 성문법적 근거를 갖추게 되었지만, 조약의 이행의 문제가 전체 국제법질서와 연결되어 있음을 알 수 있다.

---

6) Laband, Triepel, Anzilotti 등은 조약의 대세효를 인정하지 않으며, 특히 Triepel은 조약을 아예 채무법으로 취급하였다. 이와 관련, 스위스 연방최고법원은 입법적 조약(un traité d'ordre législatif)의 경우에도 당사국간만 법적 유대가 발생하고 국내적으로 별도의 국내적 효력을 가지게 하는 매개조치가 없이는 효력이 없다고 판시한 바 있고(1923. 2. 2일 판결), 이탈리아 최고법원의 1924년 9월 22일 판결도 같은 취지이다. J.H.W. Verzijl, *International Law in Historical Perspective* (1968), Vol. I , pp.135-140.

7) 이러한 관점에서는 조약 이행의 방식과 관련하여 개인은 국내 사법기관에 구제를 요구할 수 없고, 사법기관은 이를 비판할 수도 없게 되는 것이다. François Rigaux, *Les conflits de la loi national avec les traités internationaux dans les rapports belges au VIIe Congrès international de droit comparé* (Uppsala, 6-13 août 1966), p.272.

8) Verdross에 의하면 국제법은 윤리적이고 형이상학적 형태의 근본적 규범으로서 '*pacta sunt serrvanda*'하에서 각개 국가의 행동의 자유가 부여된다고 하였다. 국가는 이러한 의사의 자유에 기반하여 스스로를 구속하는 조약을 체결하고 이러한 자신의 의사에 대하여 국제법은 법적 구속력을 부여한다는 뜻이다. G.A. Walz, "Les rapports du droit international et du droit interne," *RdC* (1936).

국가가 조약의 구속을 받게 되는 이상 이를 성실하게 이행하여야 하는데, 그 이행의 방식은 조약이 가지는 내용이나 성격에 따라 주로 일반국제법의 원리에 의하여 결정되어야 할 문제라는 것이 중요하다. 그러나 국제법의 원리상 조약의 운영과 그 효력의 내용이 반드시 계약의 패러다임에서 바라보아야 하는 것은 아니라고 본다. 특히 제3자에 대한 직접적용이라는 내용을 가지는 조약은 이러한 계약적 의미의 조약의 범주를 넘어서 다른 국제법의 규칙에 따라 해석되고 적용되어야 할 것이다.

(2) 체약국내 직접적용되는 조약의 비계약적 특성

오늘날 국제사회는 공통의 과제를 이룩하고 문제를 해결하기 위해 협동하고 있다. 이러한 협동의 구체적 방식으로서 국가간 의사의 합치를 통하여 공동의 목적을 설정하고, 행동계획과 방침을 정하며 상호간 권리와 책임을 부담하는 확실한 수단이 조약이라는 것은 말할 필요가 없다. 당사국간 대립적 상호 동시이행 항변권에 기초한 권리・의무관계를 설정하는 계약적 의미의 조약은 해당 조약의 권리 및 행위주체를 국가에 한정하고 그 법적 효과도 오로지 국가에게만 귀속시키고 있다. 이 때문에 특정 종류의 조약의 경우에는 그 목적 달성이 제한되고 국가를 통하여 간접적으로 이루어지게 되는 문제를 노정할 수 있다. 더구나 인류공동의 과제와 문제가 나타나 국제사회에서 공공의 법익(public interest) 개념이 등장하고 있는 오늘날, 국가의 개별이익에 기초한 대립적 상호관계를 상정하는 계약적 의미의 조약은 이미 한계를 가지고 있다. 예를 들어, 조약법협약 제60조 제5항에서는 인도적 사유가 있는 경우 상호주의(相互主義)에 대한 제한을 규정하고 있고, 국제강행규범(國際强行規範, *Jus cogens*)의 발전에 따라 조약 규정의 적용이 제약될 수 있음을 인정하고 있다.

조약당사국에게만 적용되어야 한다는 한계를 초월하여 법적 효과를 발생시키는 조약의 유형이 존재한다고 인정되고 있으나, 그것이 어떠한 법적 범주에 속해야 하는지는 완전히 규명되어 있니 아니하다.[9] 특히 영토의 양도, 국경의 획정, 청구권의 처리 등을 해결하는 조약으로 대표되는 '처분(處分) 또는 사실행위(事實行爲)에 관한 조약'(dispositive or real treaties)은 기득권을 형성하고 이에 기초한 일정한 법률적 질서가 조약당사국을 떠나서 다른 국가나 개인에게 존중되거나 나아가 준수될 것이 요청된다.[10] 또한 중립, 운하통행질서 등과 같이 일정한 법제도 내지 체제(system or regime)를 창출하는 법적 효과를 가지는 '준입법적(準立法的) 또는 창설적(創設的) 조약'(semi-legislative or constitutive treaties)[11]도 단순한 계약적 논리만으로 설명할 수 없는 조약 유형이다. 대저 이러한 종류의 조약은 그 법적 효력이 대세적(對世的, *erga omnes*)이라는 특성을 가진다. 그것은 하나의 질서로서 단순히 조약당사국 사이에서만 적용되는 것이 아니라는 점을 보여 주고 있다. Triepel도 국제법의 형성을 계약(Vertrag)의 개념과 다른 소위 '형성적 합의'(Vereinbarung)라는 집합적 의사를 중시하여 대립적 계약관계가 아닌 입법의 원리에 국제법의 기초가 있다고 설파한 바가 있다.[12]

---

9) McNair, *supra* note 2, p.255.
10) *Ibid.*, pp.256-259.
11) *Ibid.*, pp.259-271.
12) 田中 忠, "國際法と國內法の關係をめぐる諸學說とその理論的基盤," 山本草二先生還曆記念, 『國際法と國內法』(勁草書房, 1991), 33-36면.

체약국 내에 직접 적용되는 조약의 경우에도 해당 체약국 내에서 개인 등 비국가적 실체가 원용할 수 있다는 측면에서 유사한 특질을 가진 것으로 보인다. 즉, 체약국내 직접 적용되는 조약은 일응 체약국 이외의 주체에 대하여 원용될 수 있다는 뜻이므로, 체약국 내에서 준수되고 원용되는 대세적 효력을 가진 법질서, 즉 법규(法規)를 형성·창출하는 성격을 지닌 조약임을 알 수 있다. 이러한 특질은 계약의 원리라기보다는 공법(公法, public law)의 원리에서 도출된다고 판단된다.[13] 이러한 공법은 당연히 조약을 규율하는 국제공법이라고 보아야 한다. 이하에는 이러한 인식을 바탕으로 하여 체약국내 직접적용성을 가진 조약의 법적 성격을 고찰한다.

2. 법규성(法規性)

(1) 법규성의 의의

법규를 논의할 때, 그 개념이 무엇인지 정의되어야 하겠다. 국내법상 또는 법의 일반원칙상으로 법규가 명확히 정의되기는 어려울 것이다. 로마 법학자 Modestinus는 "법률의 직능은 명령, 금지, 허가, 처벌하는 것이다"(*Legis virus haec est: imperare, vetare, permittere, punire*)[14]라고 설파하였다. 이러한 법규의 개

---

13) McNair는 조약의 대세적 효력에 대한 법적 근거의 하나로서 공법이론(public law theory)을 들고 있다. McNair, *supra* note 2, p.266.

14) *Digesta*, 1.3.7. 또 Papinianus에 의하면, "법률은 일반적 명령, 법학자들의 결정, 유의·무의로 행해지는 불법행위의 금압, 국가의 공공적 서약이다." *Digesta*, 1.3.1. 참조. 이한주, "헌법상 법률의 개념에 관한 연구," 서울대학교 석사학위 논문(1987)에서 재인용.

념에 의하면 그 본질은 수범자에 대한 지시적(指示的) 규범과 강제력(强制力)이라고 볼 수 있을 것이다.

오늘날 법규는 일반적으로 시민의 권리·의무관계를 규율하는 법규범으로 인정되고 있다. 시민사회의 관계를 규율하는 법규의 개념은 대체로 실질적 의미의 법규로 인식되고 있고,[15] 대체로 법주체간에 권리·의무를 규정하며 개인의 자연적인 행동의 한계와 범위를 결정하는 것으로 볼 수 있다고 본다. 이러한 법규의 개념은 특정 국가의 범주를 넘어 법의 일반원칙의 측면에서 정의된다면 법주체간의 권리·의무관계 내지 행위의 규칙을 설정하는 법규범이라는 것이 무난할 것이다. 우리나라나 대륙법계의 국가에서 주로 법규의 개념은 일반·추상적 성격을 가지고 있으며 처분법규를 배제하는 경향이 있으나, 국내사회에 적용되는 것을 예정한 법규를 형성·창출하는 조약은 영토할양, 경계획정과 같은 처분성 조약도 포함되는 것으로 보는 것이 타당할 것이다.

조약이 국제법의 법원(法源)으로서 역할을 가지고 국제계약과 구별되는 까닭은 계약적 성격 이외에 법규범, 즉 법규(statutes)로서의 성격도 가질 수 있기 때문이라고 볼 수 있다.[16] 물론 국가간 공수동맹(攻守同盟) 조약과 같이 순수계약적 성격의 조약

15) 권영성, 『헌법학원론』(법문사, 2001), 748면 참조.

16) Wright는 조약이 군주간 계약으로부터 점차 법규의 형태로 발전해 나가고 있음을 지적하여 조약이 국제사회에서 입법제도로서 역할이 강화되고 있음을 설명하였다. Quincy Wright, "Legal Nature of Treaties," 10 *AJIL* 706(1916). 또한 Jackson도 조약이 당사국의 국내에서 'statutory-like character'를 가질 수 있다고 언급한 바 있다. Jackson, H., "Status of Treaties in Domestic Legal System: A Policy Analysis," 86 *AJIL* 310(1992), pp.310-311. 한편 조약의 해석에 있어서 법규와 같은 방법으로 해석되어야 한다는 의견이 있다. Conforti, *supra* note 2, p.104 참조.

을 상정할 수도 있을 것이다. 그러나 국제법에 따라 체결된 조약이 적어도 당사국간의 특별준칙(特別準則)으로서 역할을 갖거나 개인의 권리・의무를 형성하거나 나아가 특별한 법규범을 형성하는 경우도 있을 수 있다는 전제에서 조약은 특별한 경우에 법규성을 구비한다고 본다.

앞에서 고찰한 대로 조약은 전통적으로 계약적 성격이 두드러졌지만, 조약의 당사자들이 준수해야 하는 법규범을 창설하는 경우가 있을 수 있다.[17] 종래에는 거의 계약적 성격이 조약을 지배하는 원리로서 존중되었지만, 1951년 제노사이드협약에 대한 유보에 관한 ICJ의 권고적 의견[18]에서 계약적 패러다임에서 볼 수 있는 대립적 당사자의 관계를 넘어 전체 공동체의 공동선(共同善)을 위한 법규창출적 조약의 성격을 인정함에 따라, 조약의 법적 성격이 반드시 계약적이라 보지 아니하고 법규범을 창설하는 역할을 가진다는 것은 부인할 수 없다 하겠다.[19] 따라서 국가간의 관계에서 조약이 법규를 창설하고 법규로서 작용될 수 있다는 것은 분명하다.

체약국 내에 직접 적용되는 조약은 앞에서 본 바와 같이 권리・의무에 관한 법규범, 특별법질서 내지 제도로서 종국적으

---

17) 조약을 분류하는데 '계약조약'(traités-contrats)과 '법규조약'(traités-lois)을 구별하는 이론이 있으나, 이 각자 유형의 조약을 규율하는 국제법 규칙은 분명하지 아니하다. 차라리 조약이라는 법적 양식에 이러한 두 가지 성격이 공존하고 있다고 볼 수도 있을 것이다. Nguyen Quoc Dinh, Patrick Dailler et Alain Pellet, *supra* note 5, p.121.

18) Advisory Opinion of 28 May 1951, Reservations to the Convention on the Prevention and Punishment of the Crime of Genocide, [1951] *ICJ Reports* 15, 23.

19) Shabtai Rosenne, *Developments in the Law of Treaties 1945-1986* (1989), pp.182-183.

로는 재판규범으로 원용되는 것을 본령으로 한다. 따라서 직접적용성을 가진 조약은 대표적으로 법규성을 구비하고 있는 조약이라고 볼 수 있다. 조약의 직접적용과 관련하여 조약이 당사국의 주권의 한 양상인 입법관할권의 외피를 뚫고 국내사회에 들어가서 개인과 같은 비국가적 실체에 대하여도 법규로서 효력을 가지는 근거를 고찰할 필요가 있다.

(2) 국내사회에서의 법규적 효력의 근거

조약이 법규로서 시민사회에서 적용되는 것과 관련하여 두 가지 국제법상 근본적 문제가 대두된다. 그 한 가지가 시민사회를 구성하는 개인이 조약과 같은 국제법의 주체인지 여부가 선결적 문제로서 제기될 수 있을 것이다. 본서의 목적이 이러한 근본적 과제를 해결하고자 하는 것은 아니나, 개인의 국제법주체성은 제한적으로 인정된다는 전제[20]에서 보면, 개인에 대한 조약의 적용이 전적으로 배제되는 것은 아니다.

다른 하나의 근본적 문제는 국내에 조약이 적용되는 경우 어떤 형태이든지 간에 당사국의 국내법질서에 의거하여 조약을 국내에 수용하는 절차를 경유하였을 것이다. 이렇게 수용된 조약이 국내에서 법규로서 적용되는 경우 이 조약이 국내법으로서 적용되는 것인지, 아니면 수용에도 불구하고 국제법 자체의 성격을 잃어버리지 아니하고 그대로 적용되는 것인지가 하나의 근본적 문제로 제기될 수 있다. 이것은 국제법과 국내법의 관계에 관한 교설의 대립과 같은 차원에서 다루어질 문제이다. 그러

20) 이한기, 『국제법강의』(박영사, 1990), 160-167면 참조.

나 국제관습법이 국내에서 적용될 때 그것이 국제법으로서 적용되는 것인지, 아니면 국내법의 자격으로 적용되는 것인지 명확하게 따지지 아니하는 것과 같이 반드시 규명되어야 하는 것은 아니라고 본다.[21] 다만, 조약은 그 해석과 적용의 원리가 국내법질서가 아닌 조약법을 포함한 일반 국제법질서에 연결되어 있으므로 국제법질서에 속한다고 보는 것이 타당할 것이라 판단된다.

일반・추상적 또는 처분적 성격의 법규범, 즉 법규로서 조약은 논리적으로 체결당사자인 국가 사이의 내부효과뿐만 아니라 국내 시민사회에 대한 외부효과를 지닐 수 있는 경우도 있다고 볼 수 있다.[22] 그러나 원칙적으로 조약은 보통 국민을 구성하는 개인의 집단인 국가의 책임으로 체결되므로 일종의 '집단적 책임의 원칙'(le principe de la responsabilité collective)[23]에 따라 그를 구성하는 개인이나 기타 타인에게 법적으로 영향을 미치지 않는다는 성향이 강한 것으로 볼 수 있다. 집단과 그 개인을 구별하여 국제적인 요소가 국내사회에 침투할 수 없다는 방패막이와 같이 이용되는 것이다. 또한 계약법의 원칙인 "타인간의 사항은 제3자에게 영향을 미치지 않는다"(*res inter alios acta alteri nocere non debet*)는 법언과 같이 국가와 구별되는 제3자로서 국내에 있는 개인 등은 조약의 규율을 받을 근거가 없다고

21) De Visscher, "Les tendances internationales des constitutions modérnes," 80 *RdC* 511(1952), p.17 참조.

22) 스위스의 경우, 일반적이고 추상적인 규정(règles)을 가진 조약은 별도의 법률로서의 수용이 없어도 규범적 효력을 인정받는다. J.F. Aubert, *Traité de Droit Constitutionnel Suisse* (t.1, 1947), p.483. Marco G. Marcoff, "Les Règles d'Application Indirecte en Droit International," *RGDIP* (1976), p.403에서 재인용.

23) G.A. Walz, *supra* note 8, pp.60-61.

볼 수 있는 측면도 있을 것이다.[24]

그러나 실제적으로 조약은 대세적(*erga omnes*) 효력을 가지는 경우가 있으니, 역사적으로 영토할양조약이나 중립보장조약 등과 같이 외부세계에 법질서로서 확립되는 조약이 체결되어 왔다.[25] 이러한 대세적 조약은 일응 조약당사국 이외의 타국에게도 적용된다는 측면에서 법규와 유사한 조약이라 볼 수도 있다. 그러면 타국이 아니라 조약당사국의 국내의 시민사회에 대하여 적용될 수 있을까? 예를 들어, 1923년 1월 11일 프랑스 외무장관 Poincaré는 베르사유조약은 프랑스 국내법(une loi intérieure de l'État)이며 동시에 국제적 행위(l'acte internationale)라는 이중의 효력을 지닌다고 설파한 바 있다.[26]

조약을 순수 당사국간의 관계의 측면에서만 바라보는 것은 전적으로 타당하다고 볼 수 없다는 점은 국제법의 선조에서도 발견되고 있다. 일찍이 Gentili는 군주에 의하여 평화조약이 체결되면 그 신민은 이에 구속되며, 비록 개인이 이러한 조약을 위반하는 것이 상정되지 아니하였다 하더라도 개인은 이러한 평화조약에 위배되지 아니하는 한도에서 조약의 구속을 받는다는 점을 지적하였다.[27] Gentili의 이러한 사유는 개인이 조약의 법익을 누릴 수 있으며, 나아가 조약으로 형성된 법적 권리・의무관계가 개인에 의하여 훼손되는 것을 방치하는 것은 국제

---

24) Achille Mestre, "Les traité et droit interne," *Cours de L'Academie de Droit International* (1929), p.35.

25) McNair는 상기 'dispositive treaty'와 'constitutive treaty'에 대하여 이러한 대세적 효력을 인정하고 있다. McNair, *supra* note 2, pp.255-271.

26) Alexandre-Charles Kiss, *Répertoire de la pratique française en matière de droit international public*, Tome I (1962), p.534.

27) Alberico Gentili, *De Jure Belli Libri Tres*, Classics of International Law(1964), the Translation of the Edition of 1612, pp.420-421 참조.

법의 이념에 반한다는 것에 기초하고 있다고 판단된다. 조약이 단순한 계약으로서 개인에게 직접적으로 적용되지 아니한다는 주장은 무엇보다도 집단 명의의 행위가 개인에게 영향을 미치지 아니한다는 사법(私法)상의 원칙은 공법(公法)의 원칙이 적용되는 조약 분야에서 그대로 적용되기가 어려우며, 더욱이 개인이 그 소속 국가의 행위에 있어서 제3자로만 존재한다는 것은 납득하기 어렵다. 국가가 정당하게 체결한 조약으로 법규를 창출한다면 그 소속 국민을 제3자로 보아 그 조약의 효력을 차단하는 논리는 설득력이 약하다고 판단된다.

McNair가, 상기한 바, 특정 종류의 조약이 대세효를 가진다고 할 때에 영국의 전통에 입각하여 어디까지나 타 국가에 대한 적용만을 고려하였다고 주장될 수 있을 것이다. 그러나 오늘날 개인의 법익이 조약에 규정되는 경우는 이례에 속한다고 볼 수 없다면 여기서 '대세적'이라는 의미에는 외연상 국내의 개인도 포함된다고 볼 수 있지 않을까? 물론 '조약의 체약국내 직접적용'의 함의로써 당연히 국내에서 법으로서 적용되는 것을 전제로 하나, 어쨌든 조약의 직접적용은 조약이 법규로서 국내적용 가능성에 관한 이론을 기초로 한다. 이러한 법규로서의 조약의 국내적용의 법적 근거를 전체적으로 평가하면, 앞의 Gentili의 논리와 McNair의 공법원리는 일맥상통하는 원리로 본다면, 그 근저에 조약이 법규가 되는 것은 조약에 의한 입법(立法)의 결과로 보는데 있다고 해석하고자 한다. 이러한 견해는 Mestre에서 마찬가지로 찾아볼 수 있다.[28] 이러한 원리에 따르면 입법

28) Mestre, *supra* note 24, pp.29-36. Mestre는 국가와 같은 집합체의 내부에서도 법적 효력을 가지는 것은 공법관계를 창출하는 조약의 법적 성격상 당연하다고 하여 조약의 국내사회에서 법규로서의 적용을 긍정한다.

으로서 직접적용성을 구비한 조약을 체결한 것은 비단 당사국 이외에 입법의 수범자를 개인으로 하는 것이 가능할 것이다. 그럼에도 완강히 조약과 국내법에 관한 이원론(二元論)의 입장에서서 조약의 국내침투성을 부인한다면, 어떤 다른 근거로 국내사회에서 법규성을 설명할 필요가 제기될 것이다.

결국 조약이 국내사회에서 법규로서 적용된다는 의미는 해당 조약의 목적과 적용범위 내에서 당사국은 자국의 입법적 관할권을 양보하는데 그 본질이 있다고 볼 수 있을 것이다. 자국 내에서 일반적 입법관할권을 가진 국가는 특정 사안(subject-matter)에 관한 규율을 특별법규로서 조약이 창출하는 법질서를 승인하고, 이는 주권국가에 의한 일종의 자기 자신에 대한 자발적 주권의 제한이라고 평가될 수 있을 것이다. 조약이 당사국간의 한계를 넘어 제3자의 동의가 없이도 그 제3자에게 법적 구속력을 발생시키려면 원칙적으로 그 당사국이 그 관할, 특히 입법적 관할(jurisdiction to prescribe)에 속하는 사항으로서 자신의 처분권능의 범위에 속하는 인적・물적 대상에 대하여 적용될 수 있는 법규에 해당되는 조약을 체결하는 경우도 해당된다고 볼 수 있다.[29)]

한편으로 어떠한 법이 만들어지면 자연적으로 그 법은 효력을 발휘하여 적용되려는 것은 유효성(effectiveness)의 원칙, 그리고 법 자체의 속성이라 할 수 있는 효력의 추정 등에 비추어 본다면 당연하다.[30)] 마찬가지로 체약국내 직접적용성을 구비한

29) 상기한 바, 조약의 국내상 효력에 대해 부정적인 의견을 가졌던 Anzilotti가 조약은 국제적인 법률행위(an international judicial act)로서 자국 이탈리아 군주가 의회의 동의 없이 체결한 조약도 국민 및 법원을 구속한다는 논지를 발표한 바가 있어 흥미롭다. Verzijl, *supra* note 6, p.126.

30) Jimenez de Aréchaga, "Self-executing Provisions of International Law," *Staat*

조약의 법효력 및 적용은 당연히 건강한 법으로서의 생리라고 볼 수 있다.[31] 즉, 국내에 적용될 수 있는 법규로서 조약은 그 자체의 효력(*ex proprio vigore*)으로 당사국의 국내에서 법규로서 적용되려는 속성을 가진다고 단순하게 볼 수도 있다.[32]

3. 창설적 성격

조약이 창출하는 법적 효과를 분석해 보면, 조약 소정의 권리·의무를 조약 자체로서 형성 내지 창출시키는 종류의 조약과 조약이 목적으로 하는 소정의 권리·의무를 발생시킬 의무를 부담하는 종류의 조약이 있을 수 있다. 이것은 영미법상 계약을 'executed'(既履行)와 'executory'(未履行)[33]로 나누어 계약의 내용이 계약체결로써 이미 이행된 경우와 그러한 계약의 목적 달성을 법적 의무로서 인정하는 것을 구별하는 것과 대개 일치한다. 우리의 경우만 하더라도 우리 민사법상 계약은 대부분 낙성식으로 이해되고 있지만, 아직도 아주 한정적으로 현상광고(縣賞廣告)와 같은 의무이행이 계약의 체결로 달성되는 소위 요물계약(*contratus re*)의 개념이 인정된다[34]는 측면에서도 이러한

und Volkerrechtsordnung (Band 98, 1989), p.412 참조.

31) Pierre Pescatore, "The Doctrine of "Direct Effect": An Infant Disease of Community Law," *ELR*, Vol. 8(1983), pp.155-156 참조.

32) 유엔인권위원회 및 ILC 위원을 역임한 Tomouschat은 B규약상 인권의 경우 단지 즉각 실시 가능한 인권을 규정한 것이지 체약국에게 이러한 인권을 재창조하라고 한 것은 아니라는 논지로 법규창출적 조약의 직접적용성을 옹호하고 있다. Anja Seibert-Fohr, "Domestic implementation of the International Covenant on Civil and Political Rights Pursuant to its article 2 para. 2," *Max Planck Yearbook of United Nations Laws*, Vol. 5, 2001, p.426.

33) John D. Calamari and Joseph M. Perillo, *Contracts* (3rd ed., 1987), p.4.

34) 곽윤직, 『채권각론』(박영사, 1978), 36면.

구별이 의미가 있다고 본다.

조약이 체결되면 해당 당사자인 국가가 그 의무의 이행을 위하여 조약상 직접 규정된 대로 국내법규를 조약의 이행을 위하여 정비하거나, 필요한 예산을 조달하거나 국가정책을 조약의 규정과 일치하게 집행하는 등의 이행조치를 취하는 경우도 있을 것이다. 그러나 어떤 경우의 조약에는 조약상 규정된 사항이 이미 발생하거나 창출되어 국가로서는 더 이상 조약의 목적으로 하는 핵심적 규정을 실현하기 위한 추가 조치가 요구되지 아니하고, 다만 이를 법적으로 보호하는데 조력하는 것이 중요한 경우가 있을 수 있다. 이러한 후자의 유형은 권리·의무에 대한 형성적·처분적 성격의 조약 내지 입법적 조약에 있어서 두드러지게 나타날 수 있다. 이는 조약 자체로써 법률상으로 국가, 단체, 개인 등 권리주체의 권리·의무의 발생·변경·소멸 등 변동을 일으키거나, 이러한 주체들 사이에 적용될 수 있는 법규범을 창설하는 것으로 볼 수 있다.

실제 조약에 있어서 이러한 특질이 인정될 수 있다는 점은, 미국이 연혁적으로 사법부에서 창안한 자기집행적(self-executing) 조약의 개념이 기초한 근거가 바로 이러한 계약 유형의 구별에서 착안된 바가 있고,[35] 나아가 Riesenfeld는 이러한 개념은 독일과 같은 대륙법계에서도 적용될 수 있음을 밝힌 바 있다.[36] 조약이 체결당사자인 국가 사이에서만 적용되는 상대권(相對權)에 불과한 계약적 의미의 의무(obligation)를 발생하는 효력뿐만

---

35) 전술한 미국의 자기집행적 조약의 개념의 설명을 참고할 것. 최초의 자기집행적 조약의 판례인 미국 대법원 판결(*Foster v. Neilson* 사건, 3 U.S.(3 Dall.) 199, 244-245(1796))에서 그 효시를 가진다.

36) Stefan A. Riesenfeld, "Editorial Comment; the Doctrine of Self-executing Treaties and GATT: a notable German Judgement," 65 *AJIL* 548(1971).

아니라, 이러한 의무이행의 문제를 남기지 아니하고 조약 자체로써 새로운 권리·의무 또는 법질서를 형성 내지 창출하는 경우가 있다. 앞에서 각국 및 국제적 관행을 고찰한 결과, 자기집행조약 및 직접적용 조약은 당사국이 조약상 의무를 장래에 이행하는 것을 예정한 유형이라기보다는 바로 조약 자체가 목적으로 하는 권리·의무를 창출하거나 법규범을 확립하고, 이를 보호하거나 운영하는데 주안이 있는 조약의 유형이다.

체약국 내에서 직접 적용되는 조약은 장래에 당사국의 이행으로 조약상 목적이 달성되고, 당사국이 이행의 수단을 재량으로 선택할 수 있는 유형이 아니라 바로 조약 자체가 법규범이 되는 창설적 효과를 가지고 있어야 한다. 상기한 대로 직접적용 조약이 대세적 효력을 가지는 법규성을 가진다면, 이 성격은 바로 조약이 창설하는 법효과로 볼 수 있다. 따라서 이러한 직접적용성을 구비한 조약은 '창설적(constitutive) 조약'이라 명명하기로 한다. 처분적 조약도 이에 유사한 성격이나 법률행위가 아닌 지급, 인도(conveyance) 등과 같은 사실행위도 포함하는 경우가 있어 개념상 적확하지 않은 문제가 있다. McNair가 지적하듯, 처분조약의 내용이 상당 부분 창설적 조약에 중복되고, 창설적 조약의 개념에 준입법적(semi-legislative) 행위도 포함되어 '창설적'이란 용어가 직접적용 조약의 법규적 성격에 부합하는 것으로 보인다.[37)]

제도화된 입법기능이 완벽하지 아니하고 완벽한 국제법주체인 국가의 승인(承認)·동의(同意)를 받아야 국제관계를 규율할 수 있는 준칙을 만들 수 있는 현 국제사회의 구조에서 조약은

---

37) McNair, *supra* note 2, p.256 참조.

관습[38]을 제외하고는 유일한 준칙의 원천이며 사실상 국제법규 창출에 있어 독점적 지위를 가진다. 기본적으로 계약적 유형 또는 창설적 유형이냐에 따라 조약 적용의 인적 범위 내지 효력의 차이는 후술하는 조약의 직접적용성의 판단에 근거로 활용될 수 있다.

4. 국가주권제한적 성격

국가주권 개념의 원류는 로마의 법학자 Proculus의 법언인 *"liber populus externus is qui nulius alterius populi potestati est subiectus"*(a foreign power is that which is subject to the power of no other people)[39]에서 볼 수 있듯이 국가 외부적인 권력이나 제한에 복종하지 않는 특성을 가지고 있다고 여겨지는 경향이 있다. 따라서 국가의 의사 및 행동의 자유를 제약하는 조약을 체결하더라도 당사국 국내에서의 이행의 방식에 대하여는 일정한 재량을 인정하여 조약의 목적을 침해하지 않는 이상 이를 존중하는 것이 당연하다고 여겨지는 것이다. 주권의 이러한 불침투성이야말로 조약과 같은 국제적인 요소가 그 자체로서 국내에서 반입되는데 차단막으로써 작용하게 된 것이다. 상설국제사법재판소(PCIJ)의 *Lotus*호 사건 판결에서 국가의 동의에 기반한 실정국제법이 제약하지 아니하는 이상 국가의 행동을 제약하는 근거가 없다는 일종의 절대적 주권의 원리는

38) 관습(custome)도 국내 직접적용 여부가 논의되고 있다. 관습은 전반적으로 자기집행적이라는 주장에 대해 순수 국가간의 관계를 규율하는 관습은 비자기집행적이라는 의견이 있다. Frederic L. Kogris, Jr., "Agora: May the President violate customary international law?," 81 *AJIL* 371(1981), pp.371-375.

39) *Digest*, 49.15.7. pr.1.

많은 비판을 받았고, 오늘날에 와서 이러한 교의(教義)는 더 이상 법적으로 완전히 타당한 근거가 될 수는 없다. 중세에서부터 근대에 이르기까지 형성된 국가주권의 원리라는 것은 국가 자체가 절대적으로 무제약한 것이 아니라 국가와 개인을 구속하는 자연법(自然法)의 제약을 전제로 하는 개념이었다는 점을 고려하여야 한다.[40] 이러한 측면은 국가의 주권이라 하더라도 조약 등 국제법에 의하여 제약될 수 있다는 것이다.

조약에 의한 국가주권제약의 원리와 관련하여 *Wimbledon*호 사건[41]에서 판시된 바와 같이 조약이 당사국의 자유를 제약하는 것은 주권의 제한이라기보다 도리어 주권의 행사의 측면이라고 보아야 한다. 조약을 체결하여 해당 당사국의 주권이 실질적으로 제약된다 하더라도 이는 주권의 자기제약적 원리(auto-limitation of sovereignty)에 따른 결과일 뿐, 이로 인하여 국가주권의 원리가 손상되는 것은 아니라고 보아야 할 것이다. 이러한 원리에서 우리가 알 수 있는 것은 주권의 개념이라는 것이 국제법질서와의 관계에서 나름대로 탄력적으로 운용될 수 있다는 점이다. 주권이라는 임계선(臨界線)을 경계로 국제법과 국내법이 준별되어 별개의 법체계로 운영되고 있다 하더라도 이러한 경계선이 결코 투과되지 아니하는 장벽은 아니라고 보아야 할 것이다.[42]

40) E.N. Van Klefens, "Sovereignty in international Law," *RdC* (Vol. 82, 1952), p.56.

41) *"Wimbledon"-case*, PCIJ, Series A, No. 1, p.25.

42) Pescatore는 조약이 직접 적용되는 경우 특정 당사국의 법질서에 깊게 투과하여 들어가는 조약이라고 언급한 바와 같이 기본적으로 직접적용 조약이 당사국의 주권, 특히 입법관할권을 배제하는 성격을 가지는 특성이 있음을 보여 주고 있다. Pierre Pescatore, "Interpretation of Community Law and Doctrine of 'Act Clair'," in *the Legal Problems of an Enlarged European Community, British*

오늘날 조약은 종래 전형적으로 국내관할에 속하던 사항을 규정하고 그 대상도 다양화하고 있다. 인권과 같은 정치·경제적 문제는 물론이고 개인의 재산권에 속하는 담보물권, 무체재산권, 매매, 심지어 부패방지, 조직범죄 등 형사문제까지 조약으로 규율되고 있다. 이는 가히 국내적 관할사항이 고유한 의미가 있는 것이 아니라 그것은 조약을 위시한 국제법의 추이에 따른 상대적인 개념이 되어가고 있다. 세계가 나날이 통합되어가고 편협한 국가영토의 한계를 넘어서 공동의 목적으로 공동의 행동준칙을 통하여 인류 보편의 문제를 해결하고, 나아가 인간안보를 증진하려는 경향이 강해지고 있는 오늘날의 현실은 주권에 기반한 국내법질서에 대해 일정한 양보를 요구하고 있다. 입법·사법·집행이라는 관할권 중에서 입법적 관할권(jurisdiction to prescribe)에 대해 조약이라는 특수한 유형의 입법작용이 국내적으로 인정될 것이 요구되고 있는 것이다.[43] 모든 법은 국가로부터 유래된다는 근대 국가주의와 실정법주의는 오늘날에 있어서 완전히 타당한 것은 아닌 것이다. 국가 내에서도 교회법(教會法), 특별권력관계 등의 예로써 보건대 부분사회(部分社會) 나름의 법질서가 유지될 수 있는 것처럼 국제법, 특히 조약이 적용될 수 있는 부분도 긍정하는 것이 타당하다고 본다. 그것은

Institute Studies in International and Comparative Law no. 6 (1972), p.27.

43) 상기 *Costa v. ENEL* 사건(ECJ, *Costa v. ENEL*, 2 *CML Rev.* 197-198(1964-1965))에서 ECJ는 "일정한 조건만 충족된다면, 주권의 제한(limitation)을 부담하는 조약을 체결하는 것이 가능하고 그 조약에 '보통의 법'(*loi ordinaire*)과 같은 집행력을 부여하는 것이 합의된다"고 판시하여, 완전한 국내 직접적용 내지 효력을 가지는 EEC조약이 바로 주권제한을 통해 당사국의 입법적 관할을 배제하고 직접 적용되는 특질을 설명하고 있다. G. Sperduti, "Le principe de souveraineté et le probléme des rapports entre le droit international et le droit interne," *RdC* (Vol. 153, 1976), p.354에서 인용.

바로 해당 국가 자신이 동의하였던 점에서 더욱 그렇다.

조약이 국내에서 직접 적용되는 것은 이 조약이 적용되는 한도에서 조약당사국의 입법적 관할권의 적용을 배제하는 결과를 가져온다. 이러한 조약의 체결로써 국가의 입법적 관할권이 제한되는 근거는 무엇일까? 적어도 국제법의 관점에서 보면 주권국가가 이러한 조약의 체약국이 됨으로써 이 조약이 창설하는 법질서를 승인(recognition)하고, 나아가 자국의 법집행기관으로 하여금 이를 집행(적용)하도록 허용하는 것으로 의제하는 것이 논리적으로 타당할 수도 있다고 판단된다. 이러한 조약 이행의 방식은 당사국이 재량으로 선택하는 것이 아니라, 조약의 해석에 따라 자국 내에서 바로 조약문을 법규로 직접 적용해야 하는 이행의 방식이므로, 그 조약상 의무의 내용이 바로 자국의 국내법을 적용하지 않는 부작위의무와 동시에 자국 내에서 해당 조약의 규정을 적용법조로 적용하는 작위의무를 부담한다.44) 논리적으로 이러한 직접적용성을 구비한 조약을 체결한 행위는 이 조약의 의무이행의 한 내용으로서 자국의 입법적 관할권, 정확하게 자국의 관련 국내법을 그 조약과 경합하는 한도에서 적용하지 아니한다는 것을 수락한 것으로 해석되고, 나아가 그 조약으로 창설된 특별법질서 내지 법규를 우선적으로 적용하는 작위의무를 부담한다는 것으로 보아야 할 것이다.

체약국 내에서 직접 적용되는 조약의 경우, 본질적으로 체약국의 국내에서 해당 조약의 규정을 직접 적용토록 보장하여야 하는 조약상 의무이행 방식이 형식적으로 확정되어 있고 여타 당사국의 재량이 없으므로, 그 이행이 이루어지는 당사국 국내

44) 이는 후술하는 조약상 의무의 유형 중 'obligation of conduct or means'에 속하는 것이다. 제3장 Ⅲ. 2. (1)을 참조할 것.

관할의 영역(sphere)으로 뚫고 들어가 법규로서 인정되고 적용되는 양상에 따라 국제법상 의무의 합당한 이행인지 여부가 판단된다.[45] 이러한 측면에서 직접적용성을 갖춘 조약을 체결하는 국가의 행위는 법원리적으로 보아 해당 조약당사국의 국내적 자율성을 스스로 제한하는 것으로 보는 것이 당연하다고 할 수 있다.

II. 국제법상 문제로서 조약의 체약국내 직접적용

1. 조약의 직접적용 문제를 국내적 문제로 본 주장

조약의 국내적 직접적용이 국제법상의 성격을 가지고 국제법의 층위에서 결정될 수 있어야 보편적으로 적용될 수 있는 관련 국제법 규칙을 발견할 수 있다. 그러나 대다수의 인식은 이를 국내법질서에 맡겨진 것으로 보고 있어 이 문제에 대한 전면적인 발상의 전환이 요구되고 있다. 예를 들어, 미국의 경우 조약의 자기집행성 여부의 결정은 국내법상의 문제라 여기고 있는 것이 광범위하게 지지되고 있다.[46] 특히 Henkin은 다음과

---

45) *YBILC*, 1977, Vol. II, Part Two, p.14 참조.

46) 岩澤雄司, *supra* note 26, 210-213면. 같은 취지: Josef L. Kunz, "Editorial Comment: international Law by Analogy," 45 *AJIL* 329(1951), pp.329-335; A. Evans, "Self-executing Treaties in the United States of America," 30 *BYIL* 178(1953), p.193.

같은 소론으로 조약의 국내실시에 관한 사항은 국내문제로서 보아야 한다는 전제에서 이를 뒷받침하고 있다.

> 조약당사국에게 그 약속을 이행하여야 하는 구속적 의무가 있으나, 그것을 어떻게 이행해야 하는지는 보통 국제법의 문제가 아니다. 어느 나라의 국내법상 조약의 지위는 국제법상의 문제라기보다는 헌법의 문제이다. 모든 국가는 국제법을 일정 수단과 정도로 자국 내의 법질서에 수용하고 있으며, 개별 국가에 따라 그 수용의 방식이나 정도가 다르다. 또한, 어떤 조약을 자국법의 일부로 수용하는데 필요한 것이나 그것이 가져올 관할권상 결과가 무엇인지에 대해서도 국가별로 다른 것이다(There is, then, a binding obligation on the parties to carry out their undertakings, but how a state does so is ordinarily not a concern of international law: the status of treaties in the domestic law of any country is a constitutional, not an international question. All States have incorporated international law into their legal system to some extent in some ways, but States differ both as to extent and as to ways. States differ also as to what-if anything-is necessary to make a treaty part of national law and what are the jurisdictional consequences).[47]

이 분야에 관해 권위자인 이와사와 유지(岩澤雄司)의 견해에 따르면, 조약의 국내적용 가능성이 조약당사국의 의사가 존재하지 아니하는 경우가 많고, 조약문이 명확한지의 여부는 구체적

47) L. Henkin, *Constitutionalism, Democracy and Foreign Affairs* (1990), p.62, Jackson, *supra* note 16, p.323에서 재인용.

국내법을 분리한 채 국제적 평면에서 추상적으로 결정되는데 의문을 제시하여 부정적 입장을 취하고 있다.[48] 이와 관련된 국제적 사례로서 국제노동기구(ILO) 사무국은, 미국이 선박소유자책임협약(ILO 제55호 협약) 제2조의 제1항 및 제2항의 자기집행성(self-executing) 여부를 질의하였던데 대하여, 조약이 자기집행적인지 여부는 우선적으로 각국의 헌법관행과 현행법에 비추어 결정될 사항이라고 인정한 경우가 있었다.[49] 또한 Higgins도 국내법과 국제법의 문제는 특정 국가가 이원론과 일원론 중 어떤 입장을 취하느냐에 따라 각국 법원의 판결에서 차이를 보일 수 있다고 언급하고 있어 이 문제를 국제법상의 문제로 인식하고 있지는 않는 것으로 보인다.[50] 이와 같이 상당수의 의견이 조약의 직접적 적용의 문제가 국내적 평면에서 결정될 사항이라는 인식에 기반하고 있음을 알 수 있다.

조약의 자기집행성이라는 개념은 미국의 헌법 해석과 조약실시 관행에서 발전된 연혁적 개념의 성격을 띠므로 이를 국제법상의 문제로 보는 시각 자체가 약할 수밖에 없을 것으로 판단된다. 또한, 위 ILO의 견해를 자세히 보면, 노동 관련 협약의 실시와 관련한 국내입법의 필요 유무에 관한 당사국의 권한의 측면에서 의견을 밝힌 것이지, 조약의 국내 직접적용의 문제에 대한 국제법의 적용을 부정하는 것으로까지 판단한 것은 아니라고 볼 수도 있을 것이다. 물론 많은 조약들이 해석상 명백하게 드러나지 않는 경우가 많으므로 결국 종국적으로 각 당사국이 조약을 실시하는 구체적인 입법 등 국내조치로 결정되는 것

48) 岩澤雄司, 『條約の國內適用可能性』(有斐閣, 1985), 321-324면.

49) International Labour Office, *International Labour Code 1951*, pp.863-864.

50) R. Higgins, *Problems & Process* (1994), p.206.

이 실제적이라고 볼 수도 있을 것이므로 이와사와 유지(岩澤雄司)의 견해는 나름대로 일리가 있다고 본다.

그러나 위에서 검토한 대로 조약의 체약국내 직접적용의 개념상 형식적 의미와 실질적 의미로 나누어 구별해 본다면, 조약의 직접적용 문제를 국내법의 문제로 보는 견해가 사실은 조약이 국내수용되는 과정을 중시하고, 이러한 과정에서 그 직접적용성 여부를 판단하는 해당 당사국의 판단이 개입된다고 보아서 그리 보는 것으로 평가된다. 조약의 직접적용이란 법적 현상에 있어서 위 실질적 의미의 직접적용의 개념에 입각해 일정 정도 국내수용 과정의 터치를 거치더라도 그 조약 문언의 동일성이 유지된다면, 마찬가지로 직접적용의 범위에 포함되도록 하는 경우도 포함한다는 전제에서 단순한 국내수용 과정에서 약간의 절차적 개입이 그 직접적용성을 결정한다는 것은 무리이다. 이러한 학설은 조약의 직접적용성 여부의 판단이 선결적으로 국제법의 층위에서 판단될 수 있는 문제로 볼 소지를 놓치고 있다고 볼 수 있을 것이다. 물론 국제법에서 선결적으로 직접적용성이 인정되지 않는 조약에 대해서 부가적으로 국내법질서에서 직접 적용 가능하다고 판단하는 것은 문제가 없고 2차적 문제일 뿐이다.

2. 국제적 관행

상기한 1928년 단치히 재판소 관할권에 관한 PCIJ의 권고적 의견에서 조약의 직접적용은 해당 조약당사자의 의사에 대한 해석(interpretation of the intention)을 통해 가능하다는 점을 판시함에 따라, 이 문제는 비단 각 당사국의 재량적 결정사항이기 이전에 국제법상의 해석의 문제로 포착되어 다루어질 수 있는 가능성을 제시하였다. 이 권고적 의견에서 PCIJ는 다음과 같이 설시하였다.

> … 본건에서 이러한 당사자의 의사가 있다는 것은 해당 조약의 문언을 참조함으로써 입증될 수 있다. (…) 조약이 적용되어 온 양태를 고려하여 조약의 내용으로부터 확인될 당사자의 의사가 결정적이다. 이러한 해석 원칙은 본건에서 당 재판소에 의하여 적용되어야 한다(That there is such an intention in the present case can be established by reference to the terms of the *Beamtenabkommen*. (…) The intention of the Parties, which is to be ascertained from the contents of the Agreement, taking into consideration the manner in which the Agreement has been applied, is decisive. This principle of interpretation should be applied by the Court in the present case).[51)]

조약의 국내 직접적용에 관한 당사국의 의사는 결국 조약의 내용(contents)을 기초로 조약이 적용되어온 태양(樣態, manner)을 고려한 해석에 의하여 도출된다고, 이 권고적 의견에 의하면, 결론을 내릴 수 있다. 결국 조약 해석은 국제법, 특히 조약법에 관한 국제법원칙이 적용되는 것으로서 전형적인 국제법으로 규율되는 사항이다.[52)] 따라서 조약의 직접적용에 관련되는

51) 법무부, 『조약의 국내수용 비교연구』(법무자료, 제208집), p.18.

52) 조약의 해석의 문제는 국내의 관할에 속하는 것이 아니라 국제법의 문제로 된다. 이는 1950년 ICJ가 평화조약 해석에 관한 권고적 의견에서 명백하게 판시한 바 있다. http://212.153.43.18/icjwww/idecisions/isummaries/ibhrsummary500330.htm 참조.

사항은 국제법에 의하여 규율되는 국제법상의 문제로 볼 수 있는 소여(所與)를 가지고 있다고 본다. 이 판결을 고려하건대 국제법상의 해석의 원리에 의하여 해당 조약의 문언을 기초로 체결의 배경, 추후 이행 관련 관행 등을 종합적으로 판단하여 당사국의 의사의 내용을 파악함으로써 그 조약의 직접적용성을 판단할 수 있을 것이다. 따라서 조약의 직접적용성 여부가 국제법상 조약 문안의 해석의 문제로 본다면, 조약의 직접적용의 문제는 바로 국제법상의 문제가 되고 국제법의 규율을 받는 사항이 될 수 있는 것이다.

한편으론 조약이라는 일종의 제정법을 만드는 것이 마치 영국 의회는 여자를 남자로 만드는 것을 빼고는 무엇이든지 입법할 수 있다는 논리와 같이, 조약으로 이러한 종류의 직접적용성을 구비한 조약을 만드는 것이 금지되어 있는 것이 아니므로 단순한 가능성에 기댄 논리의 비약으로 볼 수 있다는 비판이 있을 수 있을 것이다. 그러나 앞서 여러 군데서 언급한 바대로 국내적・지역적・국제적으로 수다하게 목격되고 있는 조약 규정의 직접적용 현상은 더 이상 이를 개별 국가의 재량적이고 내재적인 판단에 오로지 맡겨 두어서는 조약의 이행 분야를 수미일관하게 포괄할 수 없다는 근본적 문제가 제기되고 있고, 이를 극복하기 위해 국제법의 층위에서 공통의 규칙을 모색하고 실천법칙으로 파악하는 것이 현상적이면서도 당위적으로 요구되고 있는 현실을 보아야 할 것이다. 이것은 조약을 국내적으로 변형하는 외피를 넘어서는 문제로 보아야 하며, 개인 법익의 직접적 보호와 객관적 국제법질서를 국내당국이나 법원이 원용하는 원리를 제공하는 중요한 문제인 것이다. 예를 들어, 가장 직접적용성에 대한 기대가 높은 인권분야에서 최고의 인권조약의

실현은 바로 직접적용을 보장하는 것이라는 것은 의문의 여지가 없다.[53]

사실 오늘날 국제적인 조약 교섭과 체결의 관행을 보건대 당사국의 명시적 의사로 국내에서 직접 적용되도록 규정하는 조약 문언을 두는 경우는 거의 없고, 당사국 국내 관리나 재판관이 생경한 국제법 해석 원칙에 따라 조약의 직접적용에 관한 당사국의 의사를 해석해 낸다는 것은 용이하지 않다. 오늘날 대규모 국제회의를 통하여 입법적 조약이 채택되고 있는 상황에서 다수 국가들이 각국의 조약을 수용하고 적용하는 구조가 균일하지 않기 때문에 조약당사국들 사이에 일관된 해석을 확보하기가 어려울 것이다. 그러나 상기 단치히 재판소 관할권에 관한 PCIJ의 권고적 의견에서 직접적용성을 인정한 단치히 자유시(Free City of Danzig, 당시 당해 시의 국제적 지위와 권리에 관해 국제연맹의 감독하에서 조약체결권을 보유함)와 폴란드 간에 체결된 협정(단치히 철도직원의 폴란드 철도청으로 전속시키는 협정)의 규정이나 다른 관련 문서에도 바로 이 규정을 직접 적용하라고 명시적으로 규정한 바가 없으며, PCIJ는 이 협정의 문언(wording)과 취지(general tenor)를 고려할 때 협정당사자에게 그러한 직접적용성의 의사가 해석상 발견된다고 결론을 내린 점[54]에 비추어, 해당 문언 자체의 법적 성격과 이의 해석으로 직접적용 가능한 조약을 국제법의 문제로 판단할 수 있는 여지가 상당하다고 믿는다.

53) 유엔인권위원회의 인권조약의 직접 적용의 필요성이 "Direct application is deemed to be a safeguard"로 표현될 정도로 심대하다. Anja Seibert-Fohr, *supra* note 32, p.433.

54) PCIJ, *Ser. B.* No. 15, p.18.

다른 국제적 권위를 가진 앞의 ECJ 및 미주인권재판소의 판결을 보면, 비록 이 재판소들이 지역재판소에 불과하지만 국제법을 법원으로 인정하여 재판을 하므로, 조약의 국내 직접적용 문제가 EEC조약 등의 해석문제, 즉 국제법의 문제로 인정된다. 특히 미주인권재판소의 1986년 판결은 재판관 중 소수는 미주인권협약상 반론권의 집행 가능성(enforceable)에 대해 국내 실시 조항을 근거로 국내법상의 문제로 보아 국제법에 의하여 심판하는 재판소의 권한을 벗어나는 것으로서 각하해야 한다는 의견을 제시하였음에도 다수의견으로 국제법의 층위에서 결정할 수 있다고 판단하였다.[55]

나아가 유럽인권협약 등 중요 조약에 대해 자기집행성 내지 직접적용성 여부가 국제적으로 논의되고 있다.[56] 특히, 예를 들어 B규약의 이행과 관련해 유엔인권위원회의 직접적용성에 관한 의견과 상당수 학설은 인권조약의 직접적용의 필요성을 절실하게 강조하면서도 직접적용성의 판단은 국내법의 문제로 보는 한계를 넘어서지 못하고 있다. 심지어 일부 학설은 인권조약의 직접적용성을 해당 조약상 체약국에 직접 적용되도록 조치할 의무(duty to make directly applicable)를 제시하고 있는 실정이다. 그러나 직접적용의 문제가 국내법상의 문제로 당사국이 판단할 문제라고 하면서 국제조약상 직접적용을 실현하도록 해야 하는 의무라는 성격으로서 국제법상 의무를 제시하는 등 혼선이 있다.[57]

55) 본서 제2장 II. 4. 참조.

56) 본서 제4장 II. 참조.

57) Anja Seibert-Fohr, *supra* note 32, pp.420-438을 볼 것.

3. 평 가

De Visscher 등 일군의 학자들은 이론적으로 조약의 직접적용을 국제법적 문제로 인정하고 있다.[58][59] De Visscher에 의하면 각국의 헌법질서는 조약의 유효성, 효력 등의 내재적 요소를 규정한다고 지적하고[60] 조약을 국내법질서에서 국내 사법부가 적용할 수 있는지 여부는 해당 조약의 직접적용의 성격, 즉 자기집행성(self-executing)의 성격에 본질적으로 의존하며,[61] 조약이 국내법질서의 영역으로 도입되는 문제와 이러한 자기집행성의 것은 준별되는 문제로서 조약을 국내에 도입하는 과정을 자기집행성을 부여하는 것으로 종종 혼란을 가져 왔다는 점을 지적하였다. 즉, 조약의 개인에 대한 적용 문제는 조약 자체의 성격에 있고, 이는 상기 PCIJ의 판결에서 설시하듯이 해당 조약 당사자의 의사 해석에 관한 문제이고 이는 국제법상의 문제라는 것이다.[62]

조약을 국내에서 직접적으로 적용하는 방식은 국제법의 평면에서 결정하는 것과 각국이 조약을 자국 내에 실시하는 방식으로서 자기집행성을 부여하는 방식이 있다. 따라서 전자의 경우는 국제법의 문제로 상정할 수 있지만, 후자의 방식은 각국의 조약 실시에 관한 제도에 의존하는 국내법질서의 문제로 귀착된다. 다만, 전자의 경우에 있어서, 국제적 평면에서 조약의 직접적용성이 인정된다고 판정되는 때에는 해당 조약의 규정은

58) De Visscher, *supra* note 21, pp.558-559.
59) Jimenez de Archéga, *supra* note 30, p.419.
60) De Visscher, *supra* note 21, p.534.
61) *Ibid.*, p.558.
62) *Ibid.*, p.559.

조약 실시에 관한 국내법질서에 관계 없이 해당 당사국은 자국 내에서 자국법이 아닌 국제법의 원칙에 따라 해당 문언을 해석하고 직접 원용될 수 있도록 보장하여야 할 것이다.

결론적으로 이 연구의 목적이 실질적 의미의 직접적용에 기초한 각국의 조약의 국내실시에 관한 비교법적 연구에 있는 것이 아니라 이러한 현상을 관통하는 직접적용의 일반적 규칙을 발견하는데 있는 만큼, 각국의 관행과 제도를 참고하는 것은 별론으로 하고, 조약의 직접적용의 문제를 기본적으로 국제법상의 문제라고 보는 것이 현상적·규범적으로 그리고 일반적 기준의 필요성 등의 관점에서 당연한 것으로 판단된다.

Ⅲ. 조약의 직접적용에 관한 국제법 규칙

1. 의 의

위에서 규명한 대로 조약의 직접적용의 여부는 조약의 국내수용 이전단계에서 국제법의 문제로서 조약 자체의 성격과 내용에 따라 결정될 수 있다고 본다. 국제법상의 문제로 본다는 것은 이 문제를 규율하는 규칙이 국제법에 속한다는 뜻이다. 그러면 이를 규율하는 규칙(rule)의 내용을 규명하기 전에 그 법적 성격에 대하여 논의하고자 한다.

조약의 체약국내 직접적용은 각국의 조약 수용 및 실시에 관한 제도에 따라 상당한 편차를 보일 수 있고, 이러한 현상은 국제사회에 중앙 입법·사법기관이 존재하지 아니하는 현행 국제법질서에 수반하는 불가피한 측면이자 또한 독특한 특성으로 볼 수 있다. 각국은 자국의 규칙, 소위 'local rule'에 따라 조약을 직접 적용하든지, 변형하든지 아니면 아예 국내에 법규로 도입하지 아니하고 정치적 수단을 동원하여 조약의 목적을 달성하든지 국제법은 이를 각국에 위탁하고 있다고 볼 수 있다. 그러나 특정의 조약형태는 국제법의 차원에서 조약당사국이 자국에서 직접 적용해야 하는 경우가 있다는 것은 분명하다. 따라서 각국이 자율적으로 적용하는 개별 국가의 관련 규칙으로부터 독립된 국제법 고유의 규칙이 존재하며 이를 파악해야 할 필요가 있다.

이 규칙을 적용하는 것은 우선적으로 해당 조약 문언의 해석을 통하여 해당 규정의 직접적용성 존재 여부를 판단하고 결정하는 과정이다. 이 결정을 좌우하는 것은 조약의 직접적용성을 결정하는 기준 내지 요건의 충족 여부에 달려 있다. 이 기준의 상세 내용에 대해서는 다음 장에서 상술하겠지만, 만약 어떤 조약이 체약국 내에 직접 적용되어야 한다고 판단된다면 당사국의 해당 조약 규정에 대한 자국내 직접적용 의무가 도출되고, 이에 따라 당사국은 조약의 성실한 이행의 의무에 입각하여 그 규정을 자국 내에서 사법·행정기관에서 직접 적용하도록 보장하고 이를 방해하는 행위를 하지 아니할 의무를 부담한다. 이러한 해석 및 적용을 규율하는 것은 넓은 의미에서 조약의 해석과 적용에 관한 국제법 규칙이라 보고, 좁은 의미에서 조약의 체약국내 직접적용에 관한 국제법 규칙이라 볼 수 있다.

이러한 규칙의 적용에 의하여 조약의 직접적용에 관한 의무가 법률적으로 인정되고 나아가 이 의무의 이행의 방식 및 효과를 고찰하고자 한다. 이와 관련하여 특히 고려하여야 하는 문제는 조약의 직접적용에 관한 국제적 규칙의 존재에도 불구하고 이것은 해당 조약당사국의 국가기관, 특히 사법기관에서 그 목적이 실현된다는 특수성을 인정하여야 한다. 현행 국제법질서에 비추어 어떤 조약의 규정으로 개인 등에게 이 조약 규정을 원용할 수 있는 소구권(訴求權) 내지 적격(適格, standing)을 부여하였음에도 그 조약당사국이 이를 인정하지 아니하더라도, 국제법상 개인이 이로 인한 권리구제 절차를 이용하는 것은 심히 제약되어 있다. 외국인의 경우 국적국이 자신의 이익으로 외교적 관점에서 행사하는 알량한 외교적 보호권의 혜택을 볼 수 있을 것이다. 하지만 이를 제외한 경우에 어떤 수단으로, 특히 자국민에 대하여 인권, 재산권과 같이 개인의 법익으로 귀속될 수 있도록 조약이 규정하고 있음에도 국가가 직접 적용을 거부하는 경우에 어떻게 이를 보장받을 수 있을 것인지는 현행 국제법질서에서 하나의 공백(空白, *lacuna*)으로 남아 있는 것으로 보인다.[63)]

국제법의 일반원칙상 국제법 규칙은 국내법 규칙에 대하여 우위를 가지므로 각국은 자국의 조약의 실시제도를 가지고서 이러한 조약의 직접적용에 관한 국제적 규칙에 대항할 수 없다

63) 국내 직접적용의 의무도 일종의 국제법상의 의무이므로 이를 위반하면 국가책임을 발생시킨다. 국가책임을 다루는 ILC의 국가책임법 성안작업의 결과를 보면, 국가책임법 제1차 독회안은 Crawford 위원이 특별보고자로 선임되면서 커다란 변화를 겪게 된다. 먼저 Crawford는 국제법 위반에 따른 피해국(injured State) 개념의 범위를 줄여 심각한 인권위반국에 대해 국제공동체 이익의 침해만을 근거로 책임을 추궁할 가능성을 배제하였다. 즉, 단지 의무가 다자조약의 회원국 또는 전체 국제공동체 자체에 귀속될 뿐만 아니라, 이러한 의무위반에 의해 특별히 영향을 받는 국가(specially affected State)만을 피해국의 범위로 한정하도록 하고 있다. 이 경우 보편적 다자조약에서 직접적용의 의무가 발생하였음에도 당사국이 이를 이행하지 아니하는 때에 개인의 조약상의 권리가 일차적으로 보장되지 아니하는 경우, 다른 당사국들이 어떤 법적 근거로 위반국을 제재하고 조약 규정의 직접적용을 확보할 것인지 불분명하다.

고 보아야 하므로, 이러한 규칙은 조약의 직접적용의 문제에 있어서 조약당사국에 대하여 이의 준수를 요구하는 것으로 보아야 할 것이다. 일단 이러한 규칙의 성격이나 목적은 부분질서로서 국제법, 특히 조약이라는 특정 법질서와 국내법의 저촉(抵觸)과 선택, 그리고 그 적용을 배분하고 결정하는 일종의 조정규칙의 역할을 가지고 있는 것으로 상정할 수 있다.

2. 조약의 체약국내 직접적용의 의무

(1) 의무의 성격

조약의 체약국내 직접적용에 관한 의무의 성격은 여타 일반조약상의 의무와는 이행에 있어서 질적인 차이를 가진 것으로 보아야 할 것이다. 조약상 의무이행 방식과 관련하여 조약상 당사국의 의무는 대표적으로 두 가지로 나누어 볼 수 있을 것이다. 하나는 단순한 조약상 요구되는 행위를 수행하는 소위 '특정방식의 행위를 요구하는 의무'(obligation of conduct or means)로서 해당 조약이 요구하는 특정 유형의 작위·부작위를 행함으로써 그 의무가 이행되는 것이다. 다른 하나는 특정 작위·부작위보다 '조약상 요구되는 특정 결과를 달성할 의무'(obligation requiring the achievement of a specified result)로 볼 수 있는데, 이러한 성격의 의무는 특정 행위 내지 수단보다는 조약이 요구하는 특정의 결과를 달성하는 것이 조약상 의무를 이행하는 것이 되는 것이다. 이와 관련한 고찰로는 ILC의 제29차 회기시 국가책임법 초안 및 commentary에 반영되어 있다. 예를 들어, 무해통항(無害通航)에 관한 국제법 규정에서 정한 의무를 실현하는 것은 결과실현 의무에 가깝지만, 잠수함이 무해통항하는 경우 수면(水面)에 부상하여 국기를 게양하는 것은 행위의무에 해당한다고 볼 수 있을 것이다.[64]

여기서 분류하고 있는 두 가지 종류의 의무는 완전히 상호 배타적으로 분리된 것은 아니고, 보는 관점에 따라 동일한 조약상의 의무도 두 가지 성격이 공존할 수도 있는 것이다. 그러면 조약을 직접 국내에서 적용하는 의무를 가지는 조약은 어떤 성격의 국제법상 의무를 가지는 것일까? 우선 조약상 법질서 내지 법규를 창설하는 조약이므로 이를 실현하고 보호해야 하는 의무가 있다고 보인다. 이러한 의무의 내용은 조약으로 발생한 권리를 인정하고 권리를 행사하는 것을 조장하거나 방해하지 말아야 하며, 침해가 발생하는 경우 법적인 구제를 부여해야 할 것이다. 이런 측면에 비추어 국내 직접적용 조약상의 의무는 결과실현 의무의 성격을 일면 지니고 있다고 판단된다.[65] 조약상 규정된 권리·의무나 법질서를 창출한다는 결과를 달성하여야 하므로 결과실현의 의무에 해당하는 면이 있다고 볼 수 있다. 즉 이러한 조약 자체의 목적이 바로 권리·의무 내지 법규범의 창출이므로 이를 부정하거나 방해하는 여하한 장애도 제거하고 그러한 권리 등을 행사하거나 원용하는 것을 보호하여야 한다. 그러니까 조약으로 창출된 권리 및 법규범이 제대로 그 자신의 목적대로 행사되거나 효력을 유지하는 결과를 가용한 수단을 통하여 달성하여야 한다고 본다. 이런 측면에서 조약을 행정·입법·사법기관이 인정하고 특히 행정·사법절차에서 적용하고 원용하는 것을 보장하여야 한다.

---

64) *YBILC*, 1977, Vol. II, Part 2, pp.11-30.

65) 같은 취지로 Anja Seibert-Fohr, *supra* note 32, pp.401-404를 참조할 것.

한편으론, 조약의 직접적용이라는 것은 조약을 여타의 수단이나 절차로 변형하거나 대체하지 아니하고 그대로 적용하는 의무이므로, 일정한 행위 내지 수단을 취해야 하는 의무로 볼 소지가 크다고 본다. 국가가 조약을 통해 결과의 달성만 이루면 되는 것이 아니라 나아가 특정한 방법, 즉 국내에 법규로서 직접 적용하는 행위 유형을 이행하여야 한다는 측면이 바로 이러한 성격의 조약의 의무에 수반되는 고유한 모습이라고 본다.[66] 이런 측면에서 보면 조약의 직접적용의 의무는 특정 행위를 수행하는 방식의 유형에 주로 속하고, 결과달성의 유형은 이에 수반되는 부수적 의무라고 보는 것이 타당하다.[67]

어떤 조약의 규정이 이러한 특정 방식의 행위를 조약상 의무이행의 내용으로 규정하는지를 결정하는 기준은 분명하게 국제법 이론상으로 제시되고 있지는 아니하다.[68] 그러나 당사국의 주권을 존중하여 조약의 이행에 있어서 수단 선택의 재량을 인정하되 특정 결과의 달성을 이루어야 하는 유형의 의무와, 특정 행위방식을 이행할 것이 의무로서 요구되는 의무의 유형 간의 구별은 원칙적으로 국제법의 일차규범(primary rule)의 문제로 볼 수 있다. 국제법상 의무의 내용과 존속에 관한 법을 일차규

66) Alexander Orakhelashvill, "the Position of the Individuals in International Law," 31 *Califonia Western International Law Journal* 241(2001), pp.265-269 참조.

67) Luigi Ferrari-Bravo, "International and Municipal Law: the Complementarity of Legal System," *The Structure and Process of International Law: Essays in Legal Philosophy Doctrine and Theory* (1983), p.727.

68) 원래 이 이론은 ILC의 국가책임법상 '국제의무의 위반의 시기와 존속'(*tempus commissi delicti*)의 결정에 관한 검토의 과정에서 하나의 의무의 유형으로 나타난 개념이다. 이러한 의무 유형의 구별은 특정한 사안에서 어떤 경우에 국제의무의 위반인지를 결정하는데 근본적으로 중요하다고 ILC 보고서는 서술하고 있다. *Supra* note 64, p.13.

범이라 한다면,[69] 직접적용의 의무도 이러한 일차규범에 따라 그러한 의무의 성격결정(characterization)이 이루어진다고 보아야 한다. 즉 그것은 조약의 해석의 문제로 대두된다. 만약 이러한 의무의 성격에 대하여 분쟁이 생긴다면 국제법의 문제로서 관할권이 있는 국제사법기관이 결정할 것이다.[70]

이러한 의무의 유형 중 국내에서 조약의 규정을 직접적으로 적용하는 것을, 특정 방식의 행위를 의무로 규정하는 유형의 의무로 볼 수 있다고 보는 측면은, 후술하는 조약의 직접적용성의 결정기준으로 중요한 조약 문언의 명확성 내지 정확성이 이러한 특정 방식의 의무 유형인지를 판단하는데 고려요소가 될 수 있을 것이다.[71] 예를 들어, 다자조약으로 일부 상사규칙에 관한 통일법(uniform law)을 제정하면 당사국은 이러한 통일법전의 실제 텍스트(actual text)가 국내수용을 통해 재생(reproduce)하여 적용해야 하는 의무에서 보듯이,[72] 조약의 직접적용성을 담고 있는 조약 규정 자체는 이러한 의무 유형과 관련성이 높다고 판단된다. 특히, 직접적용성을 가진 조약 규정의 대표적 의무이행 유형은 해당 조약에서 명시적으로 규정한 개인의 권리를 당사국의 행정·사법기관이 법규로서 준수하고 적용하는 일정 방식의 작위·부작위 행위를 요구하는 특정 방식의 행위를 의무로 요구하는 유형에 더욱 가깝다고 볼 수 있다.

이러한 이론에 있어서 주목되는 것은 조약상 특정 행위의 의

69) Crawford, J., *the International Law Commission's Articles on State Responsibility* (2002), p.16.

70) *Supra* note 64, p.13.

71) *Ibid.*, p.14 참조.

72) *Ibid.*

무유형이 효력을 가지는 장(場, sphere)은 그 의무가 보호하려는 '국제적 법익'(international legal interests)에 달려 있다고 한다.[73] 조약 규정을 국내에 직접적으로 적용하는 것은 그 법익이 국가간(inter-State)의 관계에 주된 목적이 있는 것이 아니라, 조약이 창출하는 특정 법질서가 국내사회에서 법규로서 준수되는데 그 주된 목적이 있다는 측면을 고려할 때, 이러한 조약상 의무유형을 구별하여 적용하는 것이 조약의 직접적용에 관한 법적 성질을 이해하고 판단하는데 도움이 된다. 따라서 이런 조약상 의무를 부담하는 국가가 해당 규정을 사법부를 포함한 국가기관이 적용하지 않는다면, 그 조약의 여타 수단의 이용 내지 목적의 달성을 기다릴 필요 없이 바로 해당 조약의무의 위반으로서 국제법상 책임을 발생시키는 것으로 해석된다.

특히 특정 방식의 행위를 요구하는 의무 유형이 국내 사법기관에 대해서 특정 행위를 할 것을 의무로 규정할 수 있다고 하는데,[74] 이는 조약상 직접적용성을 갖춘 규정이 국내 사법기관에 의하여 적용하는 것을 의무로 규정하는 것도 가능하다고 볼 수 있는 이론적 근거가 된다고 평가된다.[75]

---

73) *Ibid.*

74) 이러한 사례로서 1947년대 이탈리아 평화조약상 포획재판소(prize court)의 일부 결정을 수정할 의무, 외국 판결의 승인과 집행, 형사사법 공조 등을 들 수 있다. 이런 사례에서 보듯이 조약상 규정을 의무적으로 직접 당사국 내에 집행하는 것도 성격상 이런 사례와 유사하다. *Ibid.*, p.15 참조.

75) 조약을 실시하는 문제는 면밀하게 주의하여야 하는 바, 우선적으로 그 조약 규정 자체의 해석이 첫 단계로 이루어져야 하는데, 이는 그 규정의 성격을 발견하는데 있으며 이러한 성격은 바로 이 두 가지 유형의 의무 중 어디에 속하는지를 발견하는데 있다고 한다. 직접적용과 비직접적용의 구별이 일정 정도 국가책임법 이론에 있어서 조약상 의무의 유형으로서 특정 행위 의무 유형과 결과달성 의무 유형의 구별과 일치한다고 하는 이론이 특히 대륙법계 이론가들에서 종종 주장된다고 한다. Ferrari-Bravo, *supra* note 67, p.727, p.740.

(2) 의무위반시 효과와 구제

국내 직접적용성을 가진 조약은 법규로서 당사국, 이해관계자가 모두 국내에서 소송상・소송외 모든 경우에서 원용하고 주장이 가능하게 되어야 한다. 만약 사법기관 등 국가기관이 그 적용을 거부한다면, 국내법상 책임은 별론으로 하더라도 국제법상 국가책임의 원리에 따라 당사국 국가기관인 사법부의 행위에 의해 조약을 위반하는 것으로 되어 바로 해당 당사국의 국가책임으로 귀속된다.[76][77] 따라서 배상 및 원상회복과 함께 상기한 이러한 의무의 특질로서 즉시 시정하여 적용하여야 할 것이다. 이러한 의무의 특성은 비록 일정 시기에 의무의 위반이 있었다 하더라도 결과실현이 불능으로 되지 아니한 이상 당사국은 이러한 의무위반에 따른 재발방지(non-repetition) 등 국제법상 국가책임(State responsibility)은 별론으로 하고 계속하여 이 의무를 이행하여 즉시 해당 조약의 국내 직접적용을 실시하여야 한다는데 있다.

이와 관련하여 주목되는 것은 유럽공동체의 경우로서 국가나 공공기관이 유럽공동체법을 실시하지 아니하거나, 정확하게 또는 제때에 실시하지 않는 경우에 이로 인해 정당한 권익이 실현되지 못하는 손해를 입은 개인에게 어떠한 구제수단이 주어

76) 예를 들어, 사법부가 소속국가에게 적용되는 국제법에 저촉되는 의회제정법을 적용하여 재판을 한 경우, 이미 의회에서 국제법에 위반하는 원인(source)를 설정한데 더하여 이러한 법적용으로 국제법 위반을 실현한 것으로 평가된다. 국가기관으로서 사법부의 행위는 바로 국제법상 국가책임을 발생시킨다고 볼 수 있다. De Visscher, *supra* note 21, p.531.

77) 국제법상 직접적용성을 갖춘 조약에 대하여 당사국이 그러한 성격을 부인하는 경우, 해당 조약의 위반으로 국제법상 국가책임을 구성하게 된다. De Archéga, *supra* note 30, p.418 참조.

져야 할까? 이와 관련하여 1991년 ECJ는 *Francovich v. Italian State* 사건 판결을 통하여 이러한 국가의 의무위반에 대한 국가책임(State liability)을 인정하여 피해 개인에 대한 손해배상을 인정하였다.[78] 이와 같이 직접 적용되는 조약을 위반하는 경우 위반의 주체인 조약당사국 및 나아가 사인(私人)에 의하여 침해된 경우 침해 개인이 배상 등의 법률상 책임을 지어 그 조약의 준수가 확보될 수 있도록 하는 것이 바람직할 것이다. 현행 국제법질서상 개인의 법주체성이 특별히 국제법상으로 허용되어 관련 절차가 구비되지 않은 경우에는 그 직접적 구제가 제약되므로 국내적으로 효과적인 구제수단을 이용하는 것이 제약될 수 있을 것이다. 국제적 차원에서는 전통적인 국가책임이론으로는 조약위반 사태에 대응하는 타 당사국의 대응조치(counter-

78) 특정 유럽공동체법이 직접적 효과가 있다 하더라도 개인이 자신의 권리를 알고 있고 이를 추구하여야 실현이 가능하다. 만약 그 법이 직접적 효과가 없다면 그야말로 수동적으로 국가의 수혜적 실시조치를 기다리는 이외에 구제수단이 없게 되는 문제를 해결하기 위해, 유럽사법재판소는 일정한 상황하에서 국가가 준수해야 할 공동체법을 위반한 경우에 이로 인한 손해를 개인에게 배상할 책임(liable to make good damage to individuals)이 있음을 판시하였다. ECJ는 이러한 청구가 성립할 수 있는 조건을 i) 해당 법규가 개인의 이익으로 권리를 부여하고, ii) 그러한 권리의 내용이 해당 법규에 의해 확정될 수 있는 것이어야 하고, iii) 국가의 의무위반과 개인의 손해 간에 인과관계가 있어야 한다라는 것으로 요약될 수 있다. 이것은 공동체법상 시민의 권리의 실현에 관해 직접적 효력 또는 간접적 효력(indirect effect)의 원칙만으로 충분치 않다고 보고 이를 권리구제 수단으로 보완하기 위해 고안된 것으로 평가된다. 이 원칙의 도입으로 구성국들은 공동체법의 실시를 해태하지 말아야 한다는 인센티브를 가지게 되었다. 이 새로운 원칙은 ECJ의 기존 판례와 EEC조약 제5조(공동체법상 의무를 이행하기 위하여 제반 조치를 취할 의무)에 근거한 것이라고 한다. 이 판결은 조약이 법률상 정당하게 실시되지 못하는 경우에 피해를 입은 개인이 이를 실시하는 의무를 가지는 국가를 상대로 청구를 제기한다는 새로운 조약의무의 이행확보 수단으로 볼 수 있을 것이다. 이러한 측면은 향후 국제법의 발전에서 고려되어야 할 사항이라 본다. Josephine Steiner, *Enforcing EC Law* (1995), pp.20-22.

measures) 등과 같은 외교적 압력 등의 간접적인 수단으로 준수를 확보하는 노력이 거의 유일한 수단일 것이다.[79] 만약, 국제법원칙상으로도 ECJ의 *Francovich v. Italian State* 사건 판결의 취지와 같이 조약의무의 불이행시 개인에게 손해를 배상하는 것이 인정된다면 권리구제에 획기적 전기가 될 것이다.

만약, 직접 적용되어야 하는 특정 조약의 규정이 그 국가기관에 의해 적용이 거부되거나 불완전하게 적용된다면, 이로 인해 권리의 침해를 받은 해당 개인은 이 조약 규정에 근거한 소구권이나 소송적격(standing)을 가지고 자국을 포함해 직접적용의무를 위반한 국가의 사법절차를 이용해 국가배상소송(國家賠償訴訟)을 통해 피해를 배상받거나, 위법한 국가의 작위 내지 부작위를 제거하는 판결을 받아 그 권리구제의 목적을 달성할 수 있을 것이다. 이러한 권리구제의 모델은 선진 법조 국가들에게 기대될 수 있을 것이나, 이와 관련하여 과연 개인이 직접 원용가능한 조약상의 권리가 국가기관, 특히 사법기관이 보장하지 않는 국제법 위반은 국제법상 국가책임(State responsibility)을 발생시키지만, 해당 조약에서 특별한 절차를 두지 않는 한, 해당 책임을 추궁할 수 있는 피해국의 범위가 불분명하고 개인이 이를 추궁, 시정할 수 있는 방법은 현행 국제법질서에서 찾기 어렵다. 입법론적으로 개인의 권리를 인정한 조약을 국내에서 실시하지 않아 권리구제가 불가능한 경우 일반국제법상 이를 시정할 수 있는 구제 가능성이 확보되어야 할 것이다.[80]

79) 대표적인 개인의 국제법상 법익인 인권의 위반에 대하여 국제법상 강구될 수 있는 수단이 불충분한 상황이며, 대응조치 등과 같은 외교적 수단도 대부분 정치적 수단이므로 일차적・법률적 구제라기보다는 간접적인 권리보호 수단에 불과하다.

국제법상 직접적용성을 구비한 조약에 대하여 당사국이 적용을 거부한 경우, 구제수단으로서는 우선적으로 해당 조약이 창설하는 시스템 내에서 권리의 구제수단이나 절차를 강구하는 방법이 있다. 이러한 사례로 유럽인권협약상 인권위원회 청원 및 유럽인권재판소의 사법절차, 인권규약B의 청원제도, 유엔인권이사회내 국가별 정례인권검토와 같은 상호심의(peer review)와 같이 조약체제 내의 절차를 통하여 개인 등의 권리 구제에 조력할 수 있을 것이다. 현행 국가책임법 초안에 의하면 이러한 특수한 의무유형의 위반에 대한 국가책임 및 권리구제의 수단이 강구되어 있지 않고 종래 고전적 수단, 즉 국가간 배상(賠償), 진사(陳謝), 재발방지, 관계자 처벌 등을 열거하고 있지만, 비국가적 실체의 피해에 대해 어떻게 다룰지 전혀 고려가 없는 형편이다. 국제불법행위에 대한 외교적 보호가 개인의 인권보호 차원에서 임의적으로 발동되기보다는 의무적이라고 보려는 경향이 강해지는 국제법의 발전동향을 고려할 때, 국가책임법 분야에서도 개인의 보호가 정치적 수단이 아닌 법률적 수단과 절차에 의해 확보될 수 있도록 국제법의 진보적 법전화가 이루어져야 한다.

(3) 비국가적 실체간 적용

이러한 조약 규정의 적용을 대국가(對國家) 관계가 아닌 개인

80) Rosenne는 청구의 국적성(nationality of claims)에 기반한 전통적・외교적 보호에 관한 국제법은 모든 조약을 포괄하는데 불충분한 수단임을 노정하고 있다는 점을 지적하여 조약의 이행, 특히 당사국이 자국 영역 내에서 조약의 실시와 관련한 준수(compliance)를 확보하는데 기존의 수단이 충분히 제대로 역할을 하기 어려운 점을 보여 주고 있다. Rosenne, *supra* note 19, p.73.

간의 관계에서 적용할 수 있을까? 유럽공동체의 경우 소위 수평적 적용이라 하여 대사인(對私人) 관계에서의 적용을 확대해 나가고 있는 경향이 있음을 보았다. 그리고 자기집행적 조약의 경우에도 전통적으로 개인간의 관계에서 적용 가능함이 인정되고 있다.[81] 다만, 유럽인권협약의 규정과 관련 유럽인권재판소의 *Swedish Trades Union* 사건 판결[82]에서 조약의 제3자효(Drittwirkung)가 인정되는지 여부가 주목되었지만 명확하게 결론을 내리지는 못한 것으로 보인다.[83]

인권과 같은 전형적인 개인의 권리라고 하더라도 전반적으로 대국가 관계에서 주로 원용되는 것이 일반적이다. 제한적으로 제3자효를 인정하고 있고, 사인의 권리를 포함하는 조약도 국가가 체결하기 때문에 국가가 개재되기 마련이라 순수하게 개인간의 관계에 적용되는 것은 많지 않을 것으로 예상된다. 하지만 조약이 창설하는 특별한 법질서가 개인에게 어떠한 법률상 의무를 부과하고 있는 경우에 그 대향의 권리 또는 보호익이 개인에게 속하는 것으로 평가된다면, 개인간에도 조약의 규정이 적용되는 것으로 인정하여야 할 것이다. 다시 말하면 조약에 규정된 의무의 성격을 따져, 예를 들면 사용자에 대한 노동권이라든지 기업간의 법적 관계를 규율하는 경쟁법 등과 같은 분야

81) 미국 헌법 제정 당시 John Jay는 미국연합(Confederation)의 외무장관으로서 의회(Congress)에 조약에 관한 헌법제정 방향에 관한 보고서를 제출하면서 '개인간의 소송'(in cases between private individuals)에도 조약을 법률과 같이 적용해야 함을 주장하여 미국 헌법 제정자들의 의도가 조약을 개인간의 관계에서도 직접 적용될 수 있는 것임을 드러내고 있다. Jordan J. Paust, "Self-executing Treaties," 82 *AJIL* 760(1988), p.761.

82) *Swedish Engine Drivers' Union Case*, Judgement of 6 February 1976, Series A, No. 20.

83) Ferrari-Bravo, *supra* note 67, p.167 참조.

와 같이 그 성격상 개인간의 권리·의무관계에 관한 사안인 경우에는 이를 인정하는 것이 바람직하다고 판단된다.[84]

3. 조정의 규칙으로서 조약의 직접적용에 관한 국제법 규칙

(1) 상호 다른 법질서간 적용의 조정 필요성

전체적으로 보면 주권국가별로 각기 국내법질서를 유지하고 있는 가운데 국제법질서가 국제사회에 작용하고 있다. 전체 국제법질서도 국제법의 성립과 운영에 관한 기본법, 예를 들면 유엔헌장, 조약법, 국가책임법, 외교영사관계법 등을 위시한 일반국제법의 산하에 특정 조약을 중심으로 한 특별법질서를 만들어내고 있다. 오늘날 지구규모, 지역적·양자적 수준에서 공동의 문제를 해결하기 위해 인권, 환경, 통상, 국제기구 등의 특정분야에서 기본조약을 모법으로 각종 부속조약, 문서를 채택하고 운영기관을 설립하는 등의 레짐을 창출하고 있다. 이러한 조약체제는 조약 해석 및 분쟁해결에 관한 시스템을 두어 전체 국제법질서와 연결되고 체약국의 국내법질서 아래 하나의 부분질서[85]로서 작용하는 측면을 인정할 필요가 있다. 앞서 언급했지만, 어느 국가가 어느 조약의 당사국이 된다는 것은 그 조약이 상정하는 사항(subject-matter)에 대해서 자국의 입법적 관할

84) 독점금지/경쟁관계와 같은 분야에서 사인간의 관계에 적용될 소지가 있다고 판단되고 유럽공동체의 경우 개인간의 계약이라도 조약의 강행적 성격의 규정에 위반하는 것은 허용되지 아니한다라고 ECJ는 *Dansk Supermarked* 사건 판결에서 밝히고 있다. Pescatore, *supra* note 31, p.163.

85) 다양한 국가들의 법질서와 일반국제법질서, 특정 조약에 의한 법질서들이 혼재된 다원론적 관점이 타당한 것으로 판단된다.

권을 양보할 의사가 있으며, 그 조약이 규정한 사항에 있어서 잠정적으로 적용 가능한 준거법으로 승인하는 것으로 볼 수 있을 것이다.

조약의 직접적용에 관한 규칙은 특정 조약이 규율하는 사항에 있어서 국내법질서와의 저촉을 조정하는 일종의 저촉법(law of conflict)의 지위를 가진다. 이로써 어떤 사안에 있어서 국제법인 조약 규정이 직접 적용될 것인지, 아니면 해당 조약 규정이 불명확하거나 형벌과 같은 당사국 법률에 의하여만 하거나, 당사국에게 이행방식을 위임하는 등의 경우에 당사국의 추가입법으로 규율하도록 하는 일종의 국제사법(國際私法)의 반정(反正, renvoi)과 같은 작용으로 국내법이 적용될지를 적정하게 조정하는 임무를 가지고 있다고 설명할 수 있을 것이다. 즉, 하나는 반정(renvoi)으로 조약이 그 규정의 실현을 국내입법으로 대표되는 국내이행 방식에 의탁하는 경우이고,[86] 다른 경우는 조약의 조항이 바로 자기 자신이 직접 준거법으로 적용되는 것이다. 그러나 국제법과 국내법의 체계가 이러한 국제사법 분야의 유추(analogy)로서 이러한 논리가 적용이 가능한 것인지 좀 더 이론적 검토가 필요하다고 본다.

유명한 켈젠(Kelsen)과 트리펠(Triepel)의 논쟁에서 볼 수 있듯이, 국제법/국내법 양 법체계에 관한 이념형에 있어서 일원론(monism)과 이원론(dualism)[87]이 대립하고 있어 양 법체계가 어

86) Michel Waelbroeck, *Traités internationaux et Juridictions Internes dans les Pays du Marché Commun* (1969), p.176.

87) Triepel이 그의 주저 『국제법과 국내법』을 통하여 양 법체계의 법관계 및 법원(法源)의 관점에서 준별되는 이원론의 입장에서 문제를 제기한 바, Anzilotti는 국제법의 근본규범이 합의의 준수에 있으나 국내법은 입법자의 명령에 있다고 하여 마찬가지로 이원론을 지지하였으며, Walz, Fitzmaurice 등이 이원론을 승계

떤 관계에 있는지 그리고 분리되어 있는지 여부에 대해 딱히 결론을 내리는 것은 어렵다고 판단된다. 통일적이고 체계적인 전체 법질서를 아우르는 메타법적인 근본규범(grand norm)에 입각한 공통적인 일원적 질서가 모색되기도 하지만, 앞에서 언급한 대로 여기서는 이러한 근본적인 교설에 대한 논증이나 이에 입각한 논리전개의 목적이 없다는 점을 다시 한번 강조하면서, 국제법으로서 조약이라는 범주와 국내법이 일응 인식상 준별이 될 수 있는 체계로 간주하더라도 조약과 국내법의 저촉 및 조정의 문제를 다루는 한도에서는 논리적으로 문제가 없다고 판단된다. 이러한 저촉・조정의 문제는 경험상 입증이 가능하므로 이러한 문제를 다루는 것은 근본적인 교설의 선택으로까지 소급하지 않더라도 가능하기 때문이다.[88]

트리펠(Triepel)이 주장하는 것처럼 국제법과 국내법은 서로 다른 법체계로 분리되어 상호 저촉되는 경우가 있을 수 없다는 것은 하나의 이념형으로서는 모르나 실정법학의 측면에서는 너무 극단적인 견해로 볼 수 있다. 그럼에도 조약이 구성하는 법체계와 국내법체계는 그 자신의 성립, 효력, 적용 등 제반 법적

하였다. Jellinek의 국내법 우위의 일원론이 등장한 바 있고, Kelsen과 Verdross는 신칸트학파의 방법론을 이용하여 고도의 추상적 단계에서 선험적 국제법 우위의 일원론을 주장하였으며, Lauterpacht는 귀납적 국제법우위론의 입장을 가지고 있었다. 田中 忠, *supra* note 12, 33-50면 참조.

88) Armin von Bogdandy은 종래의 국제법/국내법 관계에 관해 'legal pyramid'로 비유된 일원론 및 이원론의 단순한 구조를 해체하고 다양한 국내 헌법질서와 국제법 현상을 인정하는 다원주의(legal pluralism)를 제창하고, 다양한 국내 헌법질서와 국제법 현상 간 관계(coupling)를 운영해 나가는 것이 필요하다고 한다. Armin von Bogdandy, "Pluralism, direct effect, and the ultimate say: on the relationship between international and domestic constitutional law," I・CON's fifth-anniversary conference("Rethinking Constitutionalism in an Era of Globalization and Privatization" 제하로 2007년 10월 25~26일 개최) 참조.

과정에서 기초하는 법원리에서 차이를 보이고 일단 각기 하나의 법체계로서 작용하고 있는 것은 경험상으로 명백하다. 그러나 이러한 양 체계는 공간적으로 시간적으로 완전히 분리된 별개의 세계에 존재하는 것이 아니라, 오늘날 현실세계에 적용되고 있는 만큼, 조약과 국내법이 근접하여 동일한 인적·물적 대상을 규율하는 경우에 두 체계가 교차하여 중복적으로 적용되는 문제가 발생할 수 있다. 이것이 바로 법저촉(conflict of law)의 문제로서 조정이 필요한 것이다. 이와 같은 저촉의 문제는 국제사법(國際私法)에서 주로 다루어지고 이의 해결책이 제시되고 있다. 그러나 조정의 문제가 제기되는 한에서는 법저촉의 문제는 이에 국한되어서는 아니될 것이다. 국내법질서에서도 각 단행법간 및 분과법체계 간에는 다양한 법적 저촉이 발생할 수 있고, 나름대로 원칙, 즉 특별법·후법 우선의 원칙 등에 의거하여 조정을 하고 있다. 조약/국내법도 마찬가지로 이러한 조정의 원리에 따라 조약과 국내법 간에 저촉의 문제가 생기면 좀 더 높은 차원의 원리에 의하여 조정되어야 한다.

이러한 조정의 문제를 다루는 까닭은 조약의 국내적용의 문제가 단순한 국내법상의 문제를 넘어서는 것임을 보여 주려는 것이다. 즉 국내법과 다른 법체계인 국제법에 의하여 해석·적용되는 조약이 국내에서 직접적으로 적용되기 위해서는 어떤 조정의 원리에 의하여 그 직접적용성이 확보되어야 하는지가 구체적인 조약의 직접적용의 조건을 규명하기 위한 선결과제로서 제시된다. 만약, 예를 들어 우리나라가 타국과 체결한 영해경계획정조약에서 정한 경계와 국내법인 영해법의 해당 규정이 차이를 보여 상호 저촉되는데, 법원에서 조약과 저촉되는 영해법의 규정을 적용한다면 이는 국제법상 조약이 규정한 의무를 위반한 데에 따르는 국가책임은 별론으로 하고, 국내에서 국제법과 국내법이 저촉되는 상황이 발생하게 되어 상호 조정(coordination)[89]이 필요한 경우가 된다.

(2) 조정의 원리

1) 일방주의(unilateralism)

조약의 국내적 실시와 관련하여 현재의 실태를 보면, 조정의 원리로서 소위 법정지국가(法廷地國家)의 법, '*lex fori*'에 의하여 임의로 저촉의 문제를 해결하는 일방주의를 상당한 수의 국가들이 따르고 있다고 볼 수 있다. 이것은 조약의 국내실시 문제는 해당 당사국의 재량적 사항이며 국내법의 문제라는 원리로부터 도출된다. 자국 헌정질서의 관점에서 조약의 직접적용성을 인정하든지 부인하든지 그것은 국내법상 문제일 뿐이라는 이러한 논리가 과연 전적으로 타당하지 않다는 것은 앞에서 이미 고찰한 바가 있고, 따라서 이러한 일방적 조정의 방식은 다른 더 타당한 원리에 의하여 제압되어야 한다. 이것은 조약의 직접적용 규칙이 우선적으로 국제법 규칙의 성격을 가지고 있다는 차원에서도 타당하지 아니하다.

상당수 국가들은 일방주의적 원칙에 입각하여 나름대로 자국에서 조약을 실시하는 방법을 개발하여 정착시켜 왔다. 그러나 대부분의 국가들은 자국의 헌법에 소위 조약의 수용조항을

89) Max Wenzel은 경험주의적이고 귀납적 방법론을 사용하여 국제법과 국내법의 관계를 설정하면서 국제법이라는 것이 국가간 조정으로 형성되었다는 측면을 강조하고, 두 개의 법체계가 상호 반정(*renvoi réciproque*)으로 총체를 구성한다고 설명하여 두 개의 법체계 사이의 저촉과 조정의 원리를 인정하였다. Walz, *supra* note 8, pp.14-16.

두어 국내법질서에 일차적으로 편입하고 있다. 예를 들면, 우리 헌법 제6조에서 "… 체결되고 공포된 조약은 국내법과 동일한 효력을 지닌다"라고 규정하거나, 영미식으로 "국제법은 국내법의 일부이다"(International law is part of the common law)[90] 또는 미국 헌법 제4조 제2항에서 규정한 소위 조약에 대한 "최고법 조항"(supremacy clause) 등과 같은 헌법조항을 통해 대부분의 국가들이 조약이 국내에서 적용될 수 있도록 배려하고 있다. 그러나 이러한 수용조항을 통하여 조약이 국내법질서에 편입 내지 수용되어 해당 국가의 국내법질서에서 정한 조건과 방법으로 자신의 국내적 적용 여부 및 그 정도가 결정되게 된다. 이에 따르면 조약의 직접적용성은 해당 국가의 행정부의 견해, 입법부의 입법조치 필요에 대한 입장 그리고 사법부의 심판에 의하여 결정되므로, 이러한 조약과 관련된 개인은 조약의 직접적용 여부를 확신할 수 있는 방법이 사실상 국가기관의 의사에 맡겨져 있게 되어 권리 확보와 구제에 불가예측의 장애로 작용할 수 있다. 이를테면 미국의 경우에 고문방지협약 등 인권조약에 대하여 이 협약의 자기집행성을 부인하는 선언을 유엔에 기탁하여 국내 직접적용성과 개인이 국내에서 직접적으로 원용할 수 있는 길을 원천적으로 봉쇄하고 있다.[91] 이것은 이 협약의 원래 채택의 목적이 고문과 같은 비인도적 행위로부터 개인을 보호하려는 것과 배치되는 면이 있다고 볼 수도 있는 것

90) Blackstone, *Commentaries on the Laws of England*, Vol. IV, Chap. V.

91) 미국은 각종 인권 관련 다자조약에 대부분 비자기집행성의 선언을 붙이고 있는데 이러한 미국의 입장에 대한 비판이 제기되고 있다. General Comment No. 24. UN Human Rights Committee, adopted Nov. 2, 1994에서 미국의 비자기집행성의 선언으로 사법적 원용과 구제를 불가능하게 하는 문제를 지적하고 있다.

이다.[92)]

국가가 임의로 조약의 직접적용성에 관하여 결정할 수 있다고 하는 것은 그만큼 그 조약에 관련되는 생활관계의 법적 안정성이나 예측 가능성이 제한되고 또한 이를 해칠 수 있다. 다수 조약당사국이 자국의 방식에 따라 조약을 실시하기 때문에 조약당사국의 숫자만큼이나 다양한 실시방법과 규칙이 생기는 소위 'localized plurality'가 일방주의의 특색으로 제시된다. 어떤 나라는 조약의 국내적 직접적용 자체를 부인하여 모든 경우에 이행입법 조치를 취하거나, 어떤 나라는 조약의 자기집행성 또는 직접적용성을 인정하여 수용된 조약을 그대로 적용하거나, 미국의 예와 같이 특히 인권조약에 대하여 자기집행성이 없다고 선언하고서도 국내에 실시하는 충분한 조치를 취하지 아니하는 등 다양한 문제적 양태를 보일 수 있다.[93)]

이러한 관행의 문제점은 여러 가지로 제기될 수 있다. 국내에 직접적으로 적용이 가능한데에도 구태여 국내법으로 규율하는 가운데 원래 조약의 취지나 규정과 정확하게 일치하지 않는

92) 이러한 미국의 관행에 대해 Rosati, Damrosch, Sloss 등이 문제를 제기하고, 특히 Rosati는 미 상원의 자기집행적 선언은 조약을 수정할 수 없고 이러한 선언 유무에 상관없이 미국 내에서 직접적용이 영향을 받지 아니한다고 강조하고 있다. Elzbieta Klimowicz, "Article 15 of the Torture Convention: Enforcing in US Extradition proceedings," 15 *Geogetown Immigration Law Journal* 183 (2000), pp.186-187.

93) 비자기집행 선언으로 국내적으로 인권조약상 의무를 이행하지 아니하는데 대하여 특히 유엔인권위원회는 미국이 B규약의 일부 조항을 위반하였다고 지적하고 심각한 우려를 표명하였으나, 과연 이러한 국제법 위반 국가의 행동을 어떻게 수정할 지에 대하여는 속수무책이다. Louis N. Schulze, "Note: the United States' Detention of Refugee: Evidence of the Senate's Flawed Ratification of the International Covenant on Civil and Political Rights," 23 *New England Journal on Criminal and Civil Confinement* 641(1997), p.670.

방법으로 실시할 수 있고 심지어 왜곡시킬 수도 있다.[94)]

어찌하여 모두 같은 인권협약의 당사국들인데도 서로 인권에 관한 입장이 다를 수 있을까?

이는 조약의 실시에 관한 이러한 일방주의적이고 무정부적인 현실에 일부 기인한다고 볼 수도 있다. 또한 지적되어야 할 것이 조약의 국내실시에 관한 문제가 국내법체계에 일괄적으로 맡겨지게 되면, 조약과 국내법 간에 조정의 원리가 국제법적 차원에서 발전할 수 있는 계기가 박약하게 되고, 조약의 직접적용에 관한 문제가 오로지 국내법체계에 의하여 전적으로 결정되는 결과를 가져오게 되어 국제사회에서 조약의 이행을 통제하는데 약점을 드러내게 된다. 더욱이 조약상으로 국가 이외에 개인에게 부여된 권익이 국제법상의 관점에서 인정되는데 소극적으로 될 것이다.[95)]

---

94) 이러한 위험으로서 국제법이 국내입법으로 인하여 전면에서 밀려나고 뒷방늙은이 신세로 전락하거나 조롱의 대상이 될 수 있는 위험이 있다. 그러므로 사법부는 높은 위치의 감시자의 눈길(bird eye)을 가지고, 비록 국내법이 제정되어 대국민 편의는 증진되겠지만, 국내법이 이러한 국제법이 설정한 틀을 벗어나지 않도록 향도하는 기능을 수행하는 것이 필요하다. 즉, 조약의 직접적용이란 것이 이러한 측면에서 같은 취지 내지 내용이 담긴 국내법이 제정되어도 조약의 해석·적용의 원리와 그 내용이 유효하여야 한다. Verzijl, *supra* note 6, pp.143-144 참조.

95) 1989년 미국의 파나마 침공의 결과, 미국이 장악 중이던 파나마에 폭동이 일어나 업체(Goldstar Panama 등)에 상당한 피해가 발생하였다. 이러한 업체가 미국에 대하여 연방불법행위청구법(FTCA) 및 1907년 헤이그 육전규칙에 의거하여 미국 연방법원에 미군의 질서유지 실패에 대한 손해배상청구소송을 제기하였으나, 미군의 행위에 대한 청구봉쇄의 정책적 관점에 입각하고 파나마 정부는 헤이그 육전규칙 제43조(점령군의 질서유지의무)가 자기집행적이라고 의견을 제시하였으나, 자기집행적이 아니라는 이유로 청구가 기각되었다. 이러한 측면에서 조약의 직접적용에 관한 국제적 rule이 부족하다는 점을 알 수 있다. Keith Highet & George Kahale, "International Decisions," 87 *AJIL* 282(1993), pp.288-292.

2) 상보적(相補的) 조정 원리

국내에서 조약과 국내법이 조화되면서 소위 'good international justice'를 실현할 수 있는 원리가 모색되어야 한다. 국제법상의 관점에서 보면 국내법은 사실(fact)에 불과하여 법의 적용에 있어 국내법이 문제가 되지 않을 수도 있다.[96] 그러나 국내의 층위에서 어떤 경우에 조약이 선택되어 적용될 수 있는지에 관한 국제법상의 원리를 살펴볼 필요가 있다. 어떠한 사안에서 조약으로 대표되는 국제법과 국내법이 저촉하는 경우 상보적으로 조정할 수 있는 원리 내지 기준이 필요할 것이다. 조약이 국내에서 직접 개인 등 비국가적 실체에 적용된다는 것은 그러한 적용이 법의 목적에 부합하는 적정성, 그리고 조약 규정의 성질과 내용, 규정방식이 적용을 가능하게 하기 때문이라 일응 추정해 본다.[97]

조정이라는 개념은 내포상 대립되는 것 사이에서 상호 협력과 협조의 의미를 가지고 있다. 국제법(조약)과 국내법의 관계에도 바로 이러한 조정의 원리를 도입하여 국제법인 조약이 국내적 적용을 위한 적정한 기준을 충족하는 경우에 직접 적용할 수 있을 것이고, 만약 조약 규정만으로 소정의 목적 달성이 충

96) PCIJ의 유명한 '상부실레지아의 독일인의 이익' 사건(*Case Concerning Certain German Interests in Polish Upper Silesia*)(1926)에서 국제법의 관점에서 국내법은 사실에 불과하다고 판시하였으나, 이것이 항상 맞는다고 볼 수는 없을 것이다. 국제법도 예를 들어 자연인이나 선박의 국적을 부여하는 조건을 국내법에 반정하여 의지하고 국제법상으로 이의 법적 효력을 인정하고 있다. 이런 것이 바로 초보적 국제법/국내법이 상호 조정・협력하는 모습이라 볼 수 있다.

97) 조약이 국내에서 헌법질서 등에 의하여 직접 적용 여부가 결정되기 이전에 조약 그 자체에 내재한 성질이 있어 국내적・직접적 적용이 당연히 요구되고, 이것은 PCIJ의 단치히 재판소 관할권에 대한 권고적 의견처럼 국제법의 층위에서 결정된다는 '소여'이론이 다수 주장된 바 있다. 岩澤雄司, 『條約の國內適用可能性』(有斐閣, 1985), 50-51면.

분하지 못하면 일종의 반정으로써 필요한 국내입법을 통하여 보충할 수 있을 것이다. 또한 전속적인 국내적 관할사항으로서 형벌규정과 같은 것은 국내법에 의하여 할 것이다. 이와 같이 조약의 적용에 있어서 국제법과 국내법은 서로 배타적인 상충관계에 있는 것이 아니라 상보적 관점에서 새로이 그 관계가 정의되어야 한다고 본다.

Ⅳ. 소 결

이 장에서 조약의 국내 직접적용과 관련되는 문제의 법적 성격을 고찰하였다. 이를 통하여 국내에 직접 적용되는 조약의 법적 특성이 일반조약과는 달리 계약적 특성이 약하고 국가의 입법적 관할권을 배제하며 법규로서 적용되는 성격이 있음을 알 수 있다. 무엇보다도 이러한 직접 적용되는 조약의 특성이 법규범 내지 법질서를 창출하는 효과를 가지는데 직접적용의 법적 기초가 된다는 점을 확인하였다. 나아가 조약의 직접적용의 문제가 당사국의 국내법질서에 의한 판단 이전에 국제법의 문제로서 선결적으로 결정될 수 있으며, 이를 결정하는 국제법 규칙의 법적 성격 및 국내 직접적용의 의무의 특성 및 법적 효과를 고찰하였다. 이러한 결과는 이어서 고찰하는 조약의 직접적용 여부를 판정하는 기준을 국제법상의 관점에서 보편타당한 국제법의 규칙을 발견하는 것이 법리상 가능하다는 기초이론으로서 중요하다.

상기 조약의 국내적용에 관한 여러 특성을 고찰한 결과, 조약이 상정하는 법질서와 국내법질서는 서로 대립하고 배척하는 관계로 볼 것이 아니라, 각기의 소임에 따라 임무를 수행하는 과정에서 조화하고 상호 보완하여 최대한 유효한 방식으로 적용될 수 있도록 보장하는 것이 필요하다. 조약의 직접적용에 관한 규칙은 조약과 국내법질서라는 양 법질서의 저촉을 해결하고 해당 적용규범을 찾아내는 규칙으로 의미가 있다. 결국 어느 당사국이 국가간에 오로지 적용되는 계약적 성격이 아닌 법규적 성격을 가진 조약을 체결한다는 의미는 그 해당 조약의 규정이 국내에서 적용법조로 존중되어야 하며, 그것은 그 조약이 담아내고 있는 하나의 입법적 체계 내지 특별한 법질서로 당사국이 승인(承認)하고 존중하는데 그 원리를 두고 있다고 생각된다.

제 4 장

조약의 체약국내 직접적용 결정 기준

Ⅰ. 개 관

Ⅱ. 조약의 체약국내 직접적용 결정 기준의 분설

Ⅲ. 조약의 체약국내 직접적용의 일반적 기준과 그 적용

Ⅰ. 개 관

1. 조약의 직접적용 결정 기준의 의의

앞에서 고찰한 조약의 직접적용의 개념 및 법적 성격에 기초하여 이제는 조약의 직접적용 여부 내지 그 정도를 판단할 수 있는 기준을 검토해 도출하고자 한다. 조약의 국내적 직접적용성은 우선적으로 국제법의 층위에서 결정된다는 전제에서 상기 PCIJ의 권고적 의견과 ECJ의 판례 등 국제적 실례와 이론으로부터 기본적인 기준을 도출하면서도 조약이 실제 적용되는 것은 당사국의 사법기관을 포함한 국가기관이므로 구체적으로는 각국의 실행 역시 중요한 고려요소로 참작하여 기준들을 도출하고 그 타당성을 검토하는데 참고하여야 할 것이다. 일단 조약의 국제적 실행뿐만 아니라 국내적 실행도 충분히 고려하여 귀납적으로 연구를 진행하면서 주요 국가들의 관행 및 국제적 사례를 고찰 및 비판하고 법적 논리에 입각한 일반화된 기준을 도출하는 것이 이 주제의 연구에서 바람직한 방향이라 판단된다.

어떤 조약이 이러한 기준을 충족하여 직접적용성을 구비하고 있다고 판단되면 해당 당사국은 이러한 조약의 규정이 자국 내에서 원용되는 등 직접 적용될 수 있도록 보장할 의무를 부담한다.[1] 이러한 기준은 국제법상 기준이므로 개별 당사국이 이

1) Luigi Ferrari-Bravo, "International and Municipal Law: the Complementarity of Legal System," *The Structure and Process of International Law: Essays in Legal Philosophy Doctrine and Theory* (1983), p.726.

보다 더 넓게 직접적용성을 인정하더라도 상관없지만, 조약 규정이 공허하거나 실효성이 없는 추상적 규정에 불과해 추가로 구체적인 입법 조치가 요구됨에도 자기집행성 내지 직접적용성이란 방패막이에 도피해 국제법상 의무이행을 해태하는 것은 용납되지 아니할 것이다. 특정 조약의 규정이 국내에서 직접 적용되는지 여부는 이러한 제 기준(tests, *criteria*)의 충족 여부로써 판단하여야 한다. 그러나 이 기준들은 어디까지나 법률적 판단의 기준이므로 정치적이거나 정책적 고려에 의하여 조약의 국내실시가 영향을 받을 수 있다는 점과는 구별되어야 한다.

조약이라는 것이 원초적으로 계약적 성격을 가지고 있어 당사자간의 신의의 유지가 이행의 제일의 조건이 되므로, 당사국간 상호주의 및 정치적 이유에 의한 조약의 이행 제한 등 외생적 요인에 의하여 조약의 적용이 좌우되는 것은 기본적으로 법률상 규율하기 어려운 현상이기 때문에 우리가 다루려는 기준에는 포함하지 아니한다. 예를 들어, 전쟁이나 고도의 정치적 문제(political questions)로 인하여 조약이 국내에서 원만하게 실시되는데 장애가 있을 수 있고, 조약 이행에 있어 상호주의 적용으로 시행 및 적용에 일정 제한이 발생될 소지도 전혀 배제할 수는 없을 것이나, 이 장에서 그러한 정치적 성격의 요소가 없다는 전제에서 고찰하여 일반적 규칙을 모색하기로 한다.

2. 기준의 분류

(1) PCIJ의 권고적 의견

앞서 PCIJ의 권고적 의견에서 조약의 직접적용 여부를 결정하는 기준으로 당사국의 의사가 중요하며 이는 조약 문언의 해석 문제에 해당된다는 기본명제를 도출할 수 있다. 여기서 추가할 수 있는 또 다른 기준은 PCIJ의 권고적 의견에서 언급한 소위 '명확한 규칙'(definite rule)을 설정하여 국내적으로 집행 가능(enforceable)한 것, 즉 적용될 수 있는 상태에 있어야 하는 것으로 볼 수 있다. 이런 취지에서 주관적 기준인 당사국의 의사(意思)와 더불어 객관적 기준인 명확성이 국내적 직접적용 여부 및 그 정도를 판단하는 두 개의 기준으로 설정할 수 있을 것으로 본다. 이러한 당사국의 의사 중 중요한 것으로 소위 특별법제도(special legal regime) 내지 질서(order)를 조약당사자 이외 개인 등 제3자를 위하여 창설하는 것을 하나의 기준으로 제시하고 있다고 해석된다는 점은 이미 상기한 바가 있다.

PCIJ의 권고적 의견에서 취한 조약의 직접적용 기준은 이후 조약의 직접적용의 분야에 있어서 상당히 지배적인 영향을 미치게 되었고, 별개의 법체계로 인식되고 있는 유럽공동체법의 직접적용에 관한 원칙에 역시 상당한 기반을 제공하였다는 것을 부인할 수 없다.[2] 그러나 이 권고적 의견은 기본적으로 조약과 국내법의 관계에 관한 이원론의 입장에서 국제법의 국내적용을 해당 조약당사자의 동의 및 의사의 결과로써 절충된 것으로서 소위 국가의사주의 내지 국가의 자기제한의 원리에 터잡고 있다고 평가되므로, 여기서 제시하고 있는 기준을 검토하는데 현대국제법의 발전과 진화의 양상을 잘 고려하여 판단하여야 할 것이다.

2) Pierre-Marie Dupuy, *Droit International Public* (2nd ed., 1993), p.329.

(2) ECJ의 경우

ECJ는 다수의 판결을 통하여 적극적인 입장을 취하고 있는 만큼, PCIJ의 당사자 의사에 의한 제한의 원리를 명시적으로 채택하지 아니하고 소위 조약의 정신, 구조 등 목적론적인 'contextual approach'를 보여 주고 있어, 주관・객관으로 나누어 분설하는 것이 딱 맞아 떨어지는 것은 아니다. 이러한 ECJ의 태도는 규정의 양태(樣態), 실시조항의 존재, 규정 적용상 조건의 유무, 금지의무 여부 등과 같은 객관적 기준을 중시하고 있다.[3)]

PCIJ와 마찬가지로 유럽공동체도 어떤 조약이 국내에 직접 적용되는 한 근거로서 "조약이 담아내고 있는 그 자신의 법체계(legal system)"가 형성(create)되었다는 점을 언급하여 당사국의 의사라는 주관적 기준을 텍스트 해석이라는 객관적 대상화로 통합하는 경향을 보여 주고 있다는 차이가 있지만, 기본적으로 PCIJ와 같은 궤도에서 조약의 국내 직접적용의 문제를 바라보고 있다는 점을 짐작할 수 있다.

---

3) 참고로 유럽공동체법의 경우, 직접적 효력을 가지기 위해 i) 해당 규정이 구성국에 대하여 명확한 의무를 포함하고, ii) 그 규정의 내용이 직접 효력을 형성할 수 있으며, iii) 구성국이 그 의무의 목적을 실현하기 위하여 공동체 내지 구성국의 차원에서 더 이상의 추가적 조치를 취할 필요가 없고, iv) 그 규정은 무조건이어야 하고 조건이 있어도 조건이 성취되어야 하며, v) 구성국이 그 규정상 의무를 이행하는데 재량이 없어야 한다는 요건이 요구된다고 평가되고 있다. 이것은 조약의 국내 직접적용의 요건들과 유사하다. Schemers, Henry G. and Waelbroeck, Denis F., *Judicial Protection in the European Communities* (5th ed., 1992), p.144.

(3) 미국의 자기집행적 조약의 성립기준 등

1) 미국의 자기집행적 조약의 경우

미국의 자기집행조약의 요건으로 제시될 수 있는 것은 역시 주관·객관적 기준으로 분설된다. 미국은 일찍부터 헌법상 최고법 조항 덕택에 조약의 국내적 효력을 인정해 왔기 때문에 비교적 PCIJ처럼 엄격한 주관주의적 기준을 강조하지는 아니하는 것으로 보인다.[4] *Foster v. Neilson* 사건에서와 같이 조약의 자기집행성의 공통된 기준으로 당사국의 의도에 초점을 맞추기도 하고, 이러한 당사국의 의도를 결정하기 위하여 미국 정부의 의도를 고려하거나, 조약당사국 모두의 의도가 개인에게 권리를 부여하려고 의도하였는지 해당 조약에 국내법적 효과를 부여하였는지 확인하려는 경우가 있다.[5]

최근의 미국의 판례는 조약협상자의 의도 이외에 행정부가 상원(上院)에 동의를 요청할 때의 의도와 상원이 행하는 권고와 동의에 결부된 의도도 고려하고 있는데, 그러한 의도를 확인하는데 있어 조약 문언 이외에 협상과정에서의 진술과 함께 상원에서 심의시 표출된 의견도 참고하고 있다.[6] 어떤 경우[7]에는

---

4) Evans는 자기집행조약의 요소로 조약문 자체, 당사국의 의사, 조약체결 당시의 상황, 당사국의 국내법에 대한 고려, 조약체결 당시의 정치적 여론, 소송시 적용하려는 조약의 상황 등을 제시하였다. Alona E. Evans, *The Self-executing Treaty in Contemporary American Practice, in De Lege Pactorum: Essays in Honor of Robert Renbert Wilson* (1980), p.18, Keith Highet & George Kahale, "international Decisions," 87 *AJIL* 282(1993), p.291에서 재인용.

5) 성재호, "조약의 자기집행성," 『국제법평론』(1997-Ⅰ, 통권 제8호), 17면.

6) *Ibid.*

7) 캘리포니아 주법원의 *Fujii v. State* 사건 판결에서 법원은 조약이 자기집행적이냐를 결정하기 위해서는 조약의 문언에서 표명되어진 체약국의 의사에 의뢰하며, 우선 조약에서 이러한 의사가 분명하지 않는 경우에 관련 사정을 참조하여

당사국의 의사를 강조하고 있음에도 당사국 의사라는 것이 현실적으로 포착하기 어려운 것이므로 이러한 기준으로 하기에는 적절하지 아니하다는 반론도 있다.[8] 미연방항소법원은 1985년 판례를 통하여 이러한 자기집행성에 대한 의도를 확인하는 기준으로서 전체적으로 조약의 문언과 목적, 조약의 이행과 관련된 상황, 조약에 의하여 부과된 의무의 성격, 대체적 집행수단의 이용 가능성, 소송상 사적 권리구제 허용, 조약에 근거한 소송에 대한 사법부의 권한 유무 등을 제시하고 있다.[9] 조약당사국 사법부에서 조약의 직접적용을 위하여 자기집행성의 의사가 대체로 고려될 수 있는 요소로 보인다. 객관적 요건에 있어서는 명확성의 기준을 제시하는 것이 일반적이라 이를 고려하는 것은

야 하는데, 유엔헌장의 기초자는 실시를 위한 입법의 지원이 필요 없이 실효적인 규정을 둘 의도였다면 그러한 의사를 나타내는 명료하고 확정적인 문언을 사용한다고 하면서 헌장상 인권 관련 제55조 및 제56조는 비준에 의하여 직접적으로 사인에게 재판 가능한 권리를 창설하는 의사를 나타내는 명령적 성질과 확정성을 결여하고 있다고 판시하였다. *Fujii v. State*, 38 Cal. 2d 718, 242 p.2d 617, 620-22(1952).

8) Riesenfeld는 영국과 같이 자국에 대하여 조약의 자기집행성을 인정하지 아니하는 국가가 조약에 체약국으로 참여하는 경우에 당사국의 의사를 해석하는 것이 의미가 있는지 의문을 제기하고, 나아가 의사가 분명하다고 하더라도 예산의 조치가 수반되어야 하는 것은 자기집행성을 부여하기 어렵다는 측면 등을 들어 당사국 의사의 존부에 자기집행성을 결부시키는데 비판적인 입장을 취하였다. Riesenfeld, Stefan A., "The Doctrine of Self-executing Treaties and Community Law," 67 *AJIL* 504(1973), p.507. 또한 Schachter는 양자조약에는 그러한 가능성이 배제되지 아니하나 다자조약에 관하여는 그러한 당사국의 의사를 나타내는 증거를 발견하는 것이 어려운 만큼 당사국의 의사를 찾는 것은 무의미한 것으로 주장하면서 이러한 의사이론은 조약이 명시적으로 규정하는 경우를 제외하고는 사용하기 어렵지 않겠느냐는 입장을 표명하고 있다. O. Schachter, "The Charter and the Constitution: the Human Rights Provisions in American Law," 4 *Vandervilt Law Review* (1951), p.654.

9) *Frolova v. USSR*, 761 F. 2d. 370, 373-76(7th Cir. 1985), Vazquez, Carlos M., "The Four Doctrines of Self-executing Treaties," 89 *AJIL* 984(1995), p.706.

국제적 기준에 참고가 될 수 있다고 판단된다.[10] *Fujii v. State* 사건 판결에서 조약이 자기집행성을 갖도록 의도된 경우에는 "그 의사를 나타내는 명료하고 확정적인 문언이 사용된다"고 하여 규정 문언의 명확성을 당사국의 의사를 찾는 중요한 단서로 보았다.[11]

그 밖에 조약이 그 이행을 확보하기 위하여 국제적인 절차를 정하고 있는 경우에는 자기집행성이 없게 되는 경우가 있다.[12] 1977년 제네바 4개 협약의 추가의정서는 이행의 확보를 위한 수단으로서 국제위원회를 설치하고 있기 때문에 자기집행적이 아니라고 판시한 경우가 있고,[13] NATO군 지위협정은 이 협정의 해석 및 적용에 관한 당사국간의 분쟁은 사법적 절차에 회부하지 아니하고 당사국간 교섭으로 해결한다고 규정하고 있으므로 비사법적(정치적인) 해결을 의도하고 있다는 이유로 자기집행성이 부인된 경우도 있다.[14] 이러한 미국의 자기집행성 여부에 관한 판례를 분석한 바스케스(Vazquez)는 조약의 체약국들이 사법적 집행이 불가능하도록 의도된 경우에 비자기집행적이며, 사법적 구제가 허용되도록 의도된 경우는 자기집행적이고, 의회의 전속적 권한에 속하는 사항에 관한 조약은 자기집행성을 가지기 어렵고 나아가 조약이 직접 개인에게 소권(訴權)을 부여하는 경우, 예외가 있지만 자기집행적이 될 수 있

10) 미국의 경우 *Chew Heong v. U.S.*(112 U.S., 536), *U.S. v. Lee Yen Tai*(185 U.S., 213) 및 *U.S. v. Mrs Gue Lim*(176 U.S., 459) 등에서 소위 'plain terms'를 자기집행의 조건으로 제시하였다.

11) 법무부, 『조약의 국내수용 비교연구』(법무자료, 제208집), 58면.

12) *Ibid.*, 60-61면.

13) *Hanoch Tel-oren v. Libyan Arab Republic*, 517 F. Supp. 542, 547(1981).

14) *Holmes v. Laird*, 459 F. 2d. 1211, 1222(1972).

다는 등등의 기준을 제시하고 있지만, 미국의 국내적 사정을 상당히 투영한 의견이라 일반적 기준으로 삼기에는 문제가 있어 보인다.15)

미국에서 적용되는 위와 같은 기준은 자국의 외교적 또는 국내정책적 고려에 의한 경우가 상당하기 때문에 이를 그대로 일반화시키는 데는 한계가 있다고 보인다.16)

2) 기타 국가의 경우

프랑스의 경우, 조약의 직접적용에 관한 판례의 추이를 분석하여 종합한 결론에 따르면 프랑스 국내에서 조약이 직접 적용되기 위해서는 첫째, 조약의 규정이 충분히 명확할 것이고, 둘째는 조약을 적용함에 있어서 관련 국내기관 또는 관련 국제기구의 추가적 조치에 종속되지 아니하여야 하며, 셋째, 단순히 당사국 자신뿐만 아니라 직접적으로 개인에게 권리·의무를 부여하는 규정 등의 조건이 충족되어야 하는 것으로 인정되고

---

15) Vazquez, *supra* note 9, p.695 이하 참조.

16) 의회가 입법 중에 또는 조약에 대한 동의시 결의로써 비자기집행적이라 선언한다면 이는 무시하기 곤란하다고 본다. 이와 관련, 미국은 인권규약 등 중요한 국제인권조약을 비준하면서 자기집행성을 부인하는 선언을 첨부하는 것의 법적 효력에 대해 논란이 있다. 이러한 선언은 조약의 목적 대상에 위반되어 무효라는 견해와 조약상 의무에 변경을 초래하는 것이 아니므로 합법이라는 견해가 표출된 바가 있다. 이러한 선언을 미국의 헌법상 사법부의 권한을 침해한다고 하여 허용될 수 없다는 견해가 있는 반면에, *Power Authority of New York v. Federal Power Commission* 사건에서 미-캐나다 간의 조약에 대해 상원이 동의하면서 입법조치권을 유보한데 대하여 이것은 국제법상 의무의 변경을 초래하는 진정한 유보가 아니므로 구속력이 없다고 판단한 것을 근거로 상원의 이러한 선언이 사법부를 구속할 수는 없다는 견해가 있다. 그러나 Henkin은 반대의견을 개진하면서 의회의 비자기집행 조건부 동의를 국내적으로 준수해야 하는 것으로 본다. 岩澤雄司, 『條約の國內適用可能性』(有斐閣, 1985), 184면, 193-194면.

있다.[17)]

일본의 경우는 상기한 바와 같이 판례상으로는 자기집행성 여부를 따지지 아니하나, 학설상으로는 미국과 같이 자기집행적 조약만이 국내에 적용될 수 있고 그 문언이 명확하여야 한다는 기준이 제시되고 있다.[18)]

(4) 학 설

미국은 자국이 개발한 조약의 자기집행성에 관한 이론에 경도되어 일반국제법상 적용될 수 있는 규칙의 탐구에 소극적이고, 대표적 영어권 국제법 기본서인 『*Oppenheim's International Law*』의 경우, 조약의 직접적용에 관한 사항은 단지 PCIJ의 권고적 의견에 입각한 주관주의적 입장을 견지하고 있을 뿐이어서 요건의 도출에 도움이 되지는 아니하는 것으로 판단된다. 대부분 대륙법계의 이론에 의하면 주관・객관적 조건을 통설로 받아들이거나[19)] 주관적 기준을 개인에게 주관적 권리(droits subjectifs)의 부여로 보고 주관・객관적 기준을 이론 전개의 출발점으로 삼고 있음을 볼 수 있다.[20)]

17) Dubois, L., "Le juge administratif français et les règles du droit internationale," *AFDI* (1971), p.19. 박기갑, "조약의 자기집행력: 프랑스이론 및 판례를 중심으로," 『판례실무연구』(제3권, 1998), 184면에서 재인용.

18) 법무부, *supra* note 11, 116-124면 참조.

19) Dupuy, *supra* note 2, pp.307-308 참조.

20) Arne Vandaele & Erik Clae, *L'éffet direct des traités internationaux* (institut de droit international, K.U. Leuven, Working Paper No. 15, 2001), pp.12-20 참조.

(5) 평 가

앞으로 조약의 직접적용 여부를 결정하는 기준을 분설하는데 고찰의 대상이 되는 기준은 적극적 기준으로 조약의 직접적용에 대한 당사국의 의사 내지 목적, 개인의 권리・의무의 창설, 문언의 명확성, 소극적 기준으로 국내실시 규정의 존재, 시한(時限) 등 실시의 조건 유무로 나눌 수 있다. 이러한 기준은 단행 조약내 규정의 문언에 대한 해석이 주가 되고, 특히 명확성의 기준은 특정 조항의 직접적용성을 판단하는 일종의 미시적 기준이 된다. 앞에서 조약의 직접적용성의 개념과 법적 성격을 고찰하면서 법규형성적 특별법질서가 단행 조약 전체의 국내적 직접적용성의 근거가 된다는 점을 발견하였다. 따라서 조약의 특별법질서 창출도 별도 기준으로 검토될 필요가 있다. 이하 다음에서 이러한 기준들을 비판적으로 고찰하고자 한다.

II. 조약의 체약국내 직접적용 결정 기준의 분설

1. 적극적 기준

(1) 당사국의 의사－주관적 기준

1) PCIJ의 경우

① 의사주의에 기초한 판결

1928년 PCIJ의 단치히 재판소 관할권에 관한 권고적 의견에서 조약의 직접적용의 가장 중요한 기준으로서 '당사국의 의사'(intention of the Parties)가 채택된 이래로 국내적용성과 관련하여 각국 및 국제적 관행에서 이를 하나의 결정적 기준으로 여겨 그 의사를 확인하거나 해석하려 노력한 것을 볼 수 있다. 이 판결 자체는, 이 사건 심리 당시 PCIJ의 소장이었던 안질로티(Anzilotti)[21]를 포함하여 라반트(Laband), 트리펠(Triepel) 등의 국제법/국내법의 관계에 관한 이원론과 베르드로스(Verdross) 및 켈젠(Kelsen)과 같은 일원론이 선명하게 대립하던 시기였음에도, 국제법원칙에 따른 개인의 권리구제에 대한 균형잡힌 의견과 국제법의 직접적용 문제에 관한 통찰력을 보여 준 판결이라 판단된다.

이 판결에서 이러한 당사국의 의사는 조약의 내용으로부터 확인되어야 한다는 해석의 원칙(principle of interpretation)을 제시하고 있다. 이러한 원칙하에서 이 판결이 도출된 근거는 주로 1921년 체결된 폴란드 정부와 단치히 자유시 정부 간의 '직원협정'(Endgultiges Beamtenabkommen vom 22. Oktober 1921)의 구체적 조항의 해석을 통하여 당시 자유도시 단치히(Danzig) 철도직원의 폴란드 철도당국에로의 전속과 관련한 해당 직원의 신분, 처우, 근무조건 등을 규정하고 있음을 들어 개인에 대한 권리부여 나아가 여타 관련 국제협정 및 문서에 의해 단치히 국내법원에서 이 협정상 권리를 개인이 소구할 수 있음을 인정하였다.

21) 그는 국제규범이라는 것은 국내규범에 의지하는 한도에서 가능할 뿐이라고 언명하면서 국제법의 유효성은 국내법질서가 보장한다는 국내법 우위의 입장을 가지고 있었다. G. Sperduti, "Le principe de souveraineté et le probléme des rapports entre le droit international et le droit interne," *RdC* (Vol. 153, 1976), p.335.

② 의사의 해석

이러한 해석에서 우리가 주목할 사항은 PCIJ가 동 협정 체결 당시 두 당사자의 구체적 의사를 해당 조약의 준비작업의 분석을 통하여 모색하기보다 구체적 조항의 내용 및 규정방식을 분석하여 결론에 도달하고 있다. 비록 이 협정의 전문(前文)에서 "이 실행의 규정이 … 폴란드 철도당국으로 전속되는 직원에게 적용되는 기본적 규칙을 구성한다"라고 명확하게 체결당사자가 개인에게 적용할 목적적 의사를 나타내었음에도 재판부는 이 전문을 근거로 언급하지 아니하고, 개별 조항의 텍스트에 그러한 당사자의 의사를 확인하기 위해 천착하였다는 점이 시사적이다.

재판부는 그 의사는 협정의 내용으로부터 확인될 수 있고, "그러한 의사는 이 협정의 조항을 참조(reference to the terms of the *Beamtenankommen*)하여 입증할 수 있다"라고 언급하면서 당사국의 특별한 의사를 확인하기 위해 해당 협정의 개별 조항의 문언에 치중하고 있다. 그러나 여기에서 한 가지 지적하고 넘어가야 하는 것이 있다. 조약의 해석에 관한 원칙으로서 의사주의(意思主義)와 문언주의(文言主義)가 대립되고 있고, 현재 일반적으로 받아들여지고 있는 비엔나 조약법협약 제31조에 따르면 문언의 통상적 의미(ordinary meaning, rule of plain terms), 즉 문언주의가 해석의 기본이고, 당사자의 의도라는 것은 당사자가 어떤 용어에 특별한 의미[22]를 부여하였음을 의도한 것이 확정

22) 이러한 당사자의 의사 내지 의도는 당연히 문법적・사전적 해석이 지배적인 조항의 문언 자체의 해석을 넘어 다른 수단, 즉 당사국의 교섭시 합의, 양해, 입장, 의견 표명, 제안 등과 같은 통상적 의미를 극복할 수 있는 다른 보조적 수단을 사용하여 확정하는 경우가 많을 것이다.

되는 경우에 해석상 고려되는 것이 다수설로 인정된다고 판단된다. 특히, 오늘날 통상의 의미에 바탕을 둔 문언주의가 지배적인 관계로 이 판결의 해석원칙이 오늘날 그대로 수용하기 곤란한 면이 있다고 본다.

중세 이래 사법계약(私法契約)의 해석에 관한 이론이 조약에 도입된 관계로 해석은 문면보다도 의사의 발견이 더 중요시되었다. PCIJ의 권고적 의견이 나온 당시에도 조약 해석에 있어서 당사자 의사주의가 우세했던 시기로 볼 수 있을 것이다. 그러나 이러한 의사우위의 방법론은 제2차 세계대전 이후 점차 쇠퇴하기 시작하여 조약이 군주의 계약으로서 성격을 잃고 의회의 감시와 사법부에 의한 적용을 위하여는 법규의 형식을 갖추게 되고 해석은 문언 위주로 바뀌게 된다.[23] 따라서 당사자의 진정한 의사의 발견보다는 조약 문면에서 표현된 의미의 추구로 그 중점이 바뀐 오늘날에 있어서 이러한 PCIJ의 소론이 완전한 정합성을 지닌다고 보기 어려운 면이 있다.

다시 한번 당시 판결을 상세히 보면 "바로 협정의 목적이, 당사국의 의사에 따르면, 개인의 권리・의무를 발생시키고 국내 법원에서 집행이 가능한 명확한 규칙의 당사자간의 채택"으로 기술하고 있는 것을 볼 때, 여기서 알 수 있는 것은 문언 등의 해석을 통해 개인에 대한 직접적용과 같은 이 협정의 목적에 대한 당사자의 진정한 의사(authentic expressed intention)를 확정하려는 것이다. 이러한 판결의 태도는 기본적으로 조약의 해석에 있어서 문언주의(textual approach)보다 주관주의(subjective approach)에 입각하고 있기 때문인 것으로 보인다. 그러나 오늘

23) 제성호, "조약의 해석에 관한 연구," 서울대학교 석사학위논문(1983), 34면 참조.

날 문언의 해석은 조약문에 표현된 의미를 밝히는 것이라고 보는 것이 지배적인 환경에서 당사자의 의사를 발견하기 위해 조약의 문언을 해석한다는 위 권고적 의견은 시제법(時際法, inter-temporal law)의 원칙을 적용하는 것은 별론으로 하고서라도 오늘날에 있어서는 난점이 있다. 오늘날 조약의 해석에 문언주의가 통설이자 비엔나 조약법협약에 수용됨으로써 PCIJ처럼 조약의 내용이나 규정방식으로부터 직접적용에 대한 당사자의 의사를 확인한다는 해석의 공식에 있어서 이 당사자 의사의 의미와 역할을 조정할 필요가 있다고 본다.

사실 조약체결 관행을 보면 조약의 자기집행성이나 국내 직접적용성을 당사국이 적극적으로 합의하거나 양해하는 것은 기대하기 어렵고, 이러한 문제를 상당수 국가의 경우 자국에서 그 조약을 실시하는데 관련되는 국내적 문제로 보아 조약 성안에 대한 컨센서스에 장애를 일으킬 수 있다고 우려하여 조약교섭시 당사국들은 소극적으로 이 문제에 임할 것이다. 더구나 오늘날과 같이 거의 200여 개에 달하는 나라의 대표들이 모여 교섭하는 다자조약의 교섭・체결과정에서 많은 참가당사국의 진정한 의사로서 직접적용성의 의도를 해석적 수단을 통해 담보하기는 상당히 어렵다고 본다.[24] 다만, PCIJ의 권고적 의견처럼 당사자의 의사라는 것은 조약문에서 해석을 통해 도출되는 것으로 보는 한, 조약 자체 내지 조약교섭 준비작업(*travaux préparatoire*) 등 조약체결의 배경에서 명시적으로 당사국의 국내에서 직접 적용되도록 의도되었다는 당사자의 직접적 의사는 현실적으로 찾기 불가능하다. 이러한 PCIJ의 의도는 오늘날

24) Arne Vandaele & Erik Clae, *supra* note 20, p.6.

조약 해석에 관한 규칙에 따라 개인에 대한 직접적용성이 조약 문언으로부터 바로 해석상 인정된다는 것으로 보아, 당사국의 의사의 확인 자체는 그 매개적 기능을 배제하고 바로 조약의 목적에 입각한 문언 해석을 통한 직접적용성의 확인으로 가는 것이 타당하다고 본다.[25] 즉, PCIJ의 권고적 의견의 공식으로 볼 수 있는 [조약문의 해석 → 당사자의 의사 → 개인에 대한 직접적용]이라는 공식에서 '당사자의 의사' 부분을 오늘날의 조약 해석 규칙 및 조약체결 실정에 맞게 그 위치를 탈각(脫却)하는 것이 필요하다고 본다.

2) ECJ 및 자기집행적 조약의 경우

① ECJ의 목적론적 해석

ECJ는 *Van Gend* 사건[26]에서 조약의 조항이 국내적으로 직접 적용이 가능한지를 결정하는데 있어서, 조항 규정의 정신, 체계 및 표현(spirit, general scheme and wording of the provision)을 고찰하는 것이 필요하다고 하면서, 개개 규정의 직접적용성을 판단하기 위해서는 구체적인 기준을 사용하고 있다. 유럽공동체 규범의 직접적용에 관한 선도적 판결인 이 사건에서 ECJ가 기존 판례인 PCIJ의 권고적 의견을 충분히 검토하였음에도 그대로 이를 추종하여 당사자의 의사를 중심적 요소로 설정하지

25) 인권조약의 직접적용과 관련해 조약문의 drafting history상 정확한 당사국의 의사를 찾아내기보다는 해당 조약의 기본목적(*telos*)에 천착하는 것이 필요하다는 의견이 제시되고 있다. Anja Seibert-Fohr, "Domestic implementation of the International Covenant on Civil and Political Rights Pursuant to its article 2 para. 2," *Max Planck Yearbook of United Nations Laws*, Vol. 5, 2001, p.428 및 p.470.

26) *Van Gend & Loose*, (1963) *E.C.R.* 13.

아니하고,[27] 대신 조약 규정으로부터 추상적 단계에서 목적적 해석을 하여 구체적 판단의 단계에서 직접적용의 여부에 고려하고 있다. 이는 지나친 주관주의에 경도된 PCIJ의 권고적 의견으로부터 진화된 태도라 평가된다. 실제 이 판결에서 문제가 된 EEC조약 조항은 당사국에게 의무를 부과하고 있을 뿐이지만, ECJ는 이 조약의 전문(前文)을 구체적으로 언급하면서 당사국간의 관계를 넘어 역내 시민들까지도 대상으로 포함하는 조약의 목적을 고려할 때 시민들에게 직접 적용되는 것이 타당하다는 견해를 확고히 가지고 있다.[28]

② 미국의 자기집행적 조약의 경우

미국의 경우에도 *Fujii v. State* 사건에서와 같이 조약의 자기집행성이 당사국의 의사에 달려 있다는 취지의 판례가 상당수 있다. 이러한 태도는 미국 정부의 견해 및 유력한 학설에 의하여 지지되고 있는데, 조약의 자기집행성은 조약당사국의 의사에 달려 있으며, 문제는 조약 자체에 그러한 점에서 침묵하는 경우에는 당사국의 의사에 관한 판단은 조약 자체 및 기타 교섭에 관련된 사정을 검토한 기초에서 이루어지는 것으로 보아야 할 것이다. 이 주관적 기준은 행정·입법당국의 선언, 의견, 그리고 조약체결 당시의 준비작업(*travaux préparatoire*)을 참조하여 해당 조약의 문언을 검토하여 당사자의 의사(intention of the Parties)를 확인하는데 그 목적이 있다. 그러나 이러한 준비

27) ECJ는 PCIJ의 비직접적용의 추정의 원칙과 다르게 직접적용을 추정하는 방향으로 적극적인 입장을 취한다고 평가된다. Eric Stein, "Lawyers, Judges, and the Making of a Transnational Constitution," 75 *AJIL* 1(1981), pp.9-10.

28) Pierre Pescatore, "The Doctrine of "Direct Effect": An Infant Disease of Community Law," *ELR*, Vol. 8(1983), p.157 참조.

작업에 기초하여 이를 판단하는 경우는 아주 드물어 보인다.[29) 실제 적극적으로 당사국이 자기집행성에 대해 적극적인 의사표시를 명시하는 경우는 거의 없다. 미주상표권조약(美洲商標權條約) 제35조에서 비준된 경우 해당 당사국 내에서 직접적으로 법으로서 효력을 지닌다고 규정한 것이 주목된다.[30) 따라서 조약 자체로서는 이러한 당사국의 의사표시를 명시하는 경우가 없다면 결국 당사국의 의사표시는 문언으로부터 추론하는 방법밖에는 없게 된다.

그러나 당사국의 의사를 자기집행성의 기준으로 삼는 것을 비판하는 학설이 유력하다. 이러한 견해는 당사국의 의사라는 것이 역사적으로 증명이 되는 의사라기보다는 조약 문언 등으로부터 추량한 것으로서 의제적(擬制的)인 의사로 보아야 한다는 것이다.[31)

미국 행정부는 조약을 체결하는 과정의 여러 단계에서 해당 조약의 자기집행성 여부에 대해 의견을 나타낼 수 있다.[32) 즉 교섭시, 대표단의 보고시, 의회에 동의안 제출시, 의회심의시 등 각 단계에서 행정부의 의견을 표명하거나 묵시적으로 이를 드러낼 수 있다. 판례 중에는 의회에 조약동의안을 제출하면서 이행법 제정을 권고하지 않았다는 점에서 조약이 자기집행적이

29) 岩澤雄司, 『條約の國內適用可能性』(有斐閣, 1985), 176면.

30) *Ibid.*, 177면.

31) *Ibid.*

32) 미주인권협약 채택회의후 미국 대표단은 보고서를 제출하면서 이 협약 제2조(각국의 헌법에 따라 국내실시 확보의무 규정)와 관련하여 이 협약의 Part Ⅰ이 자기집행적이라는 것이 당사국의 의사가 아니라고 지적한 바, 미국 상원은 제1조 내지 제32조가 자기집행적이 아니라고 선언하였다. Jimenez de Archéga, "Self-executing Provisions of International Law," *Staat und Volkerrechtsordnung* (Band 98, 1989), pp.415-416.

라고 행정부가 간주하는 것으로 추량된다고 판단한 것도 있다.[33] 조약의 발효 후에 다른 나라 또는 국내의 타 기관에 대한 문서로 이를 드러내는 경우가 있고, 소송 중에 행정부가 법정에 조언하는 경우에도 특정 조약에 대한 견해를 나타내는 수가 있다. *Five Per Cent* 사건[34]에서 행정부의 일차적 판단을 따른다는 취지로 판결한데 대하여 다른 판례와 학설은 행정부의 판단은 일차적인 것이며 최종적으로는 법원이 결정할 문제라고 본다. 실제로 행정부의 판단과 반대되는 판결이 적지 않다. 예를 들어 ILO협약 제55호 제2조 제2항에 대해 국무장관의 견해에도 불구하고 자기집행적이라고 대법원에서 판단하였다. 그럼에도 행정부 내지 입법부의 견해는 법원에서 완전히 구속적이지는 않더라도 존중된다고 볼 수 있다.[35]

3) 조약상 직접적용에 관한 당사국 의사의 존부에 관한 해석 사례

특정 조약의 예를 들어, 유럽인권협약이 직접적용성이 있느냐[36] 여부에 대해 유럽내 논의는 PCIJ의 단치히 재판소의 관할권에 관한 권고적 의견을 인용하여 조약의 문언 및 준비작업(*travaux préparatoire*)으로 입증되는 체약국의 의사가 국내적 직

33) *General Electric Co. v. Robertson*, F. 2d 214, 221(1929) 등.

34) 6 Ct. Cust. App. 291, 330(1915).

35) 岩澤雄司, *supra* note 29, 182면.

36) 당사국 중 영국, 아일랜드, 아이슬란드는 국내법상 효력 자체를 부인하였고, 독일, 벨기에, 그리스, 이탈리아, 터키, 키프로스는 의회의 동의로 국내적 효력 및 개인에 대한 적용을 인정하였으나 덴마크, 노르웨이, 스웨덴, 오스트리아, 룩셈부르크는 불확실한 입장을 가지고 있었다. H. Golsong, "Notes: The European Convention on Human Rights before Domestic Courts," 57 *AJIL* 100(1963), pp.168-169.

접적용 여부에 결정적인 출발점이라고 한다. 그리하여 다수의 견이 이 조약이 자기집행적으로 의도된 것이라고 결론을 내리고 있다.[37][38][39]

---

37) 이러한 자기집행성은 "체약국은 그 관할에 속하는 모든 자에 대해서 이 조약의 제1절에 명백히 정한 권리 및 자유를 보장한다"라고 그 제1조에서 규정하고 있다. 여기서 '보장한다'라는 표현은 체약국이 이 조약에 있어서 단순히 상호적으로 권리를 보장한다고 약속하는 것만은 아니고, 기타 "이 조약에 규정된 권리 및 자유의 향유가 침해당한 어떤 사람에게도 … 국가당국 앞에서의 실효적 구제가 허용된다"라고 규정하는 제13조도 근거가 된다고 설명하는 경우가 많다. "… 어떤 체약국도 자국의 국내법이 이 조약의 제 규정의 모든 것의 실효적 실시를 확보하는 방법을 설명하지 않으면 아니된다"라고 규정한 제57조, 평등권을 규정한 제14조, 개인의 유럽인권위원회에의 신청권을 정한 제25조, 국내적 구제원칙을 규정한 제26조 등도 근거가 된다고 본다. 岩澤雄司, *supra* note 29, 99-100면.

38) 그럼에도 이 조약의 모든 조항이 자기집행적이라고 보는 것은 아니다. 제1의정서 제3조 및 동 조약 제13조는 비자기집행적이고 보는 의견이 많다. 특히 네덜란드 법원은 1960년 *X v. inspector of Taxes* 사건 판결에서 이 제13조에 대해 자기집행성을 인정하지 아니하였다. H.F. Van Panhuys, "the Netherlands Constitution and International Law," 58 *AJIL* 88(1964), p.104.
제1의정서 제3조는 "체약국은 입법부의 선출에 있어서 인민의 자유로운 의견의 표명을 확보하는 조건하에서 합리적인 기간 내에 비밀투표에 의한 자유선거를 행할 것을 약속한다"라고 규정하고 있는데, 여기서 '약속한다'라는 전통적 문언이 사용되어 체약국이 바로 권리를 인정한 것은 아닌 것이다. 특히 조약의 제1절과 의정서의 다른 규정이 "모든 자는 … 권리를 향유한다" 또는 "어떤 자도 … 되지 아니 한다"라고 규정하는 표현을 사용하는 것과는 대조적이다. 또한 조약의 준비작업이 이것을 확인해 주고 있으니, 당시 동 협약 유럽심의회가 그런 유사한 규정이 포함된 것을 제안하였으나 고위관리회의에서는 그러한 규정은 개인의 기본권을 보호하는 것을 목적으로 하는 범위를 초월하는 것으로서 그것에 반대하는 의견이 제시되었다. 표현이 명확하지 아니한 것도 제3조가 직접적용성이 없다는 논거가 되고 있다. 조약 제13조는 앞에서 본 바와 같이 체약국이 구제수단을 부여(octroyer)하여야 한다는 규정은 구제수단을 강구하고 필요한 절차를 정하는 등을 국내법에 위임하여 두고 있고, '효과적'이라는 개념도 불명확한 것 등 이 조항의 직접적용성은 없다고 판단하는 것이 타당하다고 한다. 岩澤雄司, *supra* note 29, 98-100면.

39) 1956년 10월 25일 독일 연방행정재판소(Bundesverwaltungsgericht)는 유럽인권협약 제1부 규정의 자기집행성을 인정하였다. H. Golsong, "Notes: the European Convention for the Protection of Human Rights and Fundamental

이에 비해 '시민적 및 정치적 권리에 관한 국제규약(B규약)'에 대해 당사국의 의사가 어떤 것이었느냐 여부를 둘러싸고 의견이 대립되고 있다.[40] 당사국의 의사에 의한 자기집행성 여부의 핵심은 제2조 제2항의 해석에 있다.[41] 이 제2조 제2항은 조약의 국내적 효력을 인정하지 않는 국가는 실시와 관련된 모든 국내적 조치를 취할 의무를 부여하고, 조약의 자동적 수용을 통하여 실시가 되는 국가는 별도의 조치가 필요가 없는데도 조치를 취하라는 것은 아니고, 만약 실시를 보조하는 조치가 필요하

Freedoms in a German Court," 33 *BYIL* 317(1958), pp.317-321.

40) 먼저 자기집행성을 인정하는 견해에 의하면, 우선 국내적 구제의 원칙을 정하고 있는 B규약 선택의정서 제2조를 그 근거로 제시하고 있다. 또한 동 규약 제2조 제3항도 "이 규약의 당사국은 다음의 조치를 취할 것을 약속한다. (a) 이 규약에 규정된 권리 또는 자유를 침해한 자가 … 효과적인 구제가 부여될 것을 확보할 것 …"이라고 규정하고 있으며, "개인은 B규약 제3부의 권리를 국내법원에 원용할 수 없다면 그 실효적 구제를 갖는 권리로서의 실체가 없게 되는 것이다"라는 등을 논점으로 제기한다. 반대견해는 제2조에서 각 체약국의 입법조치에 의해 실시하는 의무로 규정하고 있으므로 자기집행성을 부인하는 것으로 볼 수 있다는 논지이다. 岩澤雄司, *supra* note 29, 119-125면.

41) "이 규약의 당사국은 현행 입법 또는 기타 조치에 의하여 이미 규정되어 있지 아니한 경우에는 이 규약에 인정된 권리를 실현하기 위하여 필요한 입법 기타 조치를 채택하기 위하여 그 헌법상의 절차와 이 규약의 규정에 따라서 필요한 조치를 취할 것을 약속한다"라고 규정되어 있다. 이 규정으로 말미암아 자기집행성이 방해되는 것은 아니고, 국내적 직접적용은 여기서 언급된 '기타 조치'에 포함된다고 보는 것이 타당하다고 한다. 그러나 여기서 조치를 채택한다라는 것은 규정을 제정하는 것으로 해석하는 것이 다른 언어 정본에 있어 분명하다고 한다. 한편, 헌법상 조약의 국내적 직접적용을 인정하는 국가의 경우 상기 "기타 조치에 의하여 이미 규정되어 있지 아니한 경우에는"이라는 부분에서 말하는 기타 조치에 이러한 헌법규정이 포함되므로, 이러한 국가는 별도의 조치도 없이 규약을 실시할 수 있으므로 자기집행성을 배제하는 것이 아니라는 논거로 삼는다. 그러나 프랑스어본에 따르면 현행의 입법조치 내지 기타 조치에 의하여 사전에 규정되어 있지 아니한 권리라는 취지로 규정되어 있어 이러한 기교적 해석은 난점에 봉착하게 된다. 또한 이 조항은 영국과 같이 조약의 국내적 효력을 인정하지 아니하는 국가를 배려한 조항이라는 견해도 있다. *Ibid.*, 120-121면.

다면 보충적으로 취할 수도 있는 만큼, 이 조항은 기본적으로 국내적 실시를 위한 보충적 의미를 가지고 있을 뿐, 그 자체가 자기집행성을 좌우하는 결정적인 근거는 아니라 판단된다.[42] 또한, 제40조 제1항에서 "이 규약의 당사국은 이 규약에 인정된 권리를 실현하기 위하여 취한 조치 및 이러한 권리의 향유에서 만들어진 진전에 관한 보고서를 제출한다"라고 규정한 것을 이 규약의 국내적 실시를 각 체약국의 재량에 위임한 것이라 하여 자기집행성을 부인하는 것으로 볼 필요는 없을 것으로 본다.

이 협약과 관련한 체약당사자의 의사를 추단할 수 있는 교섭과정을 보면[43] 1949년 미국 대표가 인권위원회에 자기집행성을 완화한 초안 제2조의 수정안을 제출하였는데,[44] 이 규약은 자기시행적(self-operative)이 아니라는 점을 그 제안이유로서 설명하였다. 이에 대해 필리핀 대표는 위 미국안 중 국내적 효력을 부정하는 부분 및 '국내법의 문제'라는 어구를 삭제한 수정안을 제시하였고,[45] 레바논 대표도 미국의 제안을 비판하여 그

---

42) 같은 취지의 의견은 Anja Seibert-Fohr, *supra* note 25, pp.417-420을 참조할 것.

43) B규약 제2조의 입법사에 관한 상세한 고찰은 또한 Anja Seibert-Fohr, *supra* note 25를 참조할 것.

44) 제안의 내용은 다음과 같다. "각 당사국은 그 영역 내의 모든 개인에게 이 규약에 인정된 권리를 확보하는 것을 약속한다. 이 규약의 제 규정은 그 자체로는 국내법의 효력을 지니지 아니한다. 입법조치 기타 조치가 미리 취해지지 아니한 경우에는 각국은 그 헌법상의 절차 및 이 규약의 규정에 따라 이 규약에 인정된 권리를 국내법의 문제로서 실현하기 위하여 입법조치 기타 조치를 취할 것을 약속한다." 岩澤雄司, *supra* note 29, 123면에서 인용.

45) 이 때 필리핀 대표는 다음과 같이 언급하였다. 필리핀에 있어서도 모든 국제조약 및 협약은 비준이 되면 그 이상의 절차가 필요 없이 국내법에 수용된다. 어찌하여 그런 국가에 대하여 인권조약의 경우에는 수용을 별도의 절차에 따르도록 하는 것을 요구하는 것이 필요한 것인가? … 다른 국가에는 절차가 달라서 규약의 규정을 국내법에 수용하는 관행상 특별법이 필요하다는 것도 감안되지

제안의 제2문은 무용한 것이라고 하고 수용이 자동적인 국가에 대하여 공연히 장애를 설치할 필요가 없음을 지적하면서 이는 각국의 헌법의 문제라고 언급하였다. 이집트도 미국의 제안을 비판하면서 자동적 수용을 허용하고 다른 국내적 수용조치가 필요한 국가는 이에 의거하여 입법 기타 조치를 취할 수 있다는 점에서 필리핀의 수정안이 타당하다고 언급하였다. 이에 인권위원회에서 필리핀 제안에 따라 "국내법의 문제로서"라는 부분을 삭제하는 결정을 하였다. 이 결정에 대해 미국 대표는 규약이 서명・비준되어도 규약의 제 규정은 미국의 국내에 관한한 '자기시행적'(self-operative)이지 아니하다는 점을 지적하였다.[46)]

프로그램적 규정이 주된 내용으로 규정된 유럽사회헌장의 경우, 제3부 부속서에서 이 헌장은 국제적 성격의 법적 의무를 포함하여 그 적용은 제4부 부속서로 규정된 감독에만 복종하는 것으로 양해하고 있어 그 직접적용성이 없다고 주장되고 있으나, 긍정설은 이 부속서의 규정이 어디까지나 국제적 평면에서만 문제가 되는 것이고, 특히 다른 국제적 절차에 의한 개입을 배제하려는 의도이며 국내 법정에서는 이러한 적용의 감독은 관계가 없다는 입장이다. 이에 비해, 부정설은 이 부속서에서 규정하는 소위 감독의 대상이 비단 국제적 의무, 즉 국제적 약속을 포함하여 광범위하게 헌장 규정의 이행을 감독하는 것으로 볼 수 있는 측면이 있으므로, 동 부속서에 적용의 심사를 일종의 국제적 심사로 제한하여 국내적 심사 내지 적용의 평가를

못한 것은 아니지 않는가? … 미국 수정안의 마지막 부분은 잔존시킬 가치가 있다. 그러나 그 문제는 규약을 국내법에 수용하는 문제로서 전적으로 다른 것이다." *Ibid.*, 124면에서 인용.

46) *Ibid.*, 124면.

배제하려는 것으로 볼 수도 있다고 한다.[47]

유럽사회헌장의 이행을 확보하기 위한 제4부가 직접적용성을 배제하는 논거로 제시되고 있다. 각 체약국은 매 2년마다 이행실태에 관한 보고서를 제출하도록 규정하고 있고, 이 보고서는 전문가위원회 등에 의해 심사를 받는다. 이 심사결과에 기초하여 정치적 성격의 각료위원회가 관계기관과 협의하여 각 체약국에 필요한 권고를 하는 제도가 있는데, 이에 의하여 이 헌장이 정하는 이행확보의 수단은 정치적 성격을 띤 것이라고 보인다.[48] 이것은 유럽인권협약이 인권재판소 등 사법적 통제수단을 구비한 것과 대조적이다. 국내법원이 헌장을 직접 적용하는 것을 인정하게 되면 정치적 통제를 둔 의미가 저감된다고 볼 수도 있을 것이다. 즉 국내법원의 판결에 대해 각료위원회가 다른 견해를 가진 경우에 판결의 효력을 둘러싸고 복잡해질 수 있다. 어쨌든 이 조항의 규정은 불명확하여 쉽게 결론을 내리기 어렵다. 이 조항의 준비작업을 참고하여도 당사국의 의사가 분명하지 않다.[49]

이러한 조약의 교섭 사례에서 관찰되는 상황은 직접적용에 대한 국가의 적극적 의사가 문제가 되는 경우는 거의 없고, 교섭과정에서 추단되는 당사국의 의사는 주로 특정 조약의 자기집행성을 부인하는데 논거로 사용되고 있는 것을 볼 수 있다. 또 조항에 따라 당사국의 의사가 그 문언의 구성 및 내용에 따

47) *Ibid.*, 123-125면.

48) 유럽사회헌장상 권리구제 제도에 관해서는 Robin R. Churchill and Urfan Khaliq, "The Collective Complaints System of the European Social Charter: An Effective Mechanism for Ensuring Compliance with Economic and Social Rights?," *EJIL* (2004), Vol. 15, No. 3, pp.417-456을 참고할 것.

49) 岩澤雄司, *supra* note 29, 125면.

라 당사국의 의사가 전체 조약에 수미일관하기가 어렵다는 것을 알 수 있다. 따라서 과연 당사자의 의사가 독자적 기준으로 의의가 있는지 새로운 검토를 요한다.

4) **평 가**

상기와 같은 국제적 실행을 보면, 당사국의 의사는 미국 및 유럽공동체 등 각국의 실시관행에서 구체적이면서도 실체적 사실로서 조약의 직접적용성에 대한 당사국의 의사를 탐색하기보다는 해당 조약의 구조, 목적과 해석을 통해 이러한 의사를 의제적인 것으로 접근하는 것이 상당한 추세라고 볼 수 있다.[50) 오늘날 조약 교섭과정에서 이러한 당사국의 의사에 관해 명확하게 해석을 기할 수 있을 만큼 기록이나 증거를 남기는 경우는 거의 없다고 보아도 과언이 아닐 것이다. 더구나 당사국의 의사 내지 의도라는 불확실한 주관적 상태에 의존하여 다수 대중을 구성하는 개인의 조약 관련 법률생활의 안정성과 예측 가능성을 좌우해서는 아니 된다는 취지에서도 객관적 접근방식을 고려할 이유가 있다고 판단된다.[51) 이러한 점을 감안하여 조약의 직접적용성은 독자적으로 확인되고 적극적인 당사국의 의사

50) 1984년 4월 21일 벨기에 최고법원은 주관·객관적 요건이 당사자 의사와 조약규정(*termes du texte*)에서 도출되어야 한다는 취지에서, "조약의 직접효력의 개념은 국가가 부담한 의무는 완전하고 정확한 방법으로 설명되며 당사국은 개인에게 주관적 권리 내지 의무를 부여하는 것을 조약의 목적으로 하는 의사를 가졌을 것임을 함축한다"라고 판시한 바, 조약의 직접적 적용의 주관적 기준은 객관적 기준과 마찬가지로 당사국의 의사와 조약의 규정으로부터 도출되어야 한다는 뜻이다. Arne Vandaele & Erik Clae, *supra* note 20, p.8.

51) 1960년 10월 24일 룩셈부르크 법원은 유럽인권협약과 관련한 판결에서 조약을 개인에게 적용하는 당사국의 의사에 관해서는 해당 조약의 목적 및 의미가 결정적 요소가 되고 유럽인권협약 및 의정서의 정신(spirit)를 고려할 것을 판시하고 있다. Golsong, *supra* note 36, p.169.

에 의하여 판단된다는 것은 기각하고 비엔나 조약법협약의 제31조 내지 제32조에서 규정하고 있는 해석의 규칙에 따라 문언과 문맥 및 목적에 따라 조약의 직접적용성이 판단되어야 한다.[52][53] 당사자의 의사라는 것은 직접적용성을 부인하는 통상적 문언의 의미 내지 특별한 의사가 조약 해석 규칙상 입증되는 경우에 한하여 직접적용성을 조각(阻却)하는 소극적 기능에 국한하는 것이 타당하다고 본다.

결국 당사국의 의사라는 것은 조약의 직접적용성에 대한 적극적 결정에 있어서 독자적 기준으로서의 역할은 상당히 제한된다고 판단된다. 물론 명시적으로 직접적용에 대한 의사를 형성하는 것은 불가능하지는 아니하다고 보나 현 조약 성안과정을 볼 때 이러한 의사의 형성은 이례적일 것이다. 여기서 어떤 조약이 직접적용의 성격을 가진 것으로 전체 조약 내지 특정 조항의 차원에서 판단하기 위한 기준으로서, ECJ의 판결에서 적용된 바 있는 전체 조약의 목적, 체계 및 문언의 해석을 통하여 획득되는 해당 조약의 특별한 성격(special nature)을 파악함으로써 조약의 직접적용성의 구비 여부를 고려하는 것이 타당하다고 본다.[54] 이러한 조약의 특별한 성격은 비엔나 조약법

---

52) 로마 법학자 Celsus의 법언 "*Scrire leges non hoc est, verbaearum tenere, sed vim ac potestatem*"대로 조약의 문언에 의하여 판단하기보다는 그 조약이 가진 효력 및 목적 등을 고려하여 그 조약의 체계가 지향하는 모습(grand design)을 전제로 직접적용성을 판단하는 것이 바람직하다고 본다. Pescatore, *supra* note 28, p.33.

53) 상기한 *Van Gend & Loose* 사건 판결에 있어서 ECJ는 주관적 의사(subjective intention)라는 기준을 기각하고 그 대신 비엔나 조약법협약에 규정된 문맥, 대상 및 목적을 넘어서는 광범위한 분석의 기준을 제시하고 있다고 평가된다. Stein, *supra* note 27, p.8.

54) Arne Vandaele & Erik Clae, *supra* note 20, p.28 참조.

협약 제31조 제1항에서 규정하고 있는 조약의 '대상 및 목적'(object and purpose)으로 귀결될 수 있다.[55] 어떤 조약의 주된 대상 및 목적이 국가 상호간에 이행될 예정인 의무부담 형태가 아니라, 개인 내지 공공의 법익 또는 법질서를 형성 또는 보호하려는 법규를 형성(창출)하는 특별한 성격이 해석상 도출되면, 그 조약의 잠재적 직접적용성에 입각하여 아래에서 논의하는 기타 기준을 고려하여 최종적으로 판단하여야 한다. 이러한 조약의 대상과 목적은 특히 개인의 권리·의무, 소위 주관적 공권의 발생 내지 객관적 법질서의 창설이라는 기준을 포괄하여 고찰하여야 한다.

(2) 개인의 권리·의무의 발생

1) 관 행

① 미국의 자기집행적 조약의 경우

상기한 *Head Money* 사건의 판결과 같이 조약이 개인의 권리·의무를 발생시키느냐가 몇몇 판례나 이론에서 이러한 직접적용성을 판단하는 중요한 요소라고 보고 있으나, 일반적으로 이는 반드시 필수적인 요소로 보이지는 않는다.[56] 예를 들어, 1794년에 체결된 영국과의 조약 제27조(양국이 살인 등으로 소추되는 자에 대한 상대국의 인도 요청에 동의함)와 관련하여 *U.S. v.*

55) Mosler, H., "Problems of Interpretation in the Case Law of the European Court of Human Rights," in *ESSAYS ON THE DEVELOPMENT OF THE INT'L LEGAL ORDER; IN MEMORY OF H. VAN PANHUYS 181* (Alphen ann den Rijn, 1980), p.154.

56) 岩澤雄司, *supra* note 29, 166-167면.

Robins 사건에서 법원은 이에 관한 절차규정이 미비함에도 불구하고 인도명령(引渡命令)을 결정하였고,[57] 1848년 사법절차규정을 법률로 제정한 이후에는 조약에 열거되지 아니한 종류의 범죄에 대하여도 인도 목적의 사법절차의 발동이 허용되느냐가 문제가 되었으나, 법원은 조약이 소극적으로 규정한 경우 바로 자기집행적이라고 하고 이를 허용하지 않았다.[58] 1924년 영국과 체결한 금주조약(禁酒條約) 제2조에서 영국기국(英國旗國)의 선박에 대해 금주 단속의 목적으로 임검(臨檢)하는 것을 허용하고, 미국 연안으로부터 1시간 도달거리 내에서 이러한 권리를 행사할 수 있음을 규정한 것에 대하여 *The Pictonian* 사건에서 법원은 국내법 규정(12해리 이내에서 임검)과 별도로 이 규정이 자기집행적이라고 판시하였고,[59] *Cook v. U.S.* 사건[60]에서도 엄격한 의미에서 이 조약의 자기집행성을 인정하였다. 그 밖에 헤이그 육전규칙(陸戰規則) 제2조(중립국 영토에 들어온 교전국 군대의 유치 및 격리), 1908년 미-캐나다 국경획정조약(國境劃定條約)의 자기집행성을 인정하였다.[61]

미국에서 자기집행적이라 인정된 조약 중에서도 개인의 권리(소송권)를 형성하지 못하는 경우가 있다. 예를 들면, 멕시코 보험회사가 미국에서 발견된 도난차량을 반환받기 위하여 미-멕시코 간의 양자협정[62]을 원용하였으나 미국 법원은 이를 거부

57) *Ibid.*, 167면.
58) 21 F. Cas. 1214, 1217(1845).
59) 3 F. 2d 145, 147(1924).
60) 288 U.S. 102,11953 S. Ct. 305(1933).
61) 岩澤雄司, *supra* note 29, 166-171면 참조.
62) *Seguros Commercial Am. v. Hall*, 115 F. Supp. 2d 1371(M.D. Fla. 2000). 이 조약은 1981년 체결된 양국간 'Convention for the Recovery and Return of

하였다. 이러한 여러 판례에서 볼 때 미국에서 개인의 권리·의무와 결부되지 아니한 국가 내지 정부의 권한과 임무를 정하는 조약의 자기집행성이 다양하게 인정되는 것을 알 수 있다.

② 유럽공동체의 경우

상기 *Van Gend & Loose* 사건 판결에서 EEC조약 제12조[63]는 직접적 효력(direct effects)을 발생시켜 국내법원이 보호하지 않으면 아니될 개인의 권리를 창설한다고 판시한 후 다른 판례에서 이러한 취지로 판결함이 적지 않았다는 것은 이미 언급한 바 있다. 이 판결이 있은 후에 직접적 효과를 개인의 권리·의무를 국내법원에 의하여 집행하는 것으로 한정하자는 의견이 제기되었으나, 국제조약을 국내에 적용하는 것과 그에 의하여 창조된 개인의 권리를 주장할 수 있는 것과 혼동하여서는 아니된다는 의견이 대두되었다.[64] 즉, 개인의 권리 보호라는 것이 직접적 효력의 필요적 요건이 될 필요는 없는 것으로 보인다. 예를 들어, 국내에서 공동체법의 적용과 관련하여 ECJ에 선결적 결정(先決的 決定)을 구하도록 하는 EEC조약 제177조는 부탁되는 분쟁과 관련한 국내법원의 권한을 다루는 것이지, 개인의 권리·의무 창출이라는 문제는 고려되지 아니한다라는 견해도 있다.[65]

Stolen or Embezzled Vehicles and Aircrafts'이다. Frederic Kigris, "Editorial Comment: Restitution as a Remedy in US Courts for the Violations of International Law," 95 *AJIL* 341(2001), p.342.

63) 동 조약 제12조: "구성국은 상호간에 수입 및 수출에 관한 관세 또는 이것과 동등한 효과를 가지는 과징금을 신설하거나 상호의 무역관계에 있어서 부과하고 있는 이들의 관세 또는 과징금을 인상하여서는 아니된다."

64) 岩澤雄司, *supra* note 29, 224-225면.

65) Josephine Steiner, *Enforcing EC Law* (1995), p.226.

직접적 효과를 발생시켜 국내법원이 보호하지 않으면 아니되는 개인의 권리를 형성한다라는 위 판결의 내용은 직접적 효력과 개인의 권리 창설이라는 두 가지 요소가 포함되어 있는데, 전자는 광의로서 후자를 포괄하는 것으로 보인다. 1970년 ECJ는 독일 세법(稅法)과 공동체 결정(decision)의 적합성이 문제가 된 *Grad* 사건[66]에서 "이 결정의 대상이 되는 구성국과 그 관할하에 있는 자와의 법적 관계에 직접적 효과를 발생시켜 후자를 위해 ECJ에 대하여 그 규정을 원용하는 권리를 형성하는 것이 가능하다"고 판시하였다. 이 판결은 국내법원에 의하여 보호되어야 하는 권리는 어떤 규정을 ECJ에 대하여 원용하는 것이 가능한 권리와 구별되는 것을 의미한다. ECJ는 그러한 의미에서 새로이 약한 의미의 직접적 효력을 도입하는 것으로 평가된다.[67] 이것은 반드시 개인의 권리·의무의 발생과 보호가 공동체법의 직접 적용의 근거가 되어야 하는 것은 아니라는 의미로 해석되어야 하겠다.

1972년 *International Fruit Company* 사건[68]에서 재판소는 GATT가 공동체 시민에 의하여 ECJ에 대하여 직접 원용할 수 있는 권리를 주는 것은 아니므로 공동체의 조치에 영향을 미치지 아니한다고 판시하였다. 이 판결의 특성은 판결의 결과보다 기실 국내에서도 행정적 또는 입법적 조치의 정당성에 이의를 제기하는데 반드시 개인의 주관적 권리가 침해되었다는 것을 소송의 조건으로 될 필요가 없다는 측면에서 직접적용성의 문

66) *Grad v. Finanzamt Traustein,* (1970) *E.C.R.* 825, 841.

67) 岩澤雄司, *supra* note 29, 225-226면.

68) *International Fruit Co. v. Produktscharp voor Groenten en Fruit,* (1972) *E.C.R.* 1219, 1228.

제가 다루어졌다는 점에서 의미 있다고 평가된다.

직접적 효력의 개념은 애초에는 개인의 주관적 권리를 직접적용의 중대한 근거로 집착한 협소한 개념으로부터 개인의 주관적 공권이 침해되지 않더라도 개인이 객관적 질서로서 공동체법을 원용할 수 있는 위치로 발전해 나가고 있다고 보인다. 이것은 정당한 보호가치가 인정될 수 있는 정당한 이익(intérêt légitime)에 대하여 공동체법을 직접 적용하여 보호하는 방향으로 나아감으로써 공동체법의 규범력을 제고하는데 기여하는 것이다.

③ 벨기에 등

벨기에 최고법원(Cour de Cassation)은 유엔아동권리협약 제3조가 주관적 권리를 부여하는 것이 아니라는 이유로 직접적용성을 인정하지 아니하였다.[69] 그러나 벨기에 행정법원(Conseil d'État)은 1998년 1월 26일 판결에서 외래생물종의 반입을 제한하는 베네룩스 외무장관 위원회의 결정이 직접적 효력을 가진다고 판시하고, 이런 의무부담적 규범을 설정하는데서 직접적용성을 도출하면서 주관적 권리의 존부에 의지하지 아니하고 판결하였다는 점에서 주목된다.[70] 사실 소송을 주관적/객관적 쟁송(contentieux subjectif/objectif)으로 대별해 볼 때 주관적 권리 이외에 객관적 법질서의 차원에서 조약 규정을 원용할 필요가 생기는 것이다. 이런 측면에서 주관적 권리의 발생이라는 요건이 필수적이라 볼 것은 아니라는 이론도 제기되고 있다.[71]

69) 벨기에 최고법원의 1999년 11월 4일 및 11월 10일 판결 등. Arne Vandaele & Erik Clae, *supra* note 20, p.13.

70) *Ibid.*, p.14.

2) 조약의 직접적용의 결정 기준으로서의 개인의 권리·의무의 발생

상기 단치히 재판소 판결 및 각국의 관행으로부터 조약이 국내에서 개인에게 원용되기 위해서는 개인의 권리·의무의 발생이 그 요건으로 되어야 한다는 의견이 상당히 강하다고 볼 수 있다. 그러나 다른 각도에서 보면 조약이 일종의 법규로 원용되는데 반드시 개인의 권리·의무의 침해라는 소위 주관적 권리 내지 공권에 한정되어야 하는 것은 법의 일반원리에 비추어 합리적인지 살펴볼 필요가 있다.

조약이 상정하는 것은 개인의 주관적 권리뿐만 아니라 객관적 규범으로서 준수되어야 할 법규에 기반한 법질서를 창설하는 것을 포함할 수 있다고 본다. 이러한 측면에서 개인이 조약을 원용할 수 있는 범위가 자신의 권리침해 내지 의무 위반을 넘어, 단순한 반사적 이익은 아니되겠지만 조약에서 보호하는 정당한 이익은 인정되어야 할 것이다. 예를 들어, 범죄인인도조약상 정치범 불인도, 대상범죄의 특정성(speciality)의 원칙이라는 것이 개인이 직접 원용할 수 있는 것인가에 대해 1926년 독일 제국법원은 *Strafsenat* 사건에서 부정하였으며, 상기한 *Savarkar* 사건 판결에서도 같은 결론이 나왔으나 학설상으로 상당한 비판을 받은 바가 있다.[72]

PCIJ의 권고적 의견에서 '개인의 권리·의무의 발생'(creating individual rights and obligation)을 개인에 대한 직접적용성의 요건으로 설정하고 있지만, 단 한가지 판례에 불과하여 포괄성이

71) *Ibid.*, p.13 각주 40을 볼 것.
72) J.H.W. Verzijl, *International Law in Historical Perspective* (1968), Vol. Ⅰ, p.136.

떨어지는 한계를 고려할 때 이것을 필요조건으로 보아야 하는지는 다시 고려되어야 한다고 판단된다. 마찬가지로 미국에서나 유럽공동체에서 이것을 필수적인 요건으로 보는 것은 아닌 것은 상기한 바와 같다.

따라서 개인의 권리·의무의 발생을 다른 각도에서 볼 필요가 있다. 사실 이 연구가 다루는 조약의 직접적용 단계에서 법주체의 범주를 보면, 국가(정부), 지방자치단체, 법인, 단체, 자연인, 그리고 제한은 있지만 외국[73] 등으로 대별할 수 있는데, 그 중 공적 주체로서 이미 국제적 층위에서 조약의 적용을 받는 국가를 제외하고는 나머지는 개인으로 포괄될 수 있다. 국내에서 개인이 연루된 사법·행정절차에서 조약을 원용하는 경우 이러한 개인의 권리 발생 여부가 구제의 당사자적격 내지 그 인부를 결정하는 중요한 기준이라는 것은 연혁적으로 인정될 소지가 있을 것이다. 이러한 측면에서 조약의 국내적 적용에 있어서 '개인의 주관적 권리·의무'라는 것이 하나의 기준으로 등장한 배경으로 볼 수 있다.

3) 주관적 권리 내지 객관적 법질서의 창설(형성)

① 주관적 권리의 협소성-객관적 법질서의 창설

조약이 규율하는 법규범 질서를 개인이 지켜야 하고 이를 행위·평가규범으로 원용하는 것이 필요할 경우가 있다. 예를 들어, 국경이나 해양의 경계획정조약이 있는 경우 국가관할권의 한계를 벗어났는지에 대한 기준으로서 국가의 특정 행위가 정

73) 외국이라도 한 나라의 관할권 내에서 주권면제의 대상이 되지 아니하는 사안, 예를 들어 일반 재산권, 고용, 상업상 행위 등에 있어서는 한 개인으로 간주된다.

당한지 여부를 주장하는데 근거로 사용될 수도 있을 것이다.[74] 일반적 국제기구 및 지역적 국제기구의 법인격을 부여하는 국제기구 설립조약을 근거로 해당 국제기구의 권리 및 행위능력에 대한 동 조약의 원용을, 동 법인격이 국내법 내지 그에 따른 설립절차를 거치지 아니하였다거나 그 조약의 국내적 효력 내지 자기집행성이 없다는 이유로 부정한다면 국제기구의 활동의 상당한 부분이 마비되는 결과가 올 것이다. 이러한 사태는 왜 국제규범으로서 조약이 국내에 실시되어야 하고 하나의 객관적 규범질서로 지켜져야 하는지를 보여 준다.

여기서 우리는 권리・의무의 발생이 가지는 법적 의미의 외연(外延)을 확대하는 것을 검토하여 좀더 일반적 기준을 제시하는 방안을 고려할 필요가 있다. 조약상 권리・의무의 발생은 조약이 가질 수 있는 창설적인 효과의 한 측면이라 볼 수 있다. 당연히 개인에 대한 권리・의무의 발생이 조약의 국내적 적용에 있어서 핵심이라 할 수 있지만, 그 밖에 국가나 지방자치단체가 예를 들어 어업협정상 어업규제에 관한 규칙을 행정소송 등 관련 절차에서 원용하는 것이 가능할 것이다. 반드시 조약의 국내적 직접적용에 있어 그 주체를 개인으로만 한정할 이유나 근거는 없다고 판단된다. 앞에서 언급한 객관적 법질서로 조약상 명확하게 확립된 것이라면 이것도 국내적 직접원용의 실질을 가지는 것으로 보는 것이 타당하다고 본다. 따라서 조약의 국내 직접적용에 있어 개인의 권리・의무의 발생은 법주

74) 국가승계, 국경획정조약과 같이 국내법질서에 영향을 미치는 조약은 원칙적으로 국가간 조약이므로 엄격한 의미에서 직접적용의 문제는 없을 것이라고 하는 견해가 있다. Michel Waelbroeck, *Traités internationaux et Juridictions Internes dans les Pays du Marché Commun* (1969), p.169.

체와 조약의 내용을 너무 한정하고 있어 이 문제에 있어서 하나의 양상에 불과하고 일반적 기준으로 삼기에는 부족하다고 평가된다.

개인의 주관적 권리의 창설 내지 형성을 조약 규정의 직접적용에 있어서 하나의 요건으로 제시하는 것은 로마법의 전통인 소위 소권(訴權, *actio*)이론의 영향으로 볼 수 있는 측면이 있을 수 있으며, 구제수단의 제공은 그러한 청구의 원인을 구성하는 개인의 권리에 기초하여야 한다는 사고가 바탕이 될 수 있다.[75] 그러나 조약의 직접적용이란 법적 과정이 개인의 조약상 권리 내지 의무만을 실현하기 위한 것으로 한정하는 것은 앞에서 고찰한 바대로 문제가 있다. 각국의 국내법질서에 있어서 조약이 직접 적용되는 경우로서 개인의 권리 창설에 한정하는 것은 실질적으로 보면 각국의 사법절차, 즉 소송에 있어서 당사자적격(*locus standi*, droit d'action)을 가지는 경우에 한하는 경우로 볼 수 있을 것이다.[76] 조약의 규정을 위반하는 등 청구원인을 제시할 수 있는 경우에 사법기관이 구제절차를 가동하여 해당 청구인을 보호한다는 것은 조약의 직접원용의 가장 전형적 모습으로 볼 수 있다. 한편으로 생각하면 이러한 소송상 당사자적격이라는 개념은 각국의 사법제도에 따라 허용의 폭에서 차이를 보일 수 있다. 엄격하게 반사적 이익의 소구 가능성을 배제하면서 법률상 개인의 권리로 명시한 경우에만 당사자의 구제 가능

75) 유엔국제법위원회(ILC)의 조약법 초안 토의시(제741차 회의) 초안 제66조(조약의 개인에 대한 적용)에 대하여 당시 Jimenez de Aréchaga 위원은 권리의 창설과 구제수단을 반드시 결부시키는 사고가 대륙법의 실체법적 관점의 권리 개념에 맞지 않는 점이 있고, 조약상 권리가 실현절차와 관계 없이 원용될 수 있어야 함을 지적하였다. *YBILC*, Vol. 1, 1964, p.117.

76) Arne Vandaele & Erik Clae, *supra* note 20, p.15.

성을 인정하는 경우로부터 권리·이익 보호의 폭을 탄력적으로 해석하거나, 아예 객관적 쟁송을 허용하여 위법성 판단을 전체 국내법질서의 차원에서 폭넓은 원고적격을 인정하는 법제까지 다양할 수 있다.

조약이 상정하는 특별한 법질서에 의하여 국내에서 이루어진 처분이나 제도의 적법성을 통제하는 것이 구체적 권리 구제의 단계가 아닌 추상적 차원에서 필요할 수도 있을 것이다. 이런 경우에도 조약의 직접적용의 요건으로 개인의 권리·의무의 창설이 필요하다면 지나치게 조약의 직접적용의 범위를 좁히게 되는 측면이 있다.

② 개인이 아닌 국가의 권리·의무 규정

조약의 문언이 명시적으로 국가의 권리·의무를 규정하는 경우 문언상 권리·의무의 주체는 국가가 되므로 개인에 대한 조약의 직접적용성 자체가 배제되는 것인지 검토를 요한다. 예를 들어, 범죄인인도조약은 국가간 범죄인 인도의 의무를 정하는 것이지만 범죄인 인도의 대상이 되는 개인은 국내의 인도재판에서 조약상 규정, 특히 인도거절 사유를 직접 원용하여 자신에 대한 인도를 방어할 수 있는지가 문제될 수 있다. 앞의 *Savarkar* 사건 판결[77]에서 개인에 대한 직접적용을 부정하였으나, 비록 개인에 대한 권리가 범죄인인도조약상 발생한 것은 아니지만 개인은 이 조약의 규정을 원용할 수 있다는 다수의 국내 판결을 발견할 수 있다.[78] 즉, 개인에 대한 권리의 부여라는 요건을

77) 1911년 2월 24일 PCA 판결.

78) 이러한 경우를 situation instrumental로 명명하고 있다. Waelbroeck, *supra* note 74, pp.170-172.

충족시키지 않으면서도 객관적 법질서의 준수를 단순한 반사이익을 넘어 보호이익으로 요구할 수 있다고 보인다. 특히 국가(정부)를 의무의 주체로 명시하고 있는 경우라도 부정적 방식으로 부작위 내지 금지의무를 규정한 경우에는 개인이 이러한 규정을 직접 원용하기가 보통의 긍정적 규정보다 더 용이하다고 볼 수 있다. 이러한 경우 보통 조약이행에 있어 국가의 재량이 작용할 여지가 적기 때문이다.

특히 이와 같은 부작위의무의 직접적용성과 관련하여 유럽공동체의 판례를 참고하는 것이 필요하다. 상기 *Van Gend* 사건에서 ECJ는 EEC조약 제12조가 부정적 의무(negative obligation)로 명확하게 무조건의 금지를 규정하고 있어 직접적용성을 긍정한 바가 있다. 특히, ECJ는 EEC조약 중 다수의 금지의무, 그 중에서도 '기존 조치 유지조항'(a stand-still provision)의 직접적용성을 인정하고 있다. 그렇지만, ECJ는 *Lutticke* 사건[79] 판결에서 동 조약 제95조 제3항[80]은 확실히 구성국에 대하여 동 조약의 특정 조항에 반하는 조치를 폐지하거나 개정할 의무를 규정하나, 그 의무에 시한(時限)이 있고 이 시한에 대해 해당 구성국의 재량의 여지가 없다고 한다. 이러한 측면에서 이 항은 직접적용성이 인정되며, 구성국의 재량이 없는 적극적 작위의무가 인정되는 경우 이러한 구성국의 작위의무에 관해서도 직접적용성이 긍정적으로 해석된다.[81] 그러나 이것은 이러한 작위의무와 관련한 일정 시한이 도과하고 나면 어떠한 차별조치도

79) *Case 57/65*, [1966] *E.C.R* 205.

80) 구성국은 늦어도 제2단계의 개시까지 이 조약의 발효시에 존재하고 있는 규칙에 위반되는 것을 폐지 또는 개정하여야 한다.

81) Stein, *supra* note 27, pp.16-17.

취하지 못하는 부작위의무로 전화되는 것이라는 의견이 제시되고 있다. 이러한 조약상 기존 조치의 폐지 및 개정 의무와 관련하여 당사국에 의해 국내법상 완전히 새로운 조치가 도입되어야 하는, 소위 형성의 의무(obligation de création)가 규정된 경우에는 여전히 국가의 재량이 남아 있는 경우가 적지 않다. 여기에도 재량의 여지가 전혀 없다면 직접적용성이 인정될 경우도 있을 것이다.[82]

그러나 항상 부작위의무가 직접적용성이 있는 것은 아닌 것이, 예를 들어 조약의 목적을 저해하지 아니할 부작위의무는 그 규정 자체의 명확성이 떨어지기 때문에 그렇게 보기는 어렵다. 따라서 조약의 문언이 국가를 대상으로 규정하고 있다 하더라도 그 적용상 대세적으로 개인이 원용 가능한 법익이 인정될 수 있는 경우, 특히 개인의 보호를 규정하는 것은 직접적용의 근거가 될 소지가 있는 것이다.[83]

4) 창설(형성)적 효력

개인의 권리・의무 형성의 요건은 해당 조약 자체로써 추가 조치가 없어도 바로 권리・의무관계가 형성된다는 것을 함의하고 있다고 본다. 해당 개인의 권리・의무가 다른 조약이나 국내법규에 의하여 형성되는 것이 아니라, 조약 그 자체에 의하여 형성되는 경우에 해당 조약 규정의 직접적용성이 인정될 가능성이 있다는 뜻이다.[84] 이러한 형성적 효력은 비단 개인의 주

82) 岩澤雄司, *supra* note 29, 234-235면.

83) Jordan J. Paust, "Self-executing Treaties," 82 *AJIL* 760(1988), p.771.

84) 미국의 경우 자기집행적 조약의 경우, 'grant, guarantee, obligation' 등 창출의 법적 효과를 발생하는 것을 기준으로 한다고 평가된다. *Ibid.*, p.768.

관적 권리・의무에 그치지 아니하고 어떠한 법적 상태를 창출한다는 차원에서 직접 적용되는 조약의 한 특성을 보이는 것이라 볼 수 있다. 보통 조약은 그 조약에서 규정하고 있는 개인의 권리나 법질서를 체약국의 국내적 조치, 구체적으로 입법조치를 통하여 국내에서 형성하는 것이 통례라 볼 수 있다.[85] 그럼에도 위 PCIJ의 권고적 의견에서 보듯이 개인의 권리를 조약 자체로써 형성할 수 있음을 볼 수 있다. 조약이 가진 법적 성격에서 이미 고찰한 바대로 법규 창출적 능력으로써 조약이 이러한 창설적 기능을 수행할 수 있다고 본다.[86]

조약의 창설적 효력과 관련하여 한 가지 논의할 것은 조약의 직접적용이 원용될 수 있는 해당 조약 규정의 형성적 효과의 정도를 어느 한도까지 인정할 것인지가 문제될 수 있다. 완벽하게 개인의 권리 내지 규칙을 구체적으로 명징하게 규정하여야 직접적용성이 인정될 수 있는 것일까? 이는 후술하는 문언의 명확성에서도 논의될 사항이지만 반드시 어떠한 추가적 조치도 필요 없을 정도로 완벽하게 규정되어야 하는 것은 아니다.[87]

---

85) 유럽사회헌장을 예로 들어보면, 이 헌장 제1부의 전문에서 제1부를 국가의 정책적 목표로 명기하고 있고, 제31조는 제1부가 국내에서 실시될 필요를 시사하고 있는 등 제1부는 직접적용성이 없다라는 것이다. 제2부의 규정은 "체약국은 … 노력한다," "… 장려한다," "촉진한다," "약속한다" 등의 표현을 사용하여 상기한 인권조약과는 상이하게 규정되어 있다. 이는 자유권적 기본권을 중심으로 규정한 인권조약과 추상적 권리가 주가 되는 이 헌장상 권리와 질적인 차이에서 기인한 것으로 판단된다. 이 조항의 직접적용성을 부인하는 의견은 명확성이 아니라 당사국의 의사에 근거를 두는 것으로 보인다. 그러나 이를 긍정하는 학설은 헌장의 제 규정 및 준비작업에서 당사국이 이 규정을 직접 적용할 의도가 나타났다는 것이다. 이 설의 주요 논거는 명확하게 "인정한다"라고 규정한데 두고 있다. 다른 규정은 "약속한다" 등과 같은 표현을 사용하고 있으나 유독 이 조항은 명시적으로 "인정한다"라고 한 것은 의미가 있다는 주장이다. 岩澤雄司, *supra* note 29, 108-114면 참조.

86) 본서 제3장 Ⅰ. 3 참고.

비록 추상적으로 규정되어 그 권리 및 규칙이 완벽하게 집행되기 위해서는 다른 보완적 조치가 요구된다 하더라도 그 핵심 기본권리 및 규칙이 창설된 것으로 보는 경우에는 사안에 따라서 직접 적용될 수 있는 경우가 있다고 볼 수 있을 것이다. 비록 조약상 해당 규정의 목적을 달성하기 위해 일정 정도 당사국의 입법적·행정적 지원과 조력이 필요하거나, 해당 당사국의 재량으로 또는 정책적 고려에 의하여 조약 규정을 시행하도록 규정되어 있다고 해석될지라도 국가의 이러한 재량이나 정책의 한계를 넘어서는 경우에는 조약의 규정을 직접 원용할 수 있다고 보아야 할 것이다.[88]

따라서 창설의 정도는 완전히 구체적이고 다른 국내적 조치가 필요 없을 정도로 완벽할 필요는 없다고 보며, 조약당사국에게 요구되는 공익재량적 판단 여지를 넘어서는 '핵심적이고 기본적인'(core, *noyau dur*) 권리나 규칙은 국내절차에서 사안에 따라 직접 원용될 수 있다고 보아야 한다.[89] 즉 창설적이냐 아

87) 유럽인권협약 제5조 제3항과 제4항에서 법률에 의한 법관으로부터 합리적인 기간 내에 재판을 받을 권리나 구금된 자에 대한 적부심을 규정하고 있는데, 이러한 규정은 관련 기관의 권한과 절차가 국내법률로 규정되어 있다면 이 조항이 그대로 직접 적용될 수 있을 것이나, 그러한 국내법률이 부재하다면 국내적으로 직접 적용하기 곤란하다는 의견이 있다. 또한 협약 제13조에서 실효적 구제가 허용된다고 규정한 것과 관련하여 이러한 구제절차가 국내법률상 마련되어 있지 않다면 이것의 직접적용성을 인정하는데 곤란함이 있을 것이다. 이러한 규정은 소위 '*lex imperfecta*'라고 하여 국내법규상 이러한 직접 적용을 지원할 수 있는 절차, 권한 등이 미리 준비되어 있는 전제에서 직접적용이 가능할 것이다. 이 조항에 대한 자기집행성 여부에 대하여 각국의 판례는 엇갈리고 있다. 岩澤雄司, *supra* note 29, 100-103면 참조.

88) Arne Vandaele & Erik Clae, *supra* note 20, p.22 참조.

89) ECJ는 1976년 여성 항공승무원의 임금 차별에 관한 *Defrenne* 사건 판결에서 명백한 차별에 대해 핵심(core)조항과 주변(fringe)조항을 구별하기가 쉽지 않았을 것이지만, 입법이나 단체협약을 법적으로 분석하여야 하는 것과 달리 사

니냐의 이분법적 흑백논리[90]로써 판단될 것은 아니라 개개의 국내절차에 적용이 요구되는 경우에 따라 판단될 사항으로 보인다.[91][92]

5) 법익의 형성 및 보호를 위한 공공법질서(법규)의 창출

상기 고찰을 종합하면, 개인의 권리·의무의 발생을 필수적인 요건으로 할 필요는 없으며, 나아가 직접적으로 개인의 권리·의무를 규정하지 아니하더라도 원용 가능한 객관적 법질서의 경우에도 직접적용성을 인정할 소지가 있다는 점을 알 수 있다.

실관계 자체에서 명백하게 차별을 포착할 수 있는 경우에는 직접적용성이 강화된다고 볼 수 있다. Pescatore, *supra* note 28, pp.162-163.

90) 미국 내에서도 과연 조약의 자기집행성 여부를 택일적 흑백논리로만 볼 것인지에 대해 비판이 제기되고 있다. 특히 *Fujii v. State* 사건에서 자기집행적이라는 조건하에서 유엔헌장이 이에 위반되는 주법(州法)에 우선할 수 있다는 것은 바람직하지 않다는 반성에서 조약에 대한 일도양단식 재단으로 그 직접적용성을 제한하는 것은 타당하지 않다는 의견이 제시되고 있다. 이러한 관점에서 자기집행성을 판단하는 기준은 기초자의 의도, 조약문, 행정·입법부의 태도, 기존의 관례, 이해관계자의 권익, 관련 제도 등 종합적으로 고려하여 판단되어야 한다는 것이 *People of Saipan v. United States Department of Interior* 사건 판결에서 언급되면서, 미크로네시아 신탁통치협정상 주민의 경제적 복리를 위한 토지 등 경제자원에 대한 시정당국의 의무를 자기집행적으로 보아 시정책임자가 항공사와 맺은 토지임대차 계약의 유지 청구를 인용한 것은 주목된다. 岩澤雄司, *supra* note 29, 210-213면.
이러한 관점에서 비록 비자기집행적 조약으로 판단되더라도 국내에서 관련 조치 내지 소송에서 해석적 기준으로 작용되어야 한다는 논의도 있다. 그러한 측면에서 조약에 있어 자기집행성과 비자기집행성은 상대적으로 판단되고 적용되는 것이 필요하다는 주장이 설득력이 있다. Quincy Wright, "National courts and Human Rights-the Fujii Case," 45 *AJIL* 62(1951), pp.78-82.

91) Arne Vandaele & Erik Clae, *supra* note 20, p.19 참조.

92) A. Alan과 W. Pas는 유엔아동권리협약 제3조 제1항(모든 처분, 결정, 판결에 있어서 아동의 최량의 권리가 최우선적으로 고려됨)에서 최량의 권리라는 추상적 규정은 구체화가 필요하지만 법관이 특정 사안의 판단에 직접 적용될 수도 있다고 언급하였다. *Ibid.*, p.20에서 인용.

따라서 이와 관련하여 직접적용성의 판단기준으로서 이 항목을 좀더 확대하여 조약의 성격, 대상 및 목적의 관점에서 새로이 정의될 필요가 있다.

이미 직접적용 의무의 성격과 관련하여 고찰한 바와 같이[93] 국내적 직접적용 조약의 성격이 국가간 상호의무의 이행이 아니라 당사국 국내에서 조약이 목적으로 하는 법익이 보호되어야 한다는 점을 고려하여, 순수 국가간 관계에서 원용될 수 있는 권리·의무의 경우를 제외하고는 개인을 포함한 비국가적 실체의 법익으로 원용 가능한 모든 법익을 원용할 수 있는 법규 내지 법질서를 창설한 것으로 해석된다면, 구태여 이 개인의 권리·의무의 발생이라는 기준을 고집할 필요가 없다고 본다. 여기서 조약의 대상과 목적이라는 것은 이러한 직접적용 조약의 성격을 판단하는 일차적 기준으로 볼 수 있다. 이와 관련한 유사한 판례로 유럽인권재판소는 *Case of Engel and others* 사건에서 유럽인권협약 제6조 및 제7조의 특정 단어 'criminal'의 해석을 둘러싸고 당사국의 자율적 해석을 제한하면서, 그 근거로 이 조약의 대상과 목적에 그러한 당사국 임의의 적용은 합치하지 아니한다고 판시한 바가 있다.[94] 결론적으로 여기서 개인의 권리·의무의 발생이라는 좁은 기준 대신에, 순수 국가간 외교관계의 의미를 지니는 국가 상호간 권리·의무관계에 적용되거나, 장래 이행을 약속하거나, 단지 희망이나 목표를 설정하는 것이 아닌, 법규를 포함한 특별한 법질서의 창설이라는 후술하는 기준에 통합하여 논의되는 것이 타당하다고 본다.

93) 본서 제3장 Ⅲ. 2. (1) 참고.

94) *Case of Engel and others*, Judgement of 8 June 1976, Series A, No. 22, p. 34. Mosler, *supra* note 55, p.161에서 인용.

조약이 창설하는 법규라는 것은 앞에서 언급한 바대로 처분적 성격을 지닌 규정도 포함하되 기본적으로 일반·추상적 성문법 규범(general-abstract statutory law), 즉 법규를 형성하는 것이다. 당연히 이러한 법규의 개념에 개인의 권리가 주가 되는 주관적 공권을 형성하는 것은 물론, 객관적 법질서의 창설도 포함된다.

(3) 문언의 명확성

1) 문언의 명확성에 관한 관행

조약이 자기집행적이기 위해서는 그 문언이 명확해야 한다는 취지의 판례가 적지 않다. 반대로 조약 문언이 모호하거나 애매하다면 직접 적용되기 곤란하다는 것이다. 이와 관련하여 이러한 명확성은 자기집행성에 관한 당사국의 의사를 추단하는 근거가 될 수 있다는 견해가 있으며, 이러한 명확성을 당사자의 의사와 독립된 별도의 기준으로 보려는 판례도 있고 최근에는 객관적 기준의 중핵으로 취급된다는 것이 유력하다.[95] 다만, 이 기준은 조약내 특정 규정의 문언의 직접적용성을 판단하는데 주로 사용하는 만큼 일종의 미시적 기준으로 볼 수 있다. 그래도 어떤 조약의 법규 내지 법질서 창출 여부를 판단할 때 명확하게 법규 형성적 문언이 해당 조약에 포함되어 있어야 해당 조약의 직접적용성을 인정할 수 있다는 측면에서 보면, 명확성의 기준은 일차적으로 법규 형성의 판단과 구체 조항의 적용단계에서 모두 고려되어야 할 기준이다.

---

95) 岩澤雄司, *supra* note 29, 193-194면.

학설은 조약이 자기집행적이기 위해서는 그 문언이 법률의 문언을 사용하며, 그 문언이 충분히 정확, 명백, 명확, 상세, 완전(precise, clear, definite, detailed and complete)하여야 한다고 한다. 이와 반대로 부정확, 애매, 불명확, 광범위, 일반적이고 불완전한 언어를 사용하면 자기집행성을 긍정하기 어렵다. 이러한 견해는 대체로 3권분립에 의한 입법권 제한의 원리와 적법절차(due process)의 원리에 그 배경을 두고 있다고 볼 수 있을 것이다. 한편 조약 문언이 어떤 행위를 금지하거나 제한하는 경우에 자기집행적일 경우가 많으나, 이러한 경우에도 조약 문언이 불명확하거나 추가적 조치의 필요가 있는 것으로 볼 수 있다면 자기집행성이 부인될 수도 있는 것으로 보는 견해가 유력하다.[96]

조약이 계약적 문언을 사용하는 경우, 즉 어떤 행위를 할 것을 약속하는 것은 자기집행성을 저해하는 것으로 상기 *Foster v. Neilson* 사건 판결에서 언급되었으나, 조약의 계약적 성격에 비추어 그러한 약속의 문언을 사용하는 것이 반드시 자기집행성을 배제하는 것으로 볼 필요는 없다는 반론도 유력하다. 동 사건에서 법원은 "shall be ratified and confirmed"라는 해당 조약문이 "are hereby confirmed"와는 다르며 계약적 문언이라 판단하였다. 그러나 이는 상당한 비판을 받고 있으며 조약의 문언은 대개 미래형으로 사용되지만 이것이 바로 향후의 입법조치 필요성을 상정하지는 않는다. 특히 'shall'이라는 단어는 미래형이면서 동시에 의무나 명령을 의미한다는 점이 감안되어야 한다는 지적이 있다. 이와 관련 베르사유강화조약 제308조는

96) Pescatore, *supra* note 28, p.161.

"우선권(優先權)은 각 체약국에 의해 연장된다(shall be extended)"라고 규정한데 대하여, *General Electric Co. v. Robertson* 사건에서 미래형의 단어가 반드시 'executory'한 것으로 볼 필요는 없다고 판시하였다.[97]

유럽공동체의 경우를 보면, 상기 *Van Gend & Loose* 사건에서 공동체법이 직접 적용되기 위해서는 해당 규정이 충분한 확실성을 가지고 명백하고, 정확하며, 확정적이고, 명시적이며, 특정적(whether the provision is clear, precise, well defined, explicit, and specific, with sufficient certainty)이어야 한다고 판시하였다.[98] 이를 제1의 필연적 요건이라 평가하기도 한다. 이는 Pescatore가 언급한 '*acte clair*'와 별반 다르지 않으며, 해석의 필요가 없는 자명한 것을 말하는 것으로 볼 수 있을 것이다.[99] *Fink-Frucht* 사건[100]에서 동 재판소는 "구성국은 다른 상품을 간접적으로 보호하는 성질의 내국세를 다른 구성국의 상품에 대하여 부과하여서는 아니된다"라고 규정한 EEC조약 제95조 제2항은 경제적 요소의 평가를 수반하여야 한다는 것이지만, 이러한 규정이 국내 재판소에 의하여 직접 적용하는 것을 배제하는 것은 아닌 것으로 판시하였다.

ECJ는 공동체법의 규정이 직접 적용되기 위해서는 공동체 기관 또는 구성국에게 이를 실시하는데 하등의 재량이 남아 있지 아니하는 것으로 보는 것으로 생각된다. EEC조약 제95조는 제

97) 32 F. 2d 495, 500(1928).

98) Dupuy, *supra* note 2.

99) 라틴 법언 "*in claris non fit interpretatio*"와 같이 법이 명확하면 구태여 해석이 필요하지 않다는 뜻이다. Pescatore, *supra* note 28, p.41.

100) *Fink-Frucht v. Hauptzollen Munchen,* (1968) *E.C.R.* 223, 232.

1항에서 "구성국은 동종의 상품에 대하여 … 과하는 내국세보다 더 높은 종류의 내국세도 타 구성국의 상품에 대하여는 … 과하지 아니한다"라고 하고, 제3항에서 특정 시점까지 제1항 및 제2항에 반하는 규정을 폐지하거나 개정할 것을 규정하였다. *Lutticke* 사건[101]에서 재판소는 이러한 의무는 그러한 조치가 실행의 시기를 규정하여 구성국에게 하등의 재량도 인정하지 아니하는 것으로서, 그 시점을 지나면 동 제95조 제1항은 직접적용된다고 판시하였다.

한편, EEC조약의 규정이 구성국의 재량의 여지를 남기고 있다는 이유로 직접적용성을 부정한 판례도 있다. 동 조약 제97조는 누진세(累進稅)의 방식으로 거래세를 과하는 구성국은 수입품에 과하는 내국세 등에 품목별로 평균율을 설정하는 것이 가능한 것으로 규정하고 있는데, *Molkerei-Zentrale* 사건[102]에서 ECJ는 평균세율 도입의 결정 등은 각 구성국의 재량이라고 판단하고 그 규정의 직접적용성이 없다고 판시하였다. 동 조약 제33조가 수입품에 대하여 역내 전 국가에 대한 할당제 실시는 의무로 되어 있으나 할당총액 및 이에 대비되는 국내생산 등의 개념으로부터 국가의 재량이 나온다고 재판소는 *Sagoil* 사건[103]에서 판시하였다.

또한 공동체 기관의 재량의 여지가 있다는 이유로 직접적용성이 부인된 사례도 있다. EEC조약 제67조에서 역내 자유이동 제한의 점진적 철폐와 제69조에서 이사회에서 이를 위한 명령의 제정을 규정한데 대하여, 재판소는 *Casati* 사건[104]에서 공동

101) *Lutticke,* (1965) *E.C.R.* 210.
102) *Molkerei-Zentrale,* (1968) *E.C.R.* 153.
103) *Sagoil,* (1980) *E.C.R.* 460.

시장의 효과적 운영에 필요한 조치의 평가에 대한 이사회의 권한에 기하여 제69조의 직접적용성을 부정하였다. 따라서 입법 및 행정에 유보되어 있는 정책적 성격의 재량권한과 재판관에게 유보된 평가의 자유를 분명하게 구별하는 것이 필요하다는 것이다. 이러한 측면에서 공동체나 구성국에게 하등의 재량도 남기지 아니하는 것을 공동체법의 직접적용성의 결정적 또는 기본적 기준이라 보는 견해가 적지 않다. 그것은 명확하다는 것과는 별도의 기준으로서 다른 추가적 조치가 필요하지 아니하다는 기준과 연결될 수 있을 것이다. 그러나 공동체 내지 구성국에게 재량의 여지를 남기는 규정은 직접적용성을 배제하는 충분조건은 아닌 것으로 보이고, 결국 명확성이라는 것을 부연하는 것이 아니냐 하는 것으로 평가할 수 있을 것이다.

그러면 직접 적용되기 위한 명확성은 어느 정도에 달하여야 하는가? 그것은 각개의 상황에 따라 다를 것이다. 개인에게 의무를 과하는 규정은 권리를 부여하는 것보다 명확해야 할 것이다. 요구되는 명확성의 정도는 시시때때로 변할 수 있는 것이다. 그 자체로는 직접적용을 위하여 충분히 명확하지 않지만, 다른 제2차적 공동체 법규와 함께 해석될 때에는 명확성이 확보되는 경우가 있을 수 있는 것이다.

2) 평 가

위에서 살펴본 대로 조약이 당사국 내에서 직접 적용되기 위해서는 그 조약 문언이 명백하고 정확하며, 확정적이고, 명시적이며, 특정적이고, 완전해야 하며, 조건이 없고, 당사국의 입법

---

104) *Casati,* (1981) *E.C.R.* 2595.

조치에 의하여 실시되지 아니하며, 당사국의 재량이 인정되지 않을 정도로 명확하여야 한다는 것이 객관적 기준으로 요구되어 온 관행임을 알 수 있다.[105] 이것은 국내법정에서 이의 없이 조약 자체만 가지고 적용할 수 있을 정도의 소위 '재판적합성'(裁判適合性, justiciability)[106]을 말하는 것이다.[107]

그러나 문제는 이러한 명확성의 기준이 각국의 조약에 대한 입장과 태도에 따라 다양할 수 있어, 과연 일의적(一義的)인 일반적인 기준이 확보될 수 있느냐에 의문을 제기하고 국제적 층위에서 이러한 문제를 일반적으로 규율할 수 있는 기준이 불명확하기 때문에 결국 조약의 체약국 내의 직접적용 문제는 국내법체계 내에서 결정되어야 하는 것이라는 논리로 연결될 소지가 많은 것이다.[108] 이와 관련하여 제기되는 것이 국내적 직접적용의 문제가 상대적인 것이라는 비판적인 입장이 개진되는 것이다. 그러나 이러한 사고를 비판하면 그 근저에는 조약이라는 것을 엄정한 법규범 질서로 승인하지 못하는 완고한 국내법 쇼비니즘이 자리잡고 있는 것으로 보인다. 물론 조약은 정치·외교적 문건으로 작성되고 그 해석과 적용도 조약당사국 간의

105) Arne Vandaele & Erik Clae, *supra* note 20, p.18 참조.

106) 스위스 연방법원은 1979년 1월 25일 EEC와 자유무역협정(EFA)상 규정의 해석과 관련하여 명확성의 기준을 "sufficiently clear and precise to provide a basis for decision in a particular case"로 판시하였다. *ILR*, Vol. 93(1993), pp.592-593.

107) 조약의 문언이 재판상 집행에 충분할 정도로 특정적이어야(specific enough to be enforced judicially) 한다. De Aréchaga, *supra* note 32, p.412.

108) 오스트리아 헌법재판소는 1965년 10월 12일 유럽인권협약 제13조(실효적 구제조치의 보장)의 경우 하나의 지도적 원칙(guiding principle)이지만 구체적으로 어떤 절차적 수단으로 실효적 구제를 부여해야 하는지는 다양한 수단이 강구될 수 있으므로 직접 적용되기 어렵다고 판시하였다. *ILR*, Vol. 51(1978), pp.236-237.

정치적 흥정으로 이루어지는 경우가 많기 때문에 그러한 편견이 생긴 것으로 보인다. 그러나 후술하는 법규에 기반한 특별법질서로서 조약이 담아내고 있는 법질서 내에서 엄정한 법률적 해석 권능이 갖추어진 조약에 대해서는 일반 국내법질서에 대해 하나의 특별법질서로서 적용 가능한 규정의 직접 원용이 체약국 내에서 가능할 수 있는 것으로 현대의 조약법 규범이 발전해 왔다고 본다.

조약을 법조(法條)로서 적용할 때 어느 정도 불확정 개념을 극복하여야 하는 것은 일반 국내법의 경우에도 마찬가지로 당연하다. 그러므로 조약의 문언이 개념상 완벽하기를 기대하기는 어렵기 때문에 조약의 대상과 목적, 문맥, 특별한 의사, 추후의 관행 등과 같은 해석적 수단을 동원하여 그 명확성의 정도를 확정하는 것을 용인하여야 할 것이다.[109] 앞에서 언급한 대로 문언의 명확성을 기준으로 흑백논리와 같이 조약의 직접적용성을 판정하는 것은 지양되어야 할 것이다. 따라서 여기서 문언의 명확성의 기준을 조약의 직접적용 여부를 결정하는 절대적 기준이라 보기보다는 상대적 기준으로서 개별 사안에서 구체적 타당성의 관점에서 직접적용 여부를 판단하는데 고려 요소로 파악하는 것이 정당할 것이다.[110]

---

109) 조약에는 용어상 불확정 개념, 예를 들어 '신속히', '합리적인 기간', '공평한' 등과 같은 용어는 해당 규정의 직접적용성을 떨어뜨리는 역할을 하게 된다고 볼 수 있다. 오스트리아 헌법재판소는 이러한 불확정 개념을 사용한 유럽인권협약 제5조 및 제6조의 직접적용성을 부인한 바가 있다. 이러한 불명확한 개념은 민사 내지 형사절차법에 의해 상세히 규정되어야 한다는 논지에서 그렇게 판시한 것이다. 岩澤雄司, *supra* note 29, 102면.

110) 조약 문언의 명확성(clareté)에 따른 '직접적 효력의 정도'(degré d'éffet)의 측정을 위해 '직접적 효력의 단계적 개념'(concept graduel d'éffet dirrect)을 제시하여 국가가 재량으로 통제할 수 있는 부분과 이를 넘어서는 원칙적 부분을

이런 측면에서 조약 문언의 명확성을 측정하기 위한 기준으로서 여러 관행을 종합하여 정리하여 보자. 국제적 내지 각국의 관행을 보면, 잡다한 용어로 명확성을 표현하고 있으나, 이를 용어의 내포에 관한 '명시성'(明視性, explicitness)과 그 외연을 명확성을 지칭하는 '정확성'(正確性, preciseness)으로 나누어 명확성(明確性)의 판별기준을 논하는 것이 합리적이라 판단된다. 이렇게 최소기준을 정함으로써 국제적・일반적 층위에서 각국에 의한 조약의 실시를 통제할 수 있게 된다. 이러한 조약 문언의 명시성과 정확성이 담보되어야 체약당사국 내에서 원용・적용될 수 있을 것이다.

① 명시성(明視性)

해당 조약의 문언이 내용상 명확하게 시현(示現)되어 그 내용과 내포(內包)가 확정될 수 있어야 한다는 것이다. 어떠한 용어의 개념은 후술하는 정확성으로 지칭되는 외연(外延)과 함께 이러한 내포가 있어야 확정이 가능할 것이다. 이러한 명시성은 당사국이 재차 이를 형성하여 명시화할 만큼 애매해서는 아니된다. 그러나 입법기술상 어느 정도 불확정 개념을 사용하는 것은 조약이라 해서 예외가 될 수는 없다 할 것이다. 따라서 완벽히 규정하는 것은 불가능하므로 인간의 합리적 이성과 경험칙으로 확정이 가능할 정도면 직접적용이 가능하리라 판단된다.

이와 관련하여 조약의 문언이 추상적이면 자기집행성이 조각

구분하여 조약 규정의 직접적 효력을 인정하는 이론이 있다. 예를 들면, 유럽인권협약 제8조에서 사람의 프라이버시 및 통신의 자유를 규정하고 있는데, 이러한 추상적이고 불확정한 개념의 규정의 핵심 내지 근본을 침해하는 것과 관련되는 사안에서는 직접적용성이 인정되어야 하겠다. Arne Vandaele & Erik Clae, *supra* note 20, pp.17-18.

(阻却)된다는 주장이 있으나,[111] 이는 법규로서 국내에서 직접 적용되는 조약으로서 당연히 일반-추상적인 규범이 될 수밖에 없다는 측면에서 애매성과 불명확성을 이와 혼동하지 않았을까 라고 판단된다. 국내에서 적용법조로 사용되는 조약이 처분법규처럼 그 대상이 구체적일 수도 있으나, 기본적으로 일반인을 대상으로 추상적이고 유(類)적인 대상을 규정하는 것이 당연하다고 본다.

② 정확성(正確性)

문언상 용어의 외연(外延)이 명확하게 정하여져 있지 않으면, 결국 당사국의 입법이나 기타 조치가 개입될 것이므로 조약의 직접적용성이 침해되게 될 것이다. 따라서 그 용어의 범위를 이성적 경험칙에 따라 확정될 수 있을 정도로 규정되어야 직접적용성이 담보될 수 있을 것이다. 그러나 어떤 용어의 개념이 조약상이 아닌 국내적 조치에 의거하여 선결적으로 확정되어야 하는 경우가 있을 수 있다. 예를 들어, 인권조약상 가족권을 규정하는데 이 가족의 외연은 나라마다 가족법규에 따라 광협(廣狹)이 있을 수 있어 그 한계가 문제가 될 수 있다. 이런 경우 당사국의 형성작용이 사전에 이루어져야 법정에서 이를 적용할 수 있을 것이다. 이런 규범적 개념은 일종의 개방적 구성요건으로서 당사국의 형성의 재량이 어느 정도 인정된다. 그러나 국제적 최소기준에 속하는 범위에서는, 예를 들어 가족의 개념에 생계를 같이 하는 직계비속은 당사국의 형성의 개입이 없이 바로 적용되어야 할 것이다. 이런 측면을 감안하여 조약 교섭

111) 岩澤雄司, *supra* note 29, 311면.

시 정의 조항을 별도로 두거나 준비문서(*travaux prépartoire*)로 남기는 경우가 많다.

2. 소극적 기준

(1) 실시 규정의 존재

1) 관 행

① 미국의 경우

만약 조약에서 국내적으로 입법 등의 조치를 통하여 실시할 것을 규정한다면 이는 일차적으로 비자기집행적인 것으로 판단되고 있다. 이와 관련, 1916년 미국-영국의 철새보호조약 제8조에서 "체약국은 이 조약의 집행을 확보하기 위해 필요한 조치를 취하든지 기타 적당한 입법기관에 제안하는 것에 동의한다" 라고 규정한 것, 제노사이드조약 제5조에서 이 조약의 실시를 확보하기 위해 필요한 입법조치 등을 규정한 것 등을 그 사례로 든다.[112] 그러나 이러한 이행조치 조항은 조약이 자동적으로 국내법에 수용되지 아니하는 국가를 배려하여 둔 조항으로서 이를 단서로 자기집행성을 전적으로 부인할 근거는 아니라는 견해가 제기되고 있다. 또한 그러한 경우에도 조약의 나머지 규정이 자기집행적일 수도 있다는 것이다. *U.S. v. Postal* 사건에서 법원은 제네바 공해협약(公海協約) 제27조 내지 제29조(해저전선/관선의 손괴에 대한 처벌 등을 위한 입법조치)는 자기집행적으로 보지 않았으나,[113] *Warren v. U.S.* 사건에서는 예외를 설

---

112) *Ibid.*, 180면.

정하기 위한 국내 입법조치를 규정한 ILO 제55호 협약 제2조 제2항에 대하여 자기집행성을 긍정하였다.[114]

국내적 조치와 달리 국제적 실시를 위한 조치를 규정하는 경우에도 자기집행성이 부인될 수 있는 것으로 보이는데, *Ex Parte Dove* 사건 판결에서 국제적 공통규칙의 설정을 통해 어류자원을 보호·관리하려는 영국과의 조약 규정을 비자기집행적인 것으로 보았다. 그러나 *Curran v. New York* 사건 판결에서 유엔 회원국 내에서 특권 및 면제를 누리며 유엔 총회는 이의 세칙을 권고하고 관계국과 협정을 체결할 수 있다는 제105조와 관련하여 비록 국제적 실시조치를 부가하고 있지만, 이 조항의 자기집행성을 인정하였다.[115]

한편, 다른 당사국의 자기집행성의 인정 여부를 참조할 수 있느냐는 예를 들어 항공운송규칙의 통일에 관한 바르샤바조약을 실시하기 위한 영국의 입법조치를 두고 자기집행성이 부인되는 증거로 하는 것을 거부하였으나, 다른 예로 공업소유권에 관한 파리조약의 경우에 프랑스와 스페인을 제외하고 다른 당사국들이 자국내 직접적용성을 부인하는 사후 관행을 참조하는 것이 완전히 타당치 않다고 하기는 어려운 것으로 보인다.[116]

의회의 입법 유무로 조약의 자기집행성 여부를 종국적으로 판단하는 것은 타당하지 않는 것으로 보이며, 이는 유엔헌장 제105조가 자기집행적이라 하더라도 별도로 국제기구면제법을

113) Stefan A. Riesenfeld, "Comment: the Doctrine of Self-executing Treaties and US v. Postal: Win at any price?," 74 *AJIL* 892 참조.

114) 岩澤雄司, *supra* note 29, 179면.

115) *Ibid.*, 180면.

116) *Ibid.*, 181면.

제정한데서 알 수 있다. 1900년 상기 파리조약의 브뤼셀 개정의 실시를 위한 의회입법이 1903년에 있었으나 동 제4조의2를 실시하는 입법에서 누락되었다. 이와 관련하여 *United Shoe Machinary Co. v. Duplessis Shoe Machinary Co.* 사건에서 연방항소법원은 동 제4조의2가 문면상 자기집행적 성격을 가지고 있으나 1903년 입법에 의해 의도된 조약의 성격을 부인할 수 없다는 취지에서 자기집행성을 인정하지 아니하였다.[117] 연방대법원도 이 조항에 대해 조약이 실시되기 위해서는 입법을 필요로 한다는 의회의 의견을 존중하였다.

법률이 일부만 실시하거나 실시하지 아니하는 부분에 대해서도 비자기집행적이라고 하는 것은 타당하지 않다고 보고, 통상의 경우와 마찬가지로 다른 조항에 대한 입법과 독립된 관점에서 보아야 한다는 학설이 있다. 의회의 의견이 결정적이냐 사법부의 판단이 최종적이냐에 대해 여러 의견이 있으나, 조약과 연방법률이 미국 내에서 동위의 최고법이므로 의회가 제정한 법률이 조약보다 후법인 경우 법원이 이 후법에 구속되기 때문에 법원은 이 실시입법에 구속되므로 의회의 조약에 대한 의견에 실질적으로 구속된다고 볼 수 있다. 입법 중에 또는 조약에 대한 동의시 결의로써 비자기집행적이라 선언한다면 이는 무시하기 곤란하다고 본다.[118]

미국의 경우 인권규약 등 중요한 국제인권조약을 비준하면서 자기집행성을 부인하는 선언을 첨부하는 것의 법적 효력에 대해 논란이 있다.[119] 더구나 이러한 비자기집행을 선언한 경우

117) 155 F. 841(1907).

118) 岩澤雄司, *supra* note 29, 183면.

119) 예를 들어, 인권규약B에 대하여 비자기집행을 선언한 것은 이 규약의 목적에

해당 조약의 국내실시는 의회의 입법에 의하여야 하지만, 미국 의회의 관행에 의하면 비자기집행적 조약의 실시에 대하여 법적으로나 도덕적으로 의회는 아무런 의무가 없다라고 언급된 바가 있어,[120] 이런 경우 조약의 이행은 공백에 빠지는 문제가 야기된다.[121] 이러한 선언은 조약의 목적과 가치에 위반되어 무효라는 견해와 조약상 의무에 변경을 초래하는 것이 아니므로 합법이라는 견해가 표출된 바가 있고,[122] 미국의 헌법상 사법부의 권한을 침해한다고 하여 허용할 수 없다는 견해[123]가 있다. 반면에 *Power Authority of New York v. Federal Power Commission* 사건에서 미-캐나다 간의 조약에 상원이 동의하면서 입법조치권을 유보한데 대하여 이것은 국제법상 의무의 변경을 초래하는 진정한 유보가 아니므로 구속력이 없다고 판시한 것을 근거로 상원의 이러한 선언이 사법부를 구속할 수는 없다는 견해가 있다. 그러나 Henkin은 반대의견을 개진하면서 의회의 비자기집행 조건부 동의를 국내적으로 준수해야 하는 것으로 본다.[124][125]

어긋나므로 허용될 수 없는 것이라는 주장이 있다. Phillip R. Trimble, "Book Reviews and Notes: Paust, Jordan J., *International Law as Law of the United States*," 90 *AJIL* 693(1996), pp.393-396.

120) 조지 워싱턴 초대대통령이 1794년 Jay조약의 일부 조항의 실시를 의회에 요청한 데에 대하여 미 하원의 결의로 이의 실시에 대한 재량을 시사하였다. A. Evans, "Self-executing Treaties in the United States of America," 30 *BYIL* 178(1953), p.190.

121) 이에 관하여는 Richard B. Lillich, "Invoking International Human Rights Law in Domestic Courts," 54 *University of Cincinnati Law Review* 367(1985) 참조.

122) 미국이 인권협약에 대해 이러한 비자기집행의 선언을 첨부하는 정책은 미국의 사법부로부터 인권규정을 적용할 기회를 박탈하는 중대한 실수(big mistake)라고 Oliver는 평가하였다. *Proceedings of the American Society of International Law* (1978).

123) Paust, *supra* note 119, p.368.

② 유럽공동체

ECJ는 다수의 판결에서, 공동체법이 직접적용성을 가지기 위해서 그 실시 또는 효과에 관하여 공동체 기관 내지 구성국에 의한 어떠한 조치의 채택에도 의지하지 아니하거나, 그 실시를 국내법의 적극적 조치 또는 공동체 기관의 개입에 의존하는 것에 대한 국가의 유보를 수반하지 아니하는 것이 필요하다고 판단하였다.[126] 이것은 문언이 명시적으로 공동체 기관 내지 구성국에 의한 실시조치를 요구하는 경우 문제가 된다. 상기 *Van Gend & Loose* 사건 판결은 구성국에 의한 조치에 의지하지 아니하느냐를 문제로 보았으나, 공동체의 기관에 의한 추가적 조치를 직접적용성의 소극적 요건으로 보아야 하는 것에 대한 논의는 불충분하였다. *Costa v. ENEL* 사건 판결에서도 국가 또는 공동체의 기관에 의한 조치에 의존하느냐 아니하느냐가 쟁점으로 제기되었다. 그러나 구성국에 의한 조치가 유보된 경우 소극적으로 보아야 하는 것으로 인정되었으나, 공동체의 기관에 의한 조치가 규정된 경우 직접적용에 소극적으로 작용하는지 여부에 대해선 판단이 불충분한 것이었다. 이후 판례는 대개 공동체 기관 또는 구성국에 의한 조치에 의존하는지 여부를 직접적용의 관건으로 하고 있다.[127]

그러나 공동체법이 공동체 기관 내지 구성국에 의한 조치를

124) 岩澤雄司, *supra* note 29, 184면.

125) 미국 정부는 인권규약B에 비준하면서 비자기집행의 선언을 하였지만 미국 정부나 상원은 이를 조약의 유보(reservation)로 보지 아니한다. John Quigly, "symposium: the Ratification of the international Covenant on Civil and Political Rights: Article: the International Covenant on Civil and Political Rights and Supremacy Clause," 42 *DePaul Law Review* 1287(1993), p.1303.

126) Pescatore, *supra* note 28, pp.159-161.

127) 岩澤雄司, *supra* note 29, 236-237면.

예정하고 있다고 하여 반드시 그 해당 규정의 직접적용성이 없다고 볼 수는 없는 것이다. ECJ는 *Reyners* 사건[128] 판결로서 구성국 시민의 역내의 타국에 거주하는 자유를 제한하는 것을 과도기를 거쳐 철폐하는 것을 정한 동 조약 제52조와 관련하여 과도기간 종료후 제54조 등에 의하여 정하여진 공동체 권한기관의 명령이 존재하지 아니함에도 불구하고 이것이 직접적용성이 있느냐에 대해 재판소는 그러한 명령이 국적에 관한 준칙과 관계 없고 과도기 경과후 직접적용성을 인정하였다. 또한 이동노동자의 사회보장에 관한 규칙 제3호에서 그 실시를 양국간 협정으로 할 것을 규정하였음에도 *Bertholet* 사건[129]에서 재판소는 그러한 규정이 명료하여 적용하는데 곤란이 없다고 판단하면서, 그러한 권리의 창설은 실시하는 국가간의 협정에 의존하는 것으로 의도된 것은 아니라고 하였다.

결론적으로 공동체법 규정이 그 자체가 불명확하여 그 목적의 실현이 구성국 내지 공동체 기관의 실시조치에 의존하는 경우에는 직접적용성이 제한되지만, 그 규정이 명확한 때에는 그 직접적용성이 인정될 수도 있는 것이다. 바로 관건은 텍스트의 명확성이지 다른 실시조치를 규정하고 있다는 것이 아니라는 점이다.

③ 주요 조약의 경우

유럽인권협약의 경우, 국내실시 규정을 두려는 제안이 철회된 점 등과 같은 교섭과정[130]에 비추어 원칙적으로 자기집행

128) *Reyners,* (1974) *E.C.R.* 652.

129) *Sociale Voorzorg v. Bertholet,* (1965) *E.C.R.* 81, 86.

130) 유럽인권협약 성안을 담당하였던 고위관리회의(Conference of Senior Officials)

성을 인정하는 것으로 보인다.[131] 그러나 동 협약과 관련한 유럽인권재판소의 판례를 보면 기본적으로 동 협약의 규정을 국내에 적용토록 하는 것이 유일한 국내실시 방법이라는데에 대

에서는 "체약국의 국내법은 그 조약의 규정을 완전히 실시하여야 한다"는 엄숙한 선언을 조약에 포함시키는 것을 검토하였으나, 만장일치로 그러한 종류의 규정을 조약에 삽입하는 것은 필요치 아니하다고 판단하였다. 반대로 별도의 규정이 없는 한, 각 체약국은 이 조약에 가입하는 시점으로부터 규정을 완전히 실시하는 것으로 해석된다고 볼 수 있다. 이러한 배경에서 당사국이 이 조약을 자기집행적으로 볼 수 있다는 의견이 있다. 제1조는 당초에 체약국은 이 조약에 명시적으로 정한 권리 및 자유를 "보장(인정)하는 것을 약속한다"(*s'engagent à reconnaitre*, undertake to secure)라는 표현을 사용하였다. 체약국이 조약을 수락하는 것과는 별도로 더하여지는 행동을 요구하는 이 표현은 네덜란드의 제안에 기초하여 "보장한다"(shall secure)로 수정된 것이다. 후에 설명된 수정의 배경은 각료회의의 새 초안에 따르면 "체약국이 인정하는 것을 약속한다"가 아니라 "인정한다"(shall recognize)였는데, 이 조약은 매개하는 법도 필요 없이 직접 제 권리를 국내법에 수용하게 되므로 제1조에 의하여 모든 국가는 자국법에 의하여 이 조약상 제 권리를 인정하는 것을 약속하는 것이 아니라 단순히 인정하는 것이다. 이 조약은 의회가 조약 비준에 동의하게 되면 국내법원은 추가적인 입법을 기다릴 필요도 없이 이 조약을 적용하는 완전한 권리를 누리게 된다고 보아야 할 것이다. 岩澤雄司, *supra* note 29, 99-100면.

한편, 오스트리아의 경우, 1964년 유럽인권협약에 대해 헌법상 지위를 부여한 이후 오스트리아 사법부는 이 조약이 전체적으로 비자기집행적이라는 의견을 마침내 포기하였으나 아직도 유럽인권협약 제6조, 제10조, 제11조 및 제13조의 자기집행성에 대해, 유럽인권재판소의 견해와 관계 없이 문제를 제기하였다. Gunther Handl, "Book Reviews and Notes: Ermacora, Felix, Manfred Nowak and Hannes Tretter(eds.), Die Europaische Menschenrechtskonvention in der Rechtsprechung der Osterreichischen Hochsgerichte," 80 *AJIL* 200(1986), pp.233-234.

131) 1966년 1월 10일 독일연방공화국(당시 서독) 최고법원은 불법감금 관련 보상에 관한 유럽인권협약 제5조 제5항 등에 관한 판결에서 이 협약상 동 규정은 국내적으로 법적 효력을 가지고 직접 적용된다고 판시하고, 동 규정은 여타 조약과 달리 국가가 입법적 조치를 통하여 보장하는 것이 아니라 이 협약에 의하여 즉시, 그리고 직접적으로(directly and immediately) 보상책임이 발생한다고 언급하였다. 나아가 이 판결에서 유럽인권위원회에서와 마찬가지로 즉각적으로 권리를 형성함을 인정하고 있는 것이 'practice'라고 지적하고 있다. *ILR*, Vol. 51, part. VI(1978), pp.239-248, p.243.

해서는 유보적 의견인 것으로 보인다.[132] 시민적 및 정치적 권리에 관한 국제규약(B규약)의 경우, 유럽인권협약 제1조는 체약국이 그 조약상 인정되는 권리를 보장한다는 것으로 규정하고 있는데 비해, 이에 해당하는 B규약의 제2조 제1항을 존중하고 확보하는 것을 약속하는 것으로 규정하여 문언상 비자기집행적이라는 의견이 제시된다.[133] 그러나 이러한 규정의 존재가 바로 전체 규약의 내용이 직접적용성이 없다고 비약하는 것은 무리라고 보인다.[134]

유럽사회헌장의 규정은 대부분 정책적 목표를 두고 이를 당사국이 실시하여야 하는 프로그램적 성격이 강한 특성상 직접적용성이 없다고 보는데 큰 이견이 없다.[135] 이와 유사한 목표와 성격을 가진 경제적·사회적 및 문화적 권리에 관한 A규약은 비자기집행적이라는 의견이 대다수이다. 그 근거는 "이 규약의

---

132) 동 재판소는 *Swedish Engine Drivers Union* 사건 및 *Ireland v. United Kingdom* 사건 판결에서 동 협약의 당사국내 직접적용 의무를 거부하였다. Anja Seibert-Fohr, *supra* note 25, pp.422-423.

133) 벨기에 행정법원과 외무장관이 이 규약 제2조 제2항을 들어 자기집행적이 아니라는 견해를 표명하였으나 상당한 비판이 제기된 바가 있다. 네덜란드 정부는 이 규약의 다수 규정이 분명하게 직접 적용될 수 있으며, 이 제2조 제2항 및 제40조의 해석상 일부 의문이 생기지만 규약 제3부에 규정된 실체적 권리의 적지 않은 부분이 자기집행적이 아니라는 것은 설득력이 약하다는 입장이다. 岩澤雄司, *supra* note 29, 121-123면.

134) B규약 제2조의 법적 성격과 직접적용에 관한 상세한 연구는 Anja Seibert-Fohr, *supra* note 25를 참고할 것.

135) 그러나 헌장의 규정 중, 특히 제6조 제4항이 직접 적용될 수 있는지 논란이 된다. 이 조항에서 근로관계상 단체교섭 권리의 실효적 확보를 위해 단체협약상 의무에 복종하는 것을 조건으로 하여 이해가 대립되는 경우 노동자 및 사용자의 단체행동권을 인정하고 있다. 학설은 이 조항의 직접적용성에 대해 의견이 갈리고 있다. 어느 설을 택하든 이 조항이 불명확한 점은 인정된다. 각국의 헌법에도 이러한 노동권에 대한 성격 규명에 논란이 있는 것과 같은 원리라고 보인다.

당사국은 특히 입법조치의 채택을 포함하여 모든 적당한 방법에 의하여 이 규약에 인정된 권리의 완전한 실현을 점진적으로 달성하기 위하여 … 조치를 취할 것을 약속한다"라고 규정한 동 규약 제2조 제1항과 같은 실시조항을 보통 드는데, 이는 점진적이라는 단어에서 알 수 있듯이 프로그램적 성격이 강하고 각 당사국의 입법조치 등 이행조치를 통하여 실현하는 의무라는 측면에서 자기집행성이 약하다고 볼 수 있다.[136)][137)]

제노사이드협약은 전형적인 국제법상 범죄인 집단살해죄에 대한 개인의 책임을 다루는 조약으로서, 개인이 국제적으로 형사상 책임을 지는 것은 별론으로 하더라도 제5조에서 "체약국은 각자의 헌법에 따라서 이 협약의 규정을 실시하기 위하여 특히 집단살해 또는 제3조에 열거된 기타의 행위의 어떤 것에 대하여도 죄가 있는 자에 대한 유효한 형벌을 규정하기 위하여 필요한 입법을 제정할 것을 약속한다"라고 규정하고 있어, 개인의 국내법상 형사책임을 이 협약에 의해 직접 창설되는 것으로 보기는 곤란한 점이 있다고 볼 수 있다.[138)] ILO헌장 제19조(b)

136) 이 조항이 기초과정에서 자기집행성 여부에 대해 문제가 된 바가 없기 때문에 이 규정을 근거로 바로 비자기집행적이라고 예단하기는 곤란한 측면이 있다. 그러나 이 규약은 당사국에게 적극적인 작위의무를 부과하는 측면이 강하다는 것은 인정하여야 할 것이므로 국내법원이 재판의 준거로 삼기에는 불명확한 면이 있다고 본다. 그 중에서도 일부 조항은 자기집행적이라고 볼 수 있는 것도 있다. 예를 들어 제2조 제2항에서 규정한 평등권, 기타 노동권을 자기집행적 측면이 있다는 의견이 많다. 그 밖에 학교선택의 자유(제13조 제3항), 교육기관 설치의 자유(제13조 제4항), 과학연구 및 창작활동의 자유(제15조 제3항) 등도 그런 예에 속할 수 있다고 볼 수 있을 것이다. 岩澤雄司, *supra* note 29, 130-131면 참조.

137) Anja Seibert-Fohr, *supra* note 25, pp.405-406.

138) 미국 정부는 이 조항을 근거로 이 협약을 비자기집행적이라 보고 있다. 또한 당사국의 의사에 의해 조약의 직접적용성이 배제되는 전형적 형태라고 보는 견해도 있다. 그러나 이 조항의 준비작업을 살펴보면 반드시 이러한 성격을

에도 각 회원국의 입법 등 조치를 취하는 것을 약속하는 규정이 있지만, 이를 전체적으로 ILO조약의 자기집행성을 제약하는 근거로 보기는 상기의 사례에 비추어 어려울 것이다.[139] 결국 제반 ILO 채택 조약들의 각각의 문언을 분석하여 결론을 내리는 것이 타당하다고 본다. 그러나 이러한 추상적 수준에서의 문언의 검토만으로는 직접적용성에 관한 명확한 결론이 나오기 어려울 것이다. 즉 나라마다 노동법제의 완비 정도, 사회보장의 체제, 조약 수용의 구조 등이 천차만별인 상황에서 국내법정이 특정 조항의 직접적용 여부를 판단하는 경우 나라마다 다를 수도 있다. 이러한 측면에서 조약의 국내적 직접적용의 원리는 상대적 관점을 인정하여야 하는 측면이 있고, 국제적 층위와 국내적 층위가 상보적으로 작용하여야 한다는 관점이 타당할 수 있다는 근거가 된다고 본다.

2) 평 가

상기 고찰한 결과로 미루어 조약의 실시 조항에서 국내법에 실시를 유보하는 것으로 해석된다면, 적용하는 법규범의 형성은 해당 조약 자체가 아니라 당사국의 입법적 조치에 의하기 때문에 해당 조약 자체의 직접적용성을 저감시키거나 아예 조각할 수도 있다고 본다. 예를 들어, 국내적 조치의무를 설정하는 "State parties shall take measures necessary to …"와 같은 문구가 있으면 형성의 재량이 당사국에게 위임된 것으로 보아

배제하려는 것이 아니라, 다만 엄격하고 충실하게 조약상 의무를 당사국이 이행하도록 하자는 취지에 불과하다는 것이다. 岩澤雄司, *supra* note 29, 137면 참조.

139) *Ibid.*, 145-150면 참조.

야 한다. 그러나 국내법에 의하여 일부 실시될 수 있다 하더라도 그것이 바로 직접적용을 전면적으로 조각한다고 단정할 수는 없는 것으로 보인다. 이를테면 유럽인권협약 제1의정서의 자유투표에 의한 비밀선거에 관한 규정도 선거절차에 관한 국내법이 제정되어 있지 않으면 이 규정의 자기집행성이 인정되기 곤란할 것이나, 기본권으로 자유투표와 비밀선거 원칙에 어긋나는 선거의 유효성을 부정하기 위해서는 이의 직접적용성을 인정하여야 하는 측면이 있다.[140] 또 가정생활의 프라이버시를 정하고 있는 유럽인권협약 제8조의 경우도 직접적용성이 인정된다고 보는 견해가 많지만, 가족 구성원의 자격 등을 가족법과 같은 국내법에 의해 확정되는 경우를 생각하면 그 직접적용성은 미리 정해진 각국의 제도적 틀 내에서 인정될 수 있을 것이다.[141][142]

나아가 예를 들어 인권조약상 국가의 부작위의무로 규정된 사형금지와 같은 규정은 국내형사법 개정에 상관없이 즉시 직접 적용되어야 하는 것은 말할 나위가 없다. 국제법의 층위에서도 국내 직접적용의 문제는 선결적으로 결정되므로 국내법제도

---

140) *Ibid.*, 101면.

141) *Ibid.*

142) 조약의 국내법 관련성을 알아보기 위하여 표본으로 UN Convention against Transnational organized Crimes 및 3개 Protocol의 문언을 조사한 결과, "consistent with its legal principles," "subject to the legal principles of State parties," "to the extent appropriate and consistent with its legal system," "subject to its basic concept of its legal system," "in accordance with fundamental principles of its domestic law," "in accordance with its domestic law," "under its domestic law," "to the greatest extent possible within their domestic legal system," "without prejudice to domestic law," "consistent with their respective domestic legal system" 등과 같은 바, 이로써 국내법으로 조약 규정을 유보 내지 제약하는 방식은 다양하다는 것을 알 수 있다.

에 기초하여 각국이 자율적으로 조약의 실시양태를 결정하는 것은 국제법의 관점에서는 사실의 문제로 간주된다. 기본적으로 국제법이 적용하는 원칙 및 범위 내에서 운영되어야 한다는 전제에서 보면 조약의 직접적용은 우선적으로 국제법의 원리에 따라 그 적용 여부 및 정도가 결정되어야 하고, 각국은 이러한 테두리 내에서 보충적으로 조약의 실시방도를 자국의 법제와 관행에 의거하여 결정할 수 있을 것이다. 이러한 보충입법 내지 세칙의 존재 자체가 어떤 조약의 직접적용성을 배제하는 것으로 판단할 필요는 없다고 본다.[143] 즉, 직접적용성과 국내입법은 상호 보완적일 수 있다고 본다.[144]

(2) 기 타

ECJ는 어떤 규정의 직접적용성이 인정되기 위해서는 조건을 수반해서는 아니된다는 판결을 다수 가지고 있다. 그러나 과연 이 무조건이라는 것이 무엇인지는 분명하지 않다. 공동체 기관 내지 구성국에 의해 실시되지 아니하는 것, 또는 그 실시에 재

143) 보충적 국내입법이 일부적 자기집행의 성격을 지닌 조약에는 필요할 것이며, 이러한 입법은 국제법이 정한 한계를 벗어나서는 안된다고 한다. 그리고 국제법과 국내법이 서로 교호적(interweaving)으로 구성되고 적용되어 조화로운 일체(harmonious unity)를 이루는 것이 바람직하다는 견해가 있다. Verzijl, *supra* note 72, pp.143-144.

144) 조약의 규정을 실시하기 위한 국내입법의 양태를 나누어 보면, 먼저 조약 규정을 그대로 국내법으로 수용하기 위한 변형입법, 조약 규정에 대한 당사국의 입장이 반영되는 해석입법, 조약의 국내실시를 보완하는 보충입법 등이 있을 수 있을 것이다. 변형입법의 예는 상기(본서 92면 각주 116) 영국의 로마협약 수용의 경우가 될 수 있고, 해석입법의 경우는 해양법협약상 영해무해통항의 군함에 대한 적용 여부에 관한 각국의 입법, 보충입법의 경우는 조약 규정의 실효성을 부여하기 위한 처벌입법 등을 들 수 있다.

량이 인정되지 아니하는 것으로 보는 견해도 있으나, ECJ는 주로 의무의 발생이 일정 기간까지 정지되어 있지 아니한 것으로 보는 것으로 보인다. 상기 *Lutticke* 사건[145] 판결에서 EEC조약 제95조 제1항은 일반적인 준칙이며 동조 제3항이 설정한 일정 시점이 지난 이후 완전 무제한의 일반준칙이 된다고 하여 직접적용성을 인정한 바가 있다.[146]

구성국에게 법적 의무를 과하지 아니하는 경우에는 직접적용성이 제한된다고 보아야 한다. 권고적 성격을 가지거나 표현이 명령적이지 아니한 경우에는 아무래도 이를 법규로서 원용하기 곤란하기 때문인 것으로 보인다. 그리고 전속적으로 국가에 속하는 사항, 예를 들어 어떤 조치를 취하기 전에 공동체 기관에 통보하여야 하는 구성국의 의무 등은 원용하기가 어려운 것이라 보인다.[147]

미국 법원은 조약의 내용(subject-matter) 및 과거의 관례 등에 비추어 자기집행성을 판단하는 경우도 많다. 대체로 조약의 목적이나 대상에 비추어, 예를 들면 무조건적 최혜국대우 조항(unconditional MFN clause),[148] 이중과세 방지(double taxation avoidance), 범죄인인도(criminal extradition), 영사협정 및 우호통상항해조약상 권리 등과 같은 조약의 규정은 자기집행적 성격을 가질 개연성이 높으나, 조세·예산 관련 조약, 특허·무체재산권 관련 조약,[149] 조건부 MFN, 관세, 형벌 등과 같이 전속

145) *Lutticke*, (1965) *E.C.R.* 210.

146) 岩澤雄司, *supra* note 29, 238면.

147) *Ibid.*, p.239.

148) 미국의 최혜국대우 조항에 관한 역사적 고찰은 Honore Marcel Catudal, "the Most-favored-nation Clause and the Courts," 35 *AJIL* 41(1941) 참조.

149) 산업재산권에 관한 파리협약의 조항에 대한 미국내 효력에 관해서는 Patricia

적 국내법규 사항은 자기집행적 성격을 부여하기 곤란한 경우가 대부분인 것으로 보인다.[150] 또한, 전속적으로 국가간에만 적용되는 것으로 예정된 조약,[151] 예를 들어 국제분쟁의 평화적 해결, 동맹, 안전보장에 관한 조약은 자기집행성이 없다고 보고 있다. 또한 대외통상, 군사, 세입・세출 등 의회의 전속적 권한에 속하는 사항에 대해서도 행정부가 체결하는 조약에 대해 그대로 자기집행성을 인정하기는 곤란할 것이다.

한편, 각국은 통치행위 내지 정치문제(political questions)와 관련되는 경우 실체적으로 사법심사를 면제하여 주는 관행을 가지고 있고, 국제법상으로 국가면제(State immunity)와 외교관에 대한 외교면제(diplomatic immunity)가 인정되고, 무력충돌(armed conflict)이나 유엔 안전보장이사회의 제재 결의, 국제정치적 사유로 인한 특정 국가에 대한 국제적 제재(embargo) 내지 복구(復仇, reprisal), 나아가 조약 이행상 상호주의(reciprocity) 적용 등으로 인해 일정 조약의 규정이 적용되지 않거나 제한되는 경우 등과 같은 이런 소극적인 요소가 개입되는 경우 조약의 직접적용성이 조각되거나 제한될 수 있을 것이다. 고도의 국가차원의 정치적 결정에 수반되는 사안(소위 '통치행위')과 개인의

V. Norton, "the Effect of Article 10*bis* of the Paris Convention on American Unfair Competition Law," 68 *Fordham Law Review* 225(1999) 참조.

150) 최승재, "조약의 국내적 효력에 대한 비교법적 연구," 서울대학교 석사학위논문(2000), 30-33면 참조.

151) 특정 분야에 있어서 조약의 직접적용성이 제한되거나 거부되는 경우가 있을 수 있다. 대표적 경우로 형벌, 조세, 이민, 국적취득 규칙 등 기본적으로 전속적인 국내적 관할사항에 대해서는 조약이 직접 적용되기가 어려울 것이다. 예를 들어, 1997년 유엔 총회에서 채택된 폭탄테러 행위의 억제에 관한 협약 제4조에서 형벌과 관련하여 각 당사국은 이 협약상 규정된 범죄를 국내법상 형사범으로 성립시키기 위하여 필요한 조치를 취하여야 함을 규정하여 형사범죄 및 그 처벌은 국내법에 의하도록 배려하고 있다.

권리의 창설 및 실현과 관련되는 조약의 직접적용성이 충돌하는 경우는 드물 것이며, 특히 인권조약의 적용과 관련해서는 해당 조약내 이러한 예외조치를 특례[152]로 규정하고 있기 때문에 조약 내재적으로 이러한 저촉을 방지하고 있는 경우도 있다. 그리고 국가면제 및 외교면제, 상호주의, 유엔에 의한 국제적 제재는 국제법상 위법성이 조각되거나 적법한 조치에 해당되므로 법률상 문제는 없을 것이다. 이와 관련 비엔나 조약법협약은 각종의 조약 시행을 정지하거나 종료시킬 수 있는 사유를 동 협약 제5장에서 규정하고 있어 개별 조약이 아닌 일반국제법의 차원에서 조약의 적용이 방해되는 경우로서 이를 참고할 수 있을 것이다.

3. 특별법질서의 창설

(1) 특별법질서 창설의 필요성

상기한 바와 같이 국제법상으로 조약의 체약국내 직접적용의 별도 기준으로서 특별법질서 내지 특별법체제의 형성(creation)이 필요한지, 그 의의와 판단의 기준이 무엇인지 고찰하여 본다. 버겐탈(Buergenthal)은 각국이 국내적 제도에 근거하여 조약을 국내에서 직접 적용하는 소위 미국식의 개념, 즉 자기집행성과 달리 국제적 층위에서 직접적용성을 인정하기 위해서는 상기

152) 예를 들면, 시민적·정치적 권리에 관한 국제규약(B규약) 제4조, 유럽인권협약 제15조 등은 국가가 비상상황(crisis)에 처한 경우 동 협약에 정해진 선언 및 통보를 통해 일정 규약상 권리의 적용을 필요 최소한도 및 기간 동안 유예할 수 있다.

PCIJ의 권고적 의견 및 ECJ의 판례에 근거하여 추가로 해당 조약이 소위 특별법질서(제도)를 창설하는 의사가 있어야 한다고 하였다.[153][154] 여태 조약의 직접적용에 관한 법이론은 대부분 특정 국가의 법제도하에서 조약의 자기집행성 내지 직접적 효력이 논의되어 온 관계로 이러한 요건에 대한 연구가 별로 발견되지 아니한다. 단지 단치히 철도청 직원에 대한 특별한 신분상 처우에 관한 조약과 EEC조약의 특수성[155] 등의 사례에 기초하여 국제법상 조약이 직접 적용되기 위하여 특별한 법질서의 창설이라는 기준이 일반화될 수 있을 것일까?

사실 국제법상 조약의 직접적용의 개념을 인정할 수 있다 하더라도 조약 규정이 자기집행적이냐를 국제적 층위에서 추상적으로 결정하는 것은 문제가 있다는 의견이 있다.[156] 조약의 규정이 직접 적용되기 위해서는 체약국의 수용구조(structure d'accueil)가 이를 허용하는지가 중요하다는 것으로, 어떤 조약이 일국에

153) Thomas Buergenthal, "Self-executing and Non-self-executing Treaties in National and International Law," *RdC* (Vol. 235, 1992), p.328.

154) 미주인권재판소는 그 권고적 의견에서 현대 인권조약의 특성을 설시하면서 인권조약의 당사국은 하나의 법질서(a legal order)에 자국을 종속시킨 것으로 볼 수 있고, 그 법질서하에서 공동의 선을 위하여 타 당사국에 대한 것이 아닌 자국 관할하에 있는 개인들에 대하여 다양한 의무를 부담하는 것으로 볼 수 있다고 판시하였다. 나아가 유럽인권위원회에서 인권조약의 특수성을 인정하는 것을 환기하면서 인권조약이 하나의 특별한 공공질서(public order)를 형성하고 있음을 언급하여 국내 직접적용을 위하여 나름대로 새로운 법질서의 창설이 필요하다는 점을 뒷받침하고 있다. Advisory Opinion OC-2/82, 15-16, De Aréchega, *supra* note 32, p.415.

155) 상기 ECJ의 *Van Gend & Loose* 사건 판결 중 유럽공동체는 국제법상 하나의 새로운 법질서를 형성하며, 그 법주체는 구성국뿐만 아니라 그들의 시민으로 구성되고 한정된 분야에 있어서 구성국의 주권적 권리(sovereign rights)를 제한한다는 언급이 참고될 수 있을 것이다. Pescatore, *supra* note 28, p.158에서 인용.

156) 岩澤雄司, *supra* note 29, 102면.

서는 직접 적용되는데 다른 나라에서는 그러하지 않다는 것이 가능하다는 논지이다. 거기에 더하여 같은 나라에서도 조약은 어떤 경우에는 자기집행적인데 다른 경우에는 비자기집행적이라 볼 수도 있다. 이는 해당 조약의 규정을 구체적인 경우에 어떤 각도에서 보느냐에 따라 재판관이 판단하기에 다르게 볼 수도 있는 것이다. 이러한 점에 비추어 국제법상 조약의 직접적용 규칙이 국내실시 구조를 도외시하고 독자적으로 정립될 수 있는지 의문이 있을 수 있다. 이는 기본적으로 조약이라는 것이 정치적으로 만들어진 약속체계일 뿐이고, 법치주의와 사법독립의 원칙에 입각한 엄정한 법질서가 아니라는 생각이 그 이유로 사료된다.

조약의 직접적용성의 구비 여부로 특정 조약의 당사국들 사이에서 다툼이 있거나, 직접 적용되어야 할 조약이 그렇게 실시되지 않고 있다는 비난이 제기된 경우를 보기 어렵다.[157] 이는 대체로 조약의 실시가 당사국의 재량에 위임되는 것으로 판단되는 경우가 상당할 뿐만 아니라, 나아가 조약이 국제법상 직접적용의 요건을 충족시키는 경우가 드물 것이라고 예단하기 때문이라 일응 보여진다. 그러나 오늘날 유엔 구도하에서 대다수 국가가 교섭 및 체약국으로 참여하는 조약의 성안으로 다양한 분야의 법규범을 형성하는 것이 일반화되어 있다. 이러한 조약의 직접적용성은 선험적인 아닌 실천적 개념인 이상, 각국의 다양한 조약 실시의 관행을 초월하여 지도할 수 있는 원칙 내지

157) 미국의 파나마 침공후 점령군으로서 미군의 질서유지의무 해태를 근거로 파나마 정부가 손해배상청구를 제기한 사건에서 헤이그 육전규칙의 자기집행성을 주장하여 이에 반대되는 입장을 가진 미국 정부와 다른 의견을 표출한 바 있다. 본서 152면 각주 95) 참조.

국제법상 규칙으로 정립할 수 있다. 이러한 관점에서 조약의 국내적 직접적용을 위한 기준으로서 적극적·소극적 기준을 검토하여 보았다. 이들 기준은 비단 국제법상의 기준으로 검토되었을 뿐만 아니라, 기본적으로 국내법상 조약의 직접적용 기준으로서, 각국의 조약 수용 및 실시제도에 의해서도 원용될 수 있는 것이다.

그러면 이러한 다양한 각국의 실천적 관행을 초월하여 특정 조약이 국제법상 보편적으로 체약국의 국내에서 직접 적용될 것이 요구되기 위해서는 국내적으로 자기집행 내지 직접적용에 요구되는 이상의 추가적 요건－그 내용 및 결정의 기준에 대하여는 후술하겠지만－이 필요하다고 추정하여 본다.[158] 그것이 바로 앞에서 조약의 직접적용의 개념과 성격을 논하면서 파악한 특별법질서의 창설이라고 본다. 이 특별법질서는 체약국간 정치적 타협에 의해 운영되는 정치적 성격이 아닌, 미국식의 자기집행성과 같은 개별 국가의 관행이나 특정 조약의 직접적용성 여부에 대한 해석에 의존하지 않고, 해당 조약의 자체 질서 내에서 엄정히 법률적으로 이를 해석하고 판단할 수 있는 권한 내지 권능이 유보되어 있다는 뜻으로 보아야 할 것이다. 즉 조약의 직접적용성에 대한 판단을 전체 국제법질서의 차원에서 판단한다면, 개별 국가의 들쑥날쑥한 관행을 제압하고 해당 조

158) Waelbroeck는 조약의 직접적 적용 가능 여부는 추정되지 아니하나, 유럽공동체를 설립하는 조약과 같이 국가는 물론 개인도 같이 결합시키는 '밀접하게 통합된'(*étroitement intégrées*) 관계를 형성하는 경우 직접적용의 추정이 가능하다고 언급하고, 이러한 입장에 있는 학자로서 P. de Visscher, F. Rigaux, A. Jacomet, E. Suy, E. Bulow, P. Fortier를 들고 있다. 이는 특별한 법률관계 내지 질서의 형성이라는 특수한 요건이 필요하다고 해석해 볼 수 있을 것이다. Waelbroeck, *supra* note 74, pp.164-165.

약 규정의 의미는 물론, 직접적용성 여부까지도 해석해 낼 수 있는 권한이 마지막 보루로서 그 특별법질서에 부여되어야 한다는 의미에서 필요한 기준이라 본다.

국제법 이론가들도 이러한 취지로 언급한 바, 예를 들어 Mosler에 따르면, 유럽인권협약상 규범 개념의 일의성 확보가 곤란하며 유럽인권재판소도 존중할 수밖에 없는 당사국의 재량의 여지(a margin of appreciation)가 존재한다고 한다. 여기서 '협약 자체로서 하나의 완전한 법질서'(a complete legal order of its own embodied in the Convention)를 구축하지 못하고 있음을 강조하면서, 나아가 유럽공동체란 제도로써 구축하고 있는 '단일의 통일된 법질서'(a single legal order)와 같은 수준을 이 협약은 구축하지 못하고 있음을 언급하여 국내에서도 직접 적용되고 있는 유럽공동체 법질서와는 달리 적용의 일관성이 부족하고, 당사국의 적용에 관한 일정한 재량을 허용하고 있는 인권협약체제의 실시에 관해 설명하고 있다.[159] 이는 유럽공동체 내부에서 인정되는 직접적용성은 유럽공동체의 특별한 법질서에서 유래된다고 해석할 소지도 있다.

더구나 Ferrari-Bravo는 비자기집행적 조약의 경우 상기한 조약상 의무의 두 가지 유형 중 결과달성의 의무가 당사국에게 결과실현을 위한 적정한 수단의 선택의 자유를 부여한데 비해, 국내적 층위에서 직접 적용될 성격을 가진 조약규범은 '새로운 법체제'(the new legal regime)로서 규범내용을 가진다고 설파한다. 그리고 종종 국제조약은 자기집행적 성격을 가진 규칙의 집합(a set)을 통하여 개인 및 법인에게 적용되는 '하나의 새로운

159) Mosler, *supra* note 55, pp.162-163.

체제'(a new regime)를 형성한다고 하여, 조약의 직접적용성과 그 조약이 창설하는 법질서 또는 법체제의 직접적 관련성을 설명하고 있다.[160] 심지어 McNair조차도 처분적·창설적 조약을 설명하는 장에서 이러한 창설적 조약의 경우에 국제적 체제(system 또는 regime)의 형성으로 인식되어야 하는 것이 중요하다는 점을 언급하고 있다. 이와 같이 직접적용성을 가진 조약이 개인 등 비국가적 주체의 권리·의무관계를 형성하는 창설적 조약이며, 나아가 하나의 특별한 법질서를 구축한다고 보는 점에서 일맥상통하다. 결국 당사국의 자율적인 조약의 해석 및 적용을 허용하지 아니하고, 일의적이고 단일한 법적용을 당사국에게 국제법상 요구하는 조약은 그 자체에 그 규정의 해석과 적용을 통제할 수 있을 정도의 제도적 체계, 기관조직 내지 독자적 법질서의 구축이 요구된다고 이해할 수 있을 것이다.

(2) 특별법질서의 성격

특별법질서의 창설이라는 기준은 조약의 직접적용 여부를 판별하는 국제법 규칙을 구성하는 핵심이라 볼 수 있다. 이 기준은 특정 조약의 체약국이기만 하면 어느 나라에서나 이 조약의 규정이 직접적으로 원용되고 적용되어 정치적 기관이든 사법기관이든 이를 준수해야 하고, 관련 이해관계자는 국내절차에서 이를 원용하거나 적용받을 수 있도록 하는 것이다. 또한, 해당 조약 규정 자체가 국내에서 외부효과를 가지는 법규창설적 성격, 국제규범으로서의 조약 규정의 적용에 관한 당사국의 승인에

160) Ferrari-Bravo, *supra* note 1, pp.726-727.

따른 집행이라는 성격을 가진다고 짐작하여 본다.[161)]

이에 앞서 조약이 규정하는 특별한 사안을 규율하는 성문법규(statutory law)로서 성립되어야 한다는 점에서 조약의 규정이 직접 적용되기 위해서는 소위 법률적 효력을 가진 규범(norm) 내지 규칙(rule)을 설정하는 내용이어야 한다. 나아가 이 법규가 국내에서 특별법 우선의 원칙에 따라 다른 법규범을 물리치고, 다른 법주체에 대해 대항할 수 있는 외부효과를 구비하기 위해서는 조약의 체결을 통하여 자기제한의 원리로 해당 당사국의 입법적 관할권의 배제를 뜻하는 동의 또는 승인이 되어야 함을 추단하여 볼 수 있다.[162)] 환언하면, 결국 특정 조약이 국내에 직접 적용되기 위하여는 당사국들이 해당 조약을 국내에서 효력을 가진 법규범질서로 승인하고 집행하는 것이 필요하다고 볼 수 있다. 따라서 직접적용을 위한 관건이 조약의 규정을 당사국이 법규로 승인하는데 있음을 알 수 있다.

특정 조약의 규정이 법규적 성격을 갖추고 있으면 그 조약의 규정이 바로 당사국 국내에서 직접 적용될 수 있는 것으로 추정되는 것은 아니다. 어느 특정 법률관계에 어느 법규를 적용

161) 유사한 문제로서 El Ouali는 그의 저서 『*L'èffets juridiques de la sentence internationale*』에서 국제재판 및 중재의 당사국 내에서 직접적용 및 자기집행의 이론을 제기하고 있어 흥미롭다. 그러나 이러한 국제재판의 국내적 직접적용의 효력의 근거를 ECJ의 직접적 효력의 개념을 유추(analogy)로 제시하고 있으나, 그 소론 자체는 좀더 다른 법적 근거에서 찾아야 한다고 본다. Ian Scobbie, "Review of Books: El Ouali: l'èffets juridiques de la sentence internationale," 57 *BYIL* 377(1987).

162) 조약에 대한 국내법적 지위를 거부하는 영국의 경우에도 1989년 영국 대법원의 *Factortame Ltd. v. Secretary of State for Transport* 사건 판결에서 영국 국무장관은 직접 적용되는 EEC조약 규정에 저촉되는 국내법의 적용은 배제된다고 밝혀 직접 국내적용 조약 규정의 국내법에 대한 우위를 인정하였다. *ILR*, Vol. 93(1993), p.649.

토록 승인하였다는 것은 그 해당 법규의 해석과 적용에 관한 법체계 내지 법질서의 존재와 작용을 전제로 한 것이라 본다. 조약의 규정을 법규로 배타적 적용을 승인한 것은 비단 해당 조항뿐만 아니라 그 조항이 소속된 법질서에 대한 승인을 의미하는 것으로 보아도 좋을 것이다. 조약이 형성하는 개인 등 제3자의 권리·의무의 형성 및 적용의 대상이 되는 특정 조항의 해석과 적용의 규범체계 등을 갖춘 특별한 법질서에 대한 당사국의 승인을 바로 국제법상 조약의 직접적용에 관한 고유한 요건으로 본다면, 이 점에서 특별법질서의 창설에 대한 의사를 추가적 요건으로 본 앞에서 언급한 버겐탈(Buergenthal)의 소론은 법리적으로 타당성이 있다고 볼 수 있다. 그러나 과연 이러한 특별법질서 내지 체제가 어떤 내용인지는 제대로 규명되어 있지 아니하다.

(3) 특별법질서의 개념

이러한 특별법질서(special legal order or régime)는 기본적으로 해당 당사국의 국내법질서와 준별되고, 특별한 사항에 대해 법규를 형성하고, 그 효력에 관한 한 국내법질서의 간섭을 배제하며 일정 정도 자족적으로 해석되고 직접 적용될 수 있는 하나의 법질서를 말한다고 볼 수 있을 것이다. 그러면 조약의 규정이 체약국 내에서 입법관할권을 제한할 정도로 그대로 적용될 수 있도록 하는 특별법질서를 구성하게 하는 것은 무엇일까?

국제법질서에서 이러한 '특별법질서'(special legal order) 또는 '특별법체제/제도'(special legal régime)라는 용어를 사용하는 경우는 특정 국가의 일반적 입법관할권을 배제하는 특정 장소, 시기, 사람 또는 사물을 규율하는 특별법관계를 이룬다고 본다. 예를 들어, 해양법상 해협통항제도,[163] 배타적 경제수역제도[164] 및 공해제도와 같은 것은 연안국 또는 선박 기국의 입법적 관할권이 적용되지 아니하는 특별법질서를 형성하고 있다고 인정된다. 이러한 특별법질서는 연안국의 입법정책에 의하여 그 제도가 시행되지 아니하며, 세부 시행규칙을 정하는 것이 필요한 때에는 권한 있는 국제기구(competent international organizations)가 그 표준이나 기준을 정하게 하여 원칙적으로 국가의 입법관할권으로부터 별도로 규율하고 있다. 또 다른 예로서 들 수 있는 것은 다름 아닌 유럽공동체조약과 같이 독자적인 해석 및 분쟁해결체제까지 완전히 갖춘 자족적인 법체계를 들 수 있다. 유럽공동체의 법 해석과 적용을 해당 구성국의 사법기구나 정치기관은 그대로 이를 국내에 적용해야지 이를 변형하거나 다르게 해석할 수 없는 것이라 판단된다. 이런 점에서 특별법질서를 구성하는 조약 규정은 국내 사법기관의 재량적 판단이 제약되는 특성을 가지는 것이라 볼 수 있다. 나아가 이런 특성을 가진 조약의 체결은 해당 체약국으로서는 그 조약이 규율하는 사항(subject-matter)에 대하여는 국가주권의 자기제한의 원리에 따라 일정 정도 입법적 관할권을 그 조약이 상정하는 법질서 내지 법체계에 위임하거나 포기한 것으로 이해될 수도 있을 것

163) 유엔해양법협약 제3부(국제항행용 해협)에서 "the regime of passage"라는 용어를 사용하여 국내법에 의하여 규율되는 해양체제와 구별되는 제도임을 의미하고 있다.

164) 유엔해양법협약 제55조에서 배타적 경제수역(EEZ)이 "특별한 법적 체계"(special legal regime)라고 규정하고 있고, 그 자체가 시원적(*sui generis*)이라는 법적 성격을 가지고 있다.

이다. 이것은 조약의 직접적용에 있어서 상당히 중요한 요소라고 판단된다.

국가가 조약을 체결하면서 어떤 작위 내지 부작위의 의무를 부담하는 것이 기본적인 조약의 내용이지만, 단순히 이런 작위 내지 부작위가 의사의 자유를 제약하는 수준에 그친다면 조약의 국내 직접적용의 요건으로서 특별법질서의 창출이라는 측면에서 그 의미가 없다고 본다. 이를 넘어 국가가 특별한 분야에서 그 입법적 관할권을 배제하고 대체할 수 있을 만한 법질서를 창설하는 수준의 내용이 되어야 한다는 뜻이다.

이러한 성격을 지닌 조약의 체계는 상기 PCIJ의 권고적 의견에서 그 판단대상이 된 단치히 철도직원의 전속을 규정한 협정과 같이 그 직원들의 법적 지위와 처우의 체제를 포괄적으로 형성하고 이에 대한 폴란드의 입법적 개입을 차단한 조약의 규정은 특별한 인적(*ratione personae*) 그리고 물적(*ratione materiae*) 사항을 규율하는 법규를 형성하고, 그 해석을 단치히 재판소에 유보한 특별법질서로서 국내적 직접적용의 요건을 충족시킨다고 볼 수 있다. 더 나아가 EEC조약과 같이 아예 조약의 해석과 적용에 관한 통일성을 부여하기 위해 공동체 내부 사법기관을 설치하여 해당 조약에 기초한 법질서를 스스로 통제할 수 있는 제도를 확립하고 있는 경우는 더할 나위 없이 바로 하나의 견고한 독자적 특별법질서를 구축하고 있다고 판단된다.

여기에 더하여 최근 ILC에서 논의되고 있는 '자기완비적인 법체제'(self-contained regime)와 같이 일반 국제법질서에서 떨어져 나와 하나의 특별한 자족적인 법체계를 구성하고 있는 것도 조약에 의한 특별법질서를 인식하는데 고려될 수 있는 사항이라 볼 수 있을 것이다.[165] 일반 국제법질서와 구별되는 것인지 여부가 논란이 되고 있지만, 특별법질서로서 독자적인 해석과 적용의 규칙을 형성하는 점에서 이러한 법체제가 국내에서도 이러한 독자성을 인정받을 가능성이 많고, 또한 이런 유형의 법체제인 유럽공동체의 법질서, 국제통상법, 국제형사법 등은 바로 여기서 논의하는 조약의 국내적 직접적용의 요건으로서 특별법질서와 유사한 점이 있을 수 있다고 볼 수 있다. 이러한 유형의 법질서의 대표적 후보로 거론되는 유럽공동체와 같이 독자적 법질서를 갖춘 경우와 함께 외교관계에 관한 국제법질서, 그 중에서 외교관의 특권과 면제와 관련하여 외교관에 대한 특별한 규율질서 및 해결절차를 통틀어 하나의 독자적 체계로 보려고 하는 것은 흥미롭다.[166] 외교상의 특권과 면제는 일종의 인적 특별법질서로 파악될 수 있을 것이다. 그러나 자기폐쇄적 법체계는 국제법의 층위에서 구별되는 특별법(*lex specialis*) 질서이고 국내법과의 관계에서 논의되는 개념이 아니기 때문에 이를 바로 원용하기는 어렵다고 보지만, 하나의 체계단위로 인식하는데 도움을 줄 수는 있을 것으로 본다.

위에서 고찰한 바와 같이 현행 국제법체제에서 다양한 조약체제(treaty regimes)가 존재하고 있다.[167] 이러한 가운데 우리가 목표로 하는 특별법질서를 창출하는 조약체제를 판단하는 기준을 도출하여야 한다. 이를 위하여 우선적으로 법질서가 무엇이

165) *Report of International Law Commission* (2003), pp.267-275 참조.

166) 심영규, "유엔국제법위원회(ILC)의 '국제불법행위에 대한 국가책임에 관한 규정 초안'(Draft Articles on the Responsibility of States for Internationally Wrongful Acts)의 채택에 따른 '자기완비규범체제'(Self-contained Regimes) 개념의 재검토," 『국제법동향과 실무』(통권 제6호, 2003), 152-166면 참조.

167) 이러한 조약체제에 대해서는 Franck, Thomas M.(ed.), *Delegating State Powers: The Effects of Treaty Regimes on Democracy and Sovereignty* (2000)를 참조할 것.

냐에 답하는 것이다. 참으로 법질서라는 단어는 다의적으로 사용될 수 있다. 이와 관련하여 쿤쯔(Kunz)는 국제법의 확대와 발전에 대해 논하면서 '법질서'(legal order)는 그 특정 법질서의 규범을 창조(create), 변경(change), 적용(apply) 및 집행(execute)하는 권한을 그 기관에게 부여하는 규범을 확립하여야 한다고 하였다.[168] 이러한 광범위한 자족적이고 자기통제력을 갖춘 법질서를 가진 조약체제는 유럽공동체, 또는 시카고 민간항공협약에 의해 창설된 국제민간항공기구(ICAO) 등과 같이 고도로 조직화된 조약체제 이외에도 단행 조약체제 내에서의 법질서의 모습을 현실적 수준에서 고찰할 필요가 있을 것이다.

사례 검토로 국제상거래 분야에 있어서 통일된 규칙을 성안하여 다자조약으로 채택된 유엔물품매매협약(UN Convention on Contracts for the International Sale of Goods)[169]을 하나의 대표적 사례로서 살펴보자.[170] 이 협약은 일반적으로 자기집행적이라고 인정되고 있다.[171] 이 협약은 국제상거래 중 동산매매에 적용되는 통일적 규칙을 형성하고 있는 조약으로서 계약의 성립, 매도인과 매수인의 의무, 계약의 효력, 손해배상, 해제・해지 등의 규정을 두고 있는 완결된 법규이다. 그러나 국제동산매매

---

168) Josef L. Kunz, "Editorial Comment: Revolutionary Creation of Norms of International Law," 41 *AJIL* (1947), pp.119-126.

169) 1980년 유엔이 소집한 외교회의에서 채택되고 1988년 1월 1일 발효된 바, 우리나라는 2004년 2월 18일에 가입하였다.

170) Waelbroeck도 경제활동의 국제화에 따라 국제기준의 범규범 설정이 두드러지는 분야가 바로 이러한 국제사법의 단일법 채택분야임을 지적하고 있다. Waelbroeck, *supra* note 74, p.184.

171) Franco Ferrari, "Interprétation unforme de la convention de vienne de 1980 sur la vente internationale," *Revue international de droit comparé* (1996, no. 1), pp.822-823 참조.

에 있어서 적용상 이 협약에 의한 법규만으로는 하나의 완전한 자족적이고 포괄적인 법체계를 완비할 수는 없는 만큼, 다른 법규범의 도움을 보충적으로 필요로 한다. 이에 이 협약은 "명시적으로 이 협약으로 해결되지 아니하는 사항은 이 협약이 기초하고 있는 일반원칙(general principles)에 의하여 해결하고 그 원칙이 없는 경우에 국제사법의 규칙에 의하여 준거법에 의하여 해결되어야 한다"[172]라고 규정하고 있다. 이 규정에 비추어 이 협약은 국제동산거래에 통일적 규칙을 형성하기 위하여 최대한 개별국의 법규를 적용하지 아니하고 일반적 규칙의 적용을 추구하고 있는 것을 알 수 있다. 이러한 모습은 개별 국내법질서와 구분되는 국제상사법의 독자성을 구축하려는 의도로 해석된다. 이 협약의 제정목적이 각국 법질서의 다양성과 준거법 선정의 번거로움과 불가예측성을 극복하여 통일된 상거래규칙을 형성하려는 입법적 조약[173]이라는 사실에서 개별 국가의 입법의 자제와 제한이 요구되는 국제동산매매라는 특별한 사항에 관한 특별법질서를 구축하려는 것임을 알 수 있다. 그러면 이 협약상 해석의 준거가 되는 일반원칙은 계약, 특히 이러한 동산의 국제매매에 적용되는 법의 일반원칙의 총체는 국내법질서와 개념상 구별되는 법체계로 보아도 무방할 것이다.[174] 이러한 협약규정과 보충적으로 동산매매에 관한 일반원칙 내지 국제사법규칙의 총체가 하나의 법질서(*un ordre juridique unique*)[175]로서 조약의

172) 유엔물품매매협약 제7조 제2항.

173) Ferrari, *supra* note 171, p.823 참조.

174) 이러한 일반원칙의 국제법상의 의의는 1970년 ICJ의 *Barocelona Traction* 사건 판결에서 법인의 지위와 관련하여 언급한 "rules generally accepted by municipal law"와 같이 국제법의 발견에 사용된다는 점에서 중요하다. ICJ, *Reports of Judgement* (1970), p.37.

직접적용에 필요한 특별법질서로 인정될 수 있을까?

그러나 현실은 동 협약의 적용에 관해 여러 가지 문제가 야기되고 있다. 특히 70여개 국이 넘는 당사국 중 하나인 미국의 경우에 완결된 국제동산매매법으로 자기집행성을 인정하고 있으나 실무적으로 계약당사자와 법률가, 심지어 법무당국자들도 이 협약의 내용을 잘 모르고 조문 해석의 통일성과 예측 가능성이 제대로 담보되지 못한 관계로 활용도가 떨어지고 무시되는 현상이 보고되고 있다.[176] 이러한 문제점은 해당 조약 텍스트의 정치한 법규 자체와 보충법규범의 완벽성만으로 직접적용성이 보장되지는 않는다는 점을 일깨워 준다. 적어도 동 협약이 국제적으로 일관성 있게 적용되고 운영될 수 있도록 하는 또 다른 어떤 체제가 필요한 것이다. 완벽한 법규 텍스트만 국제사회에 던져 놓으면 잘 적용·운용될 것이라고 믿었던 유엔 사무국 관리들과 협약 성안에 참여한 각국의 전문가들의 순박한 판단의 결과로 보인다. 따라서 조약 자체가 체약국 내에서 원만하게 안정적으로 법규로서 권위 있게 적용되게 하려면 단행 조약문 자체만으로 부족하며 이를 지원하는 유기적 체계가 필요하다고 생각된다. 70여개 국이 넘는 협약당사국들 사이에서 해석의 일관성을 기하기 위해 언제든지 활용 가능한 법률적 해석기관, 각국별 적용사례를 수집하고 규범운용상 문제점을 발견하

175) 이러한 상관습이 하나의 법질서의 단위로서 소위 '*lex mercatoria*'의 인정 여부가 논의되어 오고 있으며, 이러한 상관습이 ICJ규정 제38조상의 법의 일반원칙으로 파악될 수도 있음이 지적되고 있다. Paul Lagarde, "Approche critique de la *lex mercatoria*," *Ètudes Goldmann* (Paris, 1982), pp.130-135.

176) Marcia J. Staff, "United Nations Convention on Contracts for the international Sale of Goods: lessons Learned from Five Years of Cases," *South Carolina Journal of International law and Business*, Vol. 6(1-1-2009) 참조.

여 이를 교정할 수 있는 사무국 기능, 그리고 이러한 운영을 뒷받침하는 기타 문서 등으로 구성되는 협약 체제가 갖추어져야 한다. 따라서 조약문이 직접 적용되려면 법규의 집합(a set of rules)에다 이를 해석・통제・운영할 수 있는 능력이 구비되어야 하나의 특별법질서로 작용할 수 있을 것이다.

무엇이 법질서(*ordre juridique*)의 개념이 되느냐에 대하여 로마노(Santi Romano)는 1975년 『법질서론』(*L'ordre juridique*)이라는 저서에서 법질서를 규범의 총체(*entité de la norme*)로서 목적, 제도 등을 갖춘 구조적 요소를 그 징표로서 평가하였다.[177] 물론 이러한 법체계가 완전히 자족적일 필요가 없다는 점을 덧붙이고 있다.[178] 여기서 적어도 법질서라는 개념이 목적, 일정 정도의 조직, 그리고 규범의 집합으로 구조화된 하나의 제도(institution)로서 파악될 수 있다는 점이 결정적이 아닌가 생각해 볼 수 있다. 단순히 하나의 법규범이 있다고 하여 그것이 하나의 질서를 구성한다고 볼 수 없을 것이다. 그 이상으로 이를 조직화하는 구조화된 제도로서 접근하는 것이 하나의 법질서를 인식하는 징표로 보더라도 큰 무리가 없다고 판단된다. 그 제도라는 것은 법규범을 창출하고, 해석・적용하고 그리고 집행하는 기능을 수행하는 것임을 알 수 있다.

위에서 파악된 바를 간명하게 보면 법질서라는 것은 입법, 사법 및 집행의 제도적 구조로 볼 수 있다. 그러나 조약이 창설하는 법질서가 국가의 법질서와 같이 완전한 포괄적 법질서만큼은 되지 못한다는 것을 알 수 있다. 국내적 직접적용성이 인정되기 위해서는 조약이 창설하는 법질서가 법규를 형성하느냐

177) Lagarde, *supra* note 175.
178) *Ibid.*, p.130.

여부와 더불어 조약의 법률적 해석과 적용에 관한 제도의 구비 여부가 핵심이라고 추정해 본다. 여기서 '제도화'의 개념이나 그 기준이 무엇인지 문제가 될 수 있을 것이다. 일응 해당 규범의 수범자집단으로 구성되어 의사결정 및 해당 법질서의 운영에 참여하는 기관(예를 들어, 국제기구의 총회), 이사회 및 위원회와 같은 선출된 관리기관, 분쟁해결절차를 포함한 규범의 해석·적용을 위한 절차 및 기관, 또는 후속 세부입법, 신규 입법(조약 개정)을 위한 제도 등을 들 수 있을 것이다. 특히 조약은 그 배후에 일반국제법의 지원으로 단행 조약이 커버하지 못하는 사항을 보충적으로 규율받을 수 있는 바, 조약의 체결(일종의 입법), 해석 및 효력에 관한 조약법, 조약 이행의 법적 책임을 다루는 국가책임법, 각종 국제법 관련 분쟁해결 시스템이 활용될 수 있기 때문에 단순히 단행 조약만 가지고 유기적 법규범 체계로서 박약한 것으로 판단할 필요는 없다. 다만, 조약의 사법적 유권해석은 현행 국제법질서상, ICJ규정상 강제관할권 수락과 같은 의무를 부담하지 않는 한 임의적이어서, 어느 조약의 직접적용성의 요건인 특별법질서의 창설에 있어 법률적 유권해석 권능의 확보가 중요할 것이다. 조약내 규정상 강제 유권해석이 아닌 임의적인 것이라면 그 특별법질서의 성립에 부정적으로 작용할 것이다.

여기서 유의하여야 할 것은 국제정치학에서 논의되는 소위 '레짐'(regime) 이론은 법률학의 관점에서 그대로 적용될 수 있는 것은 아니라는 점이다. 어쨌든 유럽공동체와 같이 완벽한 특별법질서를 형성하고 있는 경우와 같은 사례가 있는데 비해 상기 PCIJ의 권고적 의견에서 보듯, 비록 단치히 자유시 직원이 폴란드 철도당국으로 전속되었지만 그 처우에 관해 일종의 제도화된 체제를 그 특별법체계의 징표로서 제기하는 모습[179]에서 제도화의 기준이 복잡하고 사법(司法)체제까지 갖춘 완벽한 형태일 필요는 없다. 하지만, 국내법질서의 재량적이거나 자의적인 간섭과 침해를 방어할 수 있는 수준이고, 조약이 형성한 법규에 대해 엄정한 법률적 해석이 가능한 체제여야 한다는 것을 알 수 있다.

EEC조약, 단치히 자유시 철도직원 전속협정 같은 직접적용적 조약이 견인하는 특별법질서는 국가 입법관할권을 배제하고 나아가 국가가 이를 적용하는 경우에도 재량이 없이 그대로 적용하여야 하며, 해석도 이 법질서에서 부여되는 대로 따라야 한다고 볼 수 있다.[180] 이런 측면에서 이 특별법질서에서 유권적 해석기관이 존재하는 경우에는 그에 따르지만,[181] 만약 이런 기관이나 절차가 없는 경우에는 그 조약의 문언이 국내적으로 직접 적용되기 위하여 최대한 명확해야 할 것이다. 추상, 모호 등으로 명확하지 아니하면 국내적으로 해석・적용하는데 통제하기 어려운 결과가 생기기 때문이다. 이를 방지하기 위해 당사

179) 상기 직원협정 제4조에서 단치히 자유시 직원에 대한 징계는 일차적으로 폴란드 징계 관련 규정에 따른다고 하면서도 제1심 징계절차 이후 제2심 절차에서는 과반수의 징계위원이 단치히인으로 구성되어야 한다는 등과 같이 폴란드의 자의적 조치를 방지하여 그 직원을 보호하려는 제도적 장치를 두고 있다. *Supra* note 11, pp.18-19.

180) 스페인 대법원은 1989년 4월 7일 *Canary Customs Regulation* 사건에서 EEC 규칙을 심사할 권한이 없으며 구성국 내에서 직접적으로 단일하게 적용된다고 판시하여, 이러한 직접적용 규정의 해석적 일관성이 하나의 특별법질서의 특성으로 볼 수 있음을 알 수 있다. *ILR*, Vol. 93(1993), pp.351-51.

181) 독일 연방헌법재판소는 1967년 10월 18일 판결에서 유럽공동체법은 독일 국내에서 국내법질서와 준별되는 법질서를 구성하며 EEC조약의 해석과 적용에 있어서 ECJ를 통하여 일관성을 확보하고 있다고 하였다. *ILR*, Vol. 93(1993), pp.353-354.

국간 협의 등의 절차를 통하여 해석과 적용에 일관성과 통일성을 유지함으로써 국내 사법기관이 스스로 판단해 직접 적용하는 것은 별론으로 하고, 원칙적으로 체약국간 정치적 타협이 아닌 엄정한 법률적 해석을 기할 수 있는 유권해석 절차가 유보되어 있지 않다면 국제법상으로 일차 그 조약의 직접적용성은 제한되게 될 것이라 본다.[182] 예를 들어, 한-미 SOFA협정과 같이 주한 미군 및 군속에 대해 우리 국내법질서를 배제하고, 그 법적 지위를 보장하고, 해석과 적용에 관한 분쟁이 발생하는 경우에는 SOFA 합동위원회 등 초보적 분쟁해결 및 해석기관을 갖추고 있다고 하더라도 한・미 양국이 조약의 국내적 자기집행 가능성을 인정하는 것과 별도로 해당 조약체제 내에서 국내사법기관이 승인할 수 있는 법률에 입각한 종국적 유권해석 기관 내지 절차가 이용될 소지가 없기 때문에 국제법상으로는 국내적 직접적용성이 인정되는데 문제가 있을 것이다.

여기서 '특별'이라는 수식어가 한정하는 의미가 무엇인지 알아볼 필요가 있다. 조약은 그 목적으로 상정된 사항(subject-matter)에 적용되며, 조약이 창설하는 특별법질서는 일반적 국내법질서에 대한 관계에서 이러한 특별한 사항을 규율하는 법질서라는 의미에서 '특별'이라는 수식어가 붙는다고 보아야 할 것이다.

182) 상기 서독 최고법원의 판결(*supra* note 131)에서 유럽인권협약의 직접적용성을 인정한 논거 중에 동 협약 제25조에서 인권침해를 주장하는 개인이 유럽인권이사회에 청원하는 권리를 지적하여 각 개별 국가에 의한 일차 판단 이후 다시 국제적 제도로써 이를 사후적으로 교정할 수 있는 제도를 구축하고 있음을 언급하였다. *Ibid.*, pp.244-245.

(4) 특별법질서의 창설

직접적용성을 구비한 조약은 자체로서 명확하게 법규의 형성과 내부에 이 법규에 관한 법률적 유권해석 권능이 갖추어진 일반 국내법질서에 대비되는 특별법질서를 창설하는 효력을 지닌다. 조약상 특별법질서의 창설은 특정 조약이 기반한 특별법질서에 대한 국내법질서에 의한 승인이라고 의제하여 볼 수 있고, 국내법질서는 이를 변경하거나 거부할 수 없이 그대로, 마치 우리가 섭외사건에서 외국을 승인(recognition)하는 전제하에서 준거법으로 그 국가의 법을 직접 적용하는 것과 같은 유추(analogy)의 원리로, 국제법이 부여하고 해석하는 해당 조약의 규정을 적용하는 것이라고 볼 수도 있는 것이다. 유엔국제법위원회(ILC)에서 '국제법상 일방적 행위'(unilateral act)에 대한 개념과 규칙을 검토하였는데, 이러한 승인의 행위가 반드시 이러한 단독행위뿐만 아니라, '조약에 기초한 승인'(recognition based on a treaty)이 가능함을 명언하고 있어, 당사국들이 조약을 체결하고 당사국이 됨으로써 이러한 특별법질서를 형성하는 것은 법리상 인정되는 것이다.[183] 이러한 조약이 기반한 특별한 법질서에 대한 승인을 전제로 국내 행정・사법기관은 이를 집행하는 것이지, 자의로 이를 다른 국내법규로 대체하거나 변경하여 재량으로 적용해서는 아니되는 것으로 본다.

그러면 이러한 특별법질서의 창설(creation) 여부는 어떤 근거와 기준에서 판단되어야 하는지 고찰할 필요가 있다.[184] 상기

183) *Report of Internationl Law Commission* (2003), p.135.

184) 룩셈부르크 행정법원은 1984년 11월 21일 *Bellion* 사건에서 국내에 직접 효력을 가지는 조약과 국내법이 상호 저촉되면 전자가 후자에 우선한다고 판시한 바,

한 대로 버겐탈(Buergenthal)은 단순히 이러한 특별법질서 내지 체계의 형성에 관한 당사국 의사의 존재를 언급하고 있을 뿐이다.[185] 그러나 이 기준의 판별에 있어서 앞에서 언급한 다른 기준들, 즉 당사국의 의사, 권리의 형성, 문언의 명확성과 함께 고려되어야 하며 고립적으로 판단되어서는 안된다고 본다. 왜냐하면 앞에서 논의한 대로 당사국의 직접적용에 대한 의사라는 것이 조약의 국내 직접적용성의 결정에 있어서 독자적 기준이라기보다는 조약의 목적·체계 및 문언의 해석을 통해 획득되는 조약의 직접적용성의 구비에 대한 판단의 결과로서 본다면, 이러한 특별법질서의 창설에 대한 당사국의 의사도 그런 관점에서 특별법질서의 창설 여부의 해석 속에 용해되는 것으로 평가될 수 있다.

조약에 의한 특별법질서의 창설은 비국가적 법익이 원용될 수 있는 법규의 형성이라는 특별성과 일정 정도의 제도화된 법질서, 즉 법률적 유권해석 기제의 창설이라는 두 가지 성격을 구비한다면 바로 조약이 하나의 특별법질서를 창설하는 것으로 볼 수 있을 것이다. 나아가 문언의 명확성은 구체 조항의 적용 여부를 심사하는 때에 국내법으로의 반정이 필요 없게 하는 중요한 역할과 함께 특별법질서의 형성을 판단할 때 의문 내지 모호성이 없게 하는데 고려요소로 또한 볼 수 있다. 따라서 이런 관점에서 특정 조약에 대한 특별법질서 형성의 여부는 그 조약 해석의 문제로 귀결된다고 볼 수 있다.

그 근거로서 '국제조약법의 특별한 성격'(the specific nature of international treaty law)에 기인한다고 하고, 나아가 유럽공동체법을 창출하는 EEC조약은 당사국이 자국의 주권적 권리의 행사를 제한한 한도에서 하나의 새로운 법질서를 형성한 것이라고 판시하였다. *ILR*, Vol. 93(1993), pp.553-556.

185) *Supra* note 153 참조.

해당 조약의 목적, 구조, 조직화, 분쟁해결 및 조약의 해석・적용의 판단기관 내지 절차의 존재, 하부규범의 형성능력 및 절차, 그리고 위반시 제재수단 등이 그 망라적 징표로 볼 수 있을 것이다. 이러한 요소를 많이 구비하고 있으면 그 조약은 특별법질서로서의 성격이 강하다고 판단될 수 있을 것이다. 특별법질서의 창설이라는 기준은 조약의 직접적용의 문제가, 각 개별 국내법질서에서 판단되지 않고, 국제법의 문제로서 판단되어야 한다는 원칙에서 나오는 것으로 국제법의 차원에서 해당 조항에 대한 규범적 통제가 이루어질 수 있다는 전제를 가지고 있다. 따라서 가장 핵심적 요소는 특정 조약이 창설하는 특별법질서 내부에서 그 조약의 법률적 해석과 적용에 관한 결정권한을 행사할 수 있는 제도의 존재 여부, 즉 조약 규정의 해석권능 내지 권위의 보유 여부라고 볼 수 있다.

많은 조약들은 그 해석과 적용에 관한 분쟁해결 조항을 대부분 가지고 있다. 이러한 분쟁해결 조항은 대별하면 중개, 조정과 같은 정치적 해결방식과 사법재판, 중재(arbitration)[186]와 같은 사법적 해결방식으로 나눌 수 있다. 여기서 전자와 같은 방식은 엄격한 법률적 조약 해석에 속한다고 보기 어려우므로 후자와 같은 사법적 해결방식을 두고 있는 조약이 법질서 창출에 더 가까울 것으로 본다. 다만, 조약의 해석에 관해 사법적 절차를 규정하고 있는 조약 중에서 사법재판소나 중재의 관할권이 당사국의 추후 합의에 의하는 소위 임의관할권에 불과할 경우

186) 중재의 경우 당사자가 원하는 경우 법률 대신 '형평과 선'(*ex aequo et bono*)을 적용할 수 있어 엄격한 사법적 재판은 아니라 하더라도 당사자의 선택에 따라 원칙적으로 법률에 의한 심판을 받을 수 있으므로 사법적 해결방식에 속한다고 본다.

조약 해석의 필요시 이용 여부가 불확실하므로 이 또한 문제가 있다. 따라서 조약상 사법적 해결절차가 강제로 발동될 수 있는 강제관할권을 규정한 조약이 해석상 문제가 제기될 경우 어느 체약당사국이라도 사법재판을 통해 유권적 해석을 받을 수 있을 것이다.

여기서 우리가 검토해야 할 문제는, 조약의 국내적 직접적용에 있어 이를테면 한 체약국내 법원에서 조약 해석의 문제가 제기되더라도 해당 조약의 다른 체약국과 쟁송으로 번져 강제관할권까지 발동해서 타국의 문제에 개입하려는 다른 체약국이 거의 없을 것이다. 한 체약국 사법기관에서 자국민이 당사자가 되는 사안에서 조약 해석의 문제가 제기되었다고 다른 체약국을 상대로 유권해석 확보를 위해 국제사법재판을 거는 것도 우스운 현상이 될 것인 바, 이는 보통 조약에 두고 있는 조약의 해석과 적용과 관련된 분쟁해결 조항이 상정하는 대항적(adversary) 사법절차만으로 적정한 유권해석의 확보에 부족할 것으로 보인다. 이 문제에 관한 기본 판례인 PCIJ의 단치히 재판소 관할권에 관한 권고적 의견이 이러한 대항적 쟁송이 아니라 당시 국제연맹에 의해 요청된 권고적 의견이라는 점에서 착안해 볼 필요가 있다. 국제사법재판소(ICJ)의 권고적 의견과 같은 비송적 절차를 통해 체약국에게 유권해석을 부여하고, 조약이 창설한 전체 법질서내 조약의 해석과 적용의 일관성과 통일성을 유지할 수 있을 것이다.

비송적 유권해석의 일반적 제도로 유엔헌장 제96조에 규정한 유엔 안전보장이사회와 총회의 요청에 의한 국제사법재판소의 법률적 문제에 관한 권고적 의견(advisory opinion) 제도가 있으며, 유럽사법재판소(ECJ)도 공동체기관 및 회원국에 의해 유사한 제도를 갖고 있고, 국제범죄 소탕을 목적으로 하는 국제형사법원(ICC) 규정상 국제형사법규를 해석할 권능을 구비한 사례도 있다. 유럽공동체나 ICC의 경우와 같이 자체 사법기관을 둔 경우 이외의 단행 조약은 이러한 사법제도를 구비하기 어려울 것이므로 결국 유엔헌장상 ICJ의 권고적 의견 제도의 이용 여부가 관건이 될 것이다. 따라서 유엔헌장, 유엔특권면제협약, 유엔난민고등판무관의 난민협약, 인권위원회 및 이사회가 담당하는 인권조약들, 기타 유엔이 주도해 제정한 협약 등의 해석 문제가 제기되면 각 유엔 해당 기관은 총회에 의뢰해 ICJ의 유권해석을 받을 수 있기 때문에 유엔 산하 조약들은 이런 측면에서 조약 해석권능을 확보하고 해당 조약 해석과 적용의 일관성과 통일성을 유지・관리할 수 있다. 여타 ICAO, ILO, IAEA 등 전문국제기구들도 자신의 소관에 속하는 조약의 해석에 관해 유엔 총회를 통해 유권해석을 확보할 수 있다. 이런 측면은 특정 조약이 창출하거나 속하는 법질서는 이런 법적 해석권능을 부여하거나 동원할 수 있는 체약국으로부터 독립된 별도의 조약실시에 관한 관리・감독기관(supervisory & regulatory bodies)이 설립되는 일정 수준의 조직화가 필요한 것으로 보인다. 이러한 기관은 총회, 이사회, 위원회와 같은 합성기관이나 사무총장, 고등판무관과 같은 독임관청 모두 가능할 것이다. 특정 조약의 법질서 내에서 이러한 기관이 권고적 의견을 요청한다는 것은 그 질서내 다수 체약국이 이를 찬동한 것이므로, 유엔 총회에 내면 역시 국제사회의 다수국들의 찬동을 받아 ICJ의 유권해석을 받는데 지장이 없을 것이다.

따라서 유엔헌장을 위시한 유엔 산하 조약, 국제형사법원을 설립한 ICC규정, ICAO를 설립한 민간항공에 관한 시카고협약,

조약에 대한 유권적 해석기관은 물론 입법 등 여타 제도가 완비된 유럽공동체의 조약, 해석과 분쟁해결 권능을 내재화시킨 WTO(GATT)조약, 일부 주권적 사항에 관한 것을 제외하고 강제적 분쟁해결 수단을 구비하고 있는 유엔해양법협약(UNCLOS) 등은 구체 조약문의 명확성에 기초해 적용된다는 전제에서, 개인이 관련되는 것을 포함한 비국가적 관계에 관한 사항에 대해 직접적용성을 갖춘 조약체제라 평가된다. 다만, WTO의 경우 분쟁해결 수단이 법 해석의 일관성을 기할 수 있는지 여부에 다소간 시비가 걸릴 소지가 있다.[187]

인권조약상 개인 청원 및 인권위원회 심사제도도 사법적 해결에 미치지 못하므로 마찬가지로 직접적용성의 하자로 작용할 소지도 배제할 수 없을 것이나, 하나의 유엔 산하 조약으로 최종적으로 ICJ의 유권해석을 받을 수 있을 것이므로 문제가 없다고 본다. 양자조약 가운데서도 조약의 해석과 적용 그리고 조약관계의 운영을 기할 수 있는 최소한도의 체제를 갖춘 것이면 직접적용이 가능한 조약의 후보로서 해당 조약이 규율하는 비국가적 관계에 있어서 긍정적으로 판단해 볼 수 있을 것이나, 엄정한 의미에서 인정되기 쉽지 않을 것으로 본다.

---

187) Armin von Bogdandy, "Pluralism, direct effect, and the ultimate say: on the relationship between international and domestic constitutional law," *I · CON's fifth-anniversary conference("Rethinking Constitutionalism in an Era of Globalization and Privatization"* 제하로 2007년 10월 25~26일 개최), pp.405-407 참고.

Ⅲ. 조약의 체약국내 직접적용의 일반적 기준과 그 적용

1. 일반적 기준의 도출

(1) 의 의

이제 개별적 기준에 대한 분설을 토대로 조약의 직접적용성이 국제법의 층위에서 결정되는 요건들을 정리하여 일반적이고 보편적으로 적용될 수 있는 원칙으로 정립하고자 한다. 조약의 직접적용 내지 자기집행이라고 하여 각국의 법제에 따라 일관성 없는 파편적인 적용관행을 넘어서 국제적으로 적용될 수 있는 보편적 이론을 정립하는 것이 국제법, 특히 조약의 해석과 적용에 있어 예측 가능성 및 법적 안정성을 증대하는데 중요하다고 볼 수 있다. 세계화의 진전, 진정한 의미의 국제사회(world community)의 도래 그리고 상호의존성의 심화는 유일한 국제사회의 입법원천(立法源泉)인 조약의 해석과 적용에 개별 국가의 자의적인 해석과 변경이 방지되어야 할 필요가 있고, 특히 명확하게 형성된 조약에 기반한 법질서가 가급적 그대로 국내에서 존중 또는 승인되는 것이 안정적인 국제관계를 유지하는데 도움이 될 것이다. 이는 현재 중앙통제기관이 없는 국제공동체의 운영이 이러한 시스템을 통하여 정의롭고 조화롭게 이루어지는데 기여한다고 본다.

물론 개별 국가가 여기서 도출되는 일반적 기준을 최소기준으로 하고, 이를 초과하여 더 넓고 강하게 조약의 직접적용성을 자국의 법제 내지 정책에 의하여 부여하는 것이 방해받지 아니한다. 그것은 어디까지나 자국 내에서 조약을 국내법질서에 수용하고 적용하는 국내법의 문제이기 때문이다.

(2) 제 기준에 대한 종합적 평가

고전적으로 제기되는 조약의 직접적용성의 판단기준으로서 당사국의 의사, 개인의 권리의 창설 내지 형성, 문언의 명확성은 앞에서 고찰한 평가대로 그 역할이 재검토되어야 한다고 본다.

1) 당사국의 의사

우선, 당사국의 의사라는 것이 하나의 독자적 요소로 인정받기에는 여러 관행 및 조약 해석의 원리에 비추어 곤란한 점이 있다고 판단된다. 조약의 해석의 결과로 당사자가 국내 직접적용을 의욕하였을 것이라 판단되지만, 미리 당사자의 직접적용에 관한 의사를 판단요소로 확정지어야 그 조약이 국내에서 직접적용될 수 있다고 하는 것은 이론적으로나 관행상 타당하기가 어려워졌다고 본다.[188] 사실적으로 그런 의사를 가질 수는 있으나, 현실적으로 그런 의사를 법률적으로 포착하기는 상당히 어렵다고 보아야 한다.

오늘날 국내에 직접 적용될 가능성이 가장 높은 조약은 입법적 다자조약이다. 그 대부분은 전 세계 100여개 이상의 국가 대

188) 당사국의 의사에 기초한 주관적 해석원칙은 국제법상 그 지지를 점차 상실하여 왔다고 한다. Bleckmann, "Teleologie und dynamische Auslegung des Europaeischen Gemeinschaftsrechts," [1979] *Europrecht* 239, Stein, *supra* note 27, p.9에서 재인용.

표가 모여서 교섭하여 성안하는 과정에서 특정 조약이 모든 국가의 국내에서 직접 적용하자고 하는 의사표시를 나타낼 계기가 없을 뿐더러 그렇게 하는 경우가 거의 없다고 보아도 무방하다. 이런 입장을 취하면 국제법상으로 국내에 직접 적용되는 조약은 없다는 결과에 이를 것이다. 그러나 현실은 조약을 국내에 직접 적용하여 그 조약의 해석과 적용을 보장할 필요가 제기되는 바, 결국 사후적으로 그 조약의 목적, 구조 및 문언을 종합적으로 고려하여 그 조약의 특별한 성격, 즉 대상과 목적을 해석하여 그 국내 직접적용성을 판단해야 한다고 본다. 이것이 위 PCIJ의 권고적 의견이나 EEC조약의 국내 직접적용성을 인정한 판례의 정당한 해석이라 본다.

2) 비국가적 주체에 대해 원용될 수 있는 법익의 형성

또한, 종래에 직접적용의 한 기준으로 인정되어 온 개인의 권리 형성을 판단기준으로 하는 것은 조약의 직접적용성의 범위를 다소 좁게 보는 점이 지적되어야 한다. 개인의 권리 형성뿐만이 아니라 나아가 순수 국가 대 국가의 관계에서도 개인의 권리·의무로 원용될 수 있는 객관적 법규범질서를 창출하는 것도 포함하여 고찰되어야 한다고 보는 것이다. 이런 점에서 앞에서 고찰한 대로 개인의 권리·의무의 발생이라는 좁은 기준 대신에 자연인, 법인, 기업, 선박, 항공기, 국제기구, 지방정부 등 비국가적 주체에 대해 체약국 내에서 원용될 수 있는 권리·의무와 법률상 보호이익, 즉 법익(法益)을 형성하는 성격을 지니는 것으로까지 이 기준을 확대하는 것이 타당하다. 이 법익의 개념에 비국가적 주체의 의무로 인해 대향적으로 파생되는 보호이익이 포함되므로 구태여 의무라는 단어는 표현하지 않는다. 편의상 이러한 법익을 '광의의 주관적 공권'으로 단순히 표현하기로 한다.

이 비국가적 주체에 대해 체약국 내에서 원용될 수 있는 법익을 형성한다는 뜻은 조약상 형성된 광의의 주관적 공권이 소송상・소송외에서 원용될 수 있다는 것이며, 개인과 같은 비국가적 주체가 스스로 자신의 이익으로 원용할 수 있지만, 체약국 내 사법부를 포함한 국가기관이 직권(*a proprio motu*)으로 원용할 수도 있다는 의미로 이렇게 표현된 것이다.

이러한 법익, 즉 광의의 주관적 공권은 조약이 창설하는 법규에 규정된 것이고, 이 법규는 조약이 설정하는 특별법질서의 내용이므로 이 기준은 특별법질서의 창설이란 기준 속에 논리적으로 포함되어 있으며, 단지 특별법질서의 목적과 내용이 개인과 같은 비국가적 실체의 법익과 연계되어 있다는 한 속성을 표현하는데 의의가 있는 것으로 평가된다. 이러한 주관적 공권은 체약국의 이행의 약속에 불과한 계약적 성격이 아마도 즉각 형성되는 것을 그 속성으로 한다.

3) 문언의 명확성

상기한 대로 조약의 문언은 언어의 기술(記述)로써 이루어지는 관계로 일정 정도 추상성을 띠고 모호할 수 있어, 문언의 명확성을 완전히 담보할 수 있는 조약은 이론적으로 존재할 수가 없는 것이다. 문언의 명확성은 이러한 일차적 직접적용성이 인정되는 조약내 구체적인 개별 조항 및 규정의 적용에 있어서 직접적용성을 판단하는 2차적 기준으로 보아야 한다. 즉 전체적으로 직접적용성을 가진 조약으로 판단되면 해당 체약국은 그 조약이 규율하는 특별한 사항에 관해 동 조약 규정의 적용을 인정하는, 일종의 준거법으로 승인한 것으로 의제할 수 있을 것이며, 문언의 명확성은 이러한 준거법의 직접 적용 또는 반정을 통한 여타 국내 법조의 적용 여하를 결정하는 역할을 수행하는 것이다. 따라서 조약 문언의 명확성은 전체 조약의 직접적용성을 결정하는 일차적 기준이라기보다는 구체적인 조항의 적용의 정도 내지 단계를 결정하는 요소로 파악하는 것이 타당하다고 본다. 즉, 절대적 요건이라기보다는 상대적이고 제기된 사안에 따라 그 명확성의 정도는 다르게 판단되어야 한다는 것이다. 예를 들어, 기본원칙에 관한 문제가 제기되었을 경우 어느 정도 조약 규정이 추상적이라도 적용이 가능하다고 보나,[189] 구체적이거나 상세한 사항에 대한 규정이 적용될 필요가 있는 사안에 대해서는 추상적인 조약 규정으로 직접 적용되기 어려운 경우가 있을 것이다. 하여튼 조약의 규정이 재판 등 해당 사안의 판단에 법조(法條)로 적용하는데 그 규정이 다른 여타 법조의 보충이 필요 없을 정도로 자기충족적(self-sufficient)이어야 한다.[190]

이러한 명확성을 상기한 바와 같이 명시성과 정확성으로 나누어 판단하는 것이 보다 타당한 결정을 내리는데 도움이 된다고 본다. 예를 들어, 어떤 사안에서 행위나 상황의 성격이 조약 규정에 해당되는지 여부는 내포지시적(內包指示的) 성격을 지닌 명시성이 그 기준으로 사용되고, 어떤 대상이 포섭되느냐를 판

189) 항구적 기본원칙으로 판단되어지는 조약 규정, 예를 들어 EEC조약상 공동시장의 자유화(liberation) 및 비차별(non-discrimination)의 원칙은 구성국의 세부 이행입법 등 실시조치와 관계 없이 직접적용적이라 본다. Pescatore, *supra* note 28, p.28.

190) Bossuyt, M., "The direct applicability of international instrument on human rights," *L'EFFET EN DROIT BELGE* (1981), p.326.

단하는 데는 외연지시적(外延指示的) 성격을 가진 정확성의 관점에서 문언의 명확성을 판단하는 것이 타당하다고 본다.

그리고 문언의 명확성과 관련하여 직접적용성을 가진 조약의 법적 성격으로 창설적 조약으로서 문언의 명확성이 담보되어야 한다고 본다. 이것은 명확하게 문언상으로 권리·의무관계 등 법질서를 즉각 창설하는 형성적 내용이 단언적(斷言的) 규정으로 구성되어야 함을 뜻한다. 단지 미래적 희망사항, 당사자에 의한 추후 이행의 약속, 국내적 이행조치에 의한다는 규정 등은, 물론 전체 조약의 해석과 결부되어 판단되어야 하겠지만, 이러한 창설적 효력을 조각(阻却)하는 것으로 보아야 할 것이다.

4) 특별법질서의 창설

국제법상 조약이 국내에 직접 적용되기 위한 기준으로서 그 조약이 국가의 입법적 관할권을 배제하는 특별법질서를 창설하는 것으로 인정될 수 있어야 한다. 이러한 특별법질서의 성립 여부를 판단하는 징표적 요소로는 ① 광의의 주관적 공권을 형성하는 법규의 성격, ② 개별 체약국으로부터 독립된 조약 실시 관리·감독기관의 설치와 같은 조직의 구비, ③ 조약의 유권적 해석을 위한 사법절차 확보 등을 최소한 구비해야 하는 것으로 볼 수 있을 것이다.

이러한 특별법질서의 창설은 조약의 해석, 특히 조약의 목적, 구조 및 내용을 종합적으로 고려하여 판단되어야 한다. 특히, 사법적 권위를 가진 유권적 해석절차의 유무가 특별법질서의 성립에 중요하므로 조약의 해석 및 적용에 관한 강제관할권이 체약국에 설정되고, 체약국 및 조약상 기관에 의한 조약의 유권해석 확보 가능성이 있으면 마지막 요소를 충족하는 것으로 볼 수 있을 것이다.

5) 기타 소극적 기준

국내입법 조치 등 국내실시 조항의 존재로 인하여 조약의 자체 창설적 효력이 부인되고 그 직접적용성이 조각되는 것은 당연하다고 본다. 이는 앞에서 검토한 직접적용성을 구비한 조약의 기본성격으로 창설적 조약이라는 의미에 함축되어 있는 것으로 보아야 하므로 별도 요건으로 설정할 이유는 없다고 본다. 다만, 이를 적용함에 있어서 어느 정도 국내에 보충적으로 실시입법 등 추가조치가 요구된다고 하여 바로 그 효력이 전적으로 부인되는 것은 아니라는 점이 지적되어야 한다. 조약에서 원칙적 규정을 두고서 세부사항은 국내입법으로 하거나 예산, 형벌과 같이 그 목적에 조력하기 위한 국내조치의무가 부과되더라도 이를 바로 직접적용을 배제하는 것으로 볼 필요는 없는 것이다.

또한 기타 소극적 기준으로 시한, 조건으로 인하여 적용시점에 그 적용이 방해받지 않아야 한다. 전속적 국내 관할사항 등에 관한 것인 경우에는 조약의 국내 직접적용 여부에 고려되어야 하겠지만, 국내 전속사항이라는 것이 항구적으로 고정된 것이 아니라 국제법의 발전에 따라 변천하고 축소되어 가는 것이고, 국내법상의 문제이기 때문에 이를 가지고 결정적으로 조약의 직접적용성을 제약하는 것은 타당하지 않다고 판단된다.[191] 여타 조약의 시행을 중지하거나 방해하는 사유, 이를테면 상호

191) 미국의 경우에 예를 들어 'appropriation of fund'도 하원의 배타적 고유권한이 아니며, 형사처벌에 관한 것과 조세, 관세도 조약으로 형성, 직접 적용할 수 있다고 한다. Paust, *supra* note 83, pp.775-779.

주의의 적용으로 인한 조약 적용의 중지 등이 있을 수 있으나, 대부분의 직접적용 조약은 보편적인 다자조약이 많고, 이러한 조약의 특성은 여타 일부 당사국의 불이행이나 탈퇴와 같은 부정적 사태가 바로 다른 당사국의 이행에 견련(牽聯)되는 것은 아니므로, 법적 안정성이나 예측 가능성이 여타 일반 조약보다는 확고하다고 보아야 한다. 특히 전쟁과 같은 비상사태로 인하여 조약 적용의 중지가 일어나는 경우에는 국내법도 내란이나 전쟁에 의해 그 적용이 불확실하게 되는 것과 마찬가지이므로 유별나게 조약의 적용이 불확실한 것으로 바라볼 필요는 없다고 본다.

(3) 체약국내 직접적용 조약의 의미

앞의 내용을 종합하여 체약국 내에 직접 적용되는 조약을 국제법상으로 정의하면 개인 등 비국가적 주체에 대해 국내 소송상・소송외 원용될 수 있는 법규를 포함하고, 일정 정도 조직화가 이루어지고 유권해석 확보가 가능한 특별법질서를 창설하는 내용을 가진 조약으로 볼 수 있다. 특별법질서의 성립 여부는 상기의 최소 3가지 요소를 구비한 경우에 이런 성격의 조약은 특별법질서 창설의 명확성을 구비하고 적용을 방해하는 조건이나 기한과 같은 소극적 기준이 없는 경우에 국내적 직접적용성을 구비한 조약으로 인정된다. 이런 조약은 그것이 규율하는 범위에서 국내법질서를 배제하고[192] 자체로(*eo ipso*) 직접

192) 유럽공동체 법질서의 국내법질서에 대한 우위를 확인한 ECJ의 *Costa v. ENEL* 사건 판결과 같이 특별법질서를 구성하는 조약은 국내법의 해당 적용범위에서 배제하는 바, 이는 이 조약을 통하여 주권국가 자신이 스스로 주권행사를

적용될 자격을 가진다.

그 구체적 조항의 직접적용성은 해당 문언이 적용되는 관련 사안이 원칙적인 문제인가, 또는 기술적 성격의 규정이 필요한가 등과 같은 구체적인 경우에 따라서 충족되어야 하는 명확성의 기준에 주로 의존하게 된다고 본다. 이러한 조약은 하나의 특별한 법질서를 창설한다는 차원에서 보면, 단지 이행의 약속으로서 또는 당사국간 정치적 고려, 상호주의 적용 등과 같은 외생적 요인이 작용되기 곤란한 조약으로서, 당사국 이외의 제3자의 이익을 위한 조약(a treaty in *favorem tertii*)[193]으로서 직접 원용 가능한 법규범이 되어 하나의 독자적 법규범체를 창설하는 조약으로 볼 수 있다.

조약의 목적에 따라 법규범체의 수준이 달라질 수 있는 바, 소수자들의 권익을 다루는 조약은 그 제도화와 법규법의 밀집도가 높지 않아도 직접적용에 무방할 수 있으나, 무역과 같은 방대한 사안을 다루는 특별법질서로서 조약은 좀더 고도의 제도화를 수반하여야 할 것이다. 그리고 이러한 특별법질서에 대한 평가는 자족적으로 범규범체계를 창설, 발전시켜 나갈 수 있다는 측면을 고려하여 시기적으로 고정적인 관점에서 단정할 필요는 없을 것이다. 이를테면 어떤 조약 규정이 추상적이어서 직접 적용이 곤란하였으나, 후일에 해당 조약 관련 기관에서 해석지침이나 상세한 2차 법규범을 추가로 제정한다면 그 때에

제한하기 때문이라고 본다. Hugh O'Flaherty, "Essay; An Introduction to the Relationship between European Community Law and National Law in Ireland," 20 *Fordham international Law Journal* 1151(1997), pp.1157-1158.

193) Jacob Robinson, "Book Review and Notes: Second International Conference on the European Convention on Human Rights, Proceeding," 62 *AJIL* 995 (1968), pp.995-996 참고.

가서 직접적용이 가능하게 될 수도 있다고 본다.

이러한 성격을 판별하는 근거로는 일단 조약의 목적으로 그러한 법규범 내지 권리의 창설을 포함하고 있는지, 그리고 조약 문언상 형성적 문언, 예를 들어 명확히 현재형으로 권리 내지 법규범의 형성을 규정하거나 미래형이라도 의무적인 형태로 'shall enjoy …' 또는 'shall recognize …'와 같이 특정 권리나 법규범의 창출을 인정하거나 확인하는 것은 문언상 명확하게 그러한 성격을 나타낸 것으로 볼 수 있다.

이러한 조약의 규정이 국제법상 국내에 직접 적용이 요구되기 위해서는 위와 같이 문언의 명확성을 따지기 전에 기본적으로 그 조약이 하나의 특별법질서를 형성하는 것으로 인정될 수 있어야 한다. 이를 결정하는 것은 국제법 해석의 문제이므로 국제법상 해석기관의 판단을 통하여 확인될 수 있겠지만, 이론적으로 보면 조약의 해석과 적용에 관한 통일성 담보, 국내적 변경의 금지와 이를 관철할 수 있는 일정 정도의 절차 또는 기관의 제도화를 수반하는 경우에 해당한다고 판단된다. 대표적인 사례로 인류 최고의 국제법 장전인 유엔해양법협약을 고찰하여 보면, 이 협약은 당사국총회, 해석과 적용에 관한 강제적 분쟁해결제도[194] 등을 갖추고 해양법이라는 특수한 분야를 규율하는 소위 특별법질서를 구비하여 국내에 직접 적용될 수 있는 조약이라고 판단된다. 그러나 모든 조항이 모두 직접 적용되기에 적합한 것은 아니고,[195] 사안에 적절한 명확성이 보장되어야 하고 연안국의 입법적 개입과 같은 소극적 요소가 존재하지

194) 동 협약 제15부.

195) 동 협약 제21조에 의하면 연안국은 영해의 무해통항에 관한 법령을 채택할 수 있음을 규정하고 있어 이 조항은 바로 적용하기 어렵다.

아니하여야 한다. 이런 측면에서 이 협약 중 통과통항(通過通航)과 같은 해협통항제도(海峽通航制度), 공해제도(公海制度) 관련 규정 등은 연안국이 이를 규율하는 입법이 있어도 그 적용이 배제되어야 한다는 점[196]에서 국내에서 직접 원용될 수 있다고 평가된다.

2. 조약의 체약국내 직접적용의 효과

국제법상 체약국내 직접적용성을 구비한 조약에 대해서 당사국은 자국의 헌법질서에 따라 해당 조약의 자동적 수용 내지 개별적 수용의 조치가 있어야 하는 것이 원칙이라고 판단된다. 이러한 국내적 수용을 통하여 자국의 행정·사법기관이 조약을 적용할 수 있도록 국내적으로 법규로서 효력을 부여하는 것을 조치하여야 하는 것이다. 이러한 관점에서 직접적용의 기준을 충족하는 조약의 규정은 당사국 내에서 기존의 국내법에 우선하여 적용되어야 하며,[197] 이를 보장하지 아니하는 경우 해당 당사국은 국제법상 관련 책임을 져야 할 것이다.[198] 만약 조약 규정과 국내법이 저촉되는 경우가 발생하더라도 원칙적으로 특

196) 이 협약은 배타적 경제수역상 항해의 자유, 공해 등 국제지역에 적용되는 세부 법규조차도 권한 있는 국제기구나 외교회의 등에서 채택한 기준을 적용할 것을 다수 규정하고 있어 국내법에 의한 자의적 실시를 제약하고 있다.

197) 독일 연방헌법재판소는 1971년 6월 9일 판결에서 독일 사법부는 국내적으로 직접 효력을 가지고 그에 저촉되는 국내법을 유월하는 EEC법 규정을 적용할 의무가 있다고 판시하였다. *ILR*, Vol. 93(1993), p.359.

198) EEC조약 제117조의 적용과 국내법의 관계와 관련하여 ECJ는 1978년 *Simmenthal* 사건 판결에서 EEC조약은 구성국의 국내에서 국내법규에 대한 우선적 지위(precedence)를 가짐을 명확히 판결하였다. Pescatore, *supra* note 28, pp.158-159에서 인용.

별법질서를 창설하는 직접적용성을 갖춘 조약이 입법의 선후에 관계 없이 특별법 우선 적용의 원칙에 따른 국내법에 우선하여 적용되어야 한다. 조약에 대하여 개별적 수용 및 이원론적 입장을 고수하는 경우를 감안하여 실질적 직접적용도 포괄하여 하나의 직접적용의 유형으로 인정함으로써 그 문언의 지위가 국내법으로 변화하더라도 적어도 그 텍스트는 그대로 수용되어 실질적으로 직접 적용되도록 하여야 할 것이다.

어느 조약이 직접 적용 가능한 조약으로 인정되어도 마지막으로 그 조약내 적용하고자 하는 조항 문언의 명확성이 뒷받침되어야 실제 직접 적용될 수 있다. 대상 당사국의 행정기관이나 사법기관은 이러한 성격의 조약을 그대로(*de plano*) 적용하여야 하며,[199] 입법부[200]의 경우에도 이를 존중하여 그 조약 규정의 효력을 제한하거나[201] 박탈하는 조치를 하여서는 아니된다.[202]

---

199) 프랑스의 경우, 국내법원은 자국 정부가 양자 또는 다자조약에 당사자가 된 경우에 국가기관으로서 당연히 조약을 적용하여야 할 의무를 진다고 보고, 이는 자국뿐만 아니라 보편적으로 인정되는 원칙이라고 본다. 박기갑, *supra* note 17, 187면.

200) 조약에 대해 보수적 견해를 가지고 있는 영국의 경우에도 조약을 포함한 유럽공동체법에 저촉되는 기존 입법이 폐지되고 유럽공동체 소관(*pro tanto*) 사항에 관한 사후의 입법으로 이를 제약할 수 없다는 점을 분명히 판례에서 밝히고 있다. *Macarthys Ltd. v. Smith*, [1979] I.C.R. 787, C.A., James Crawford, "Decisions of British Courts during 1980 involving Questions of Public International Law," 51 *BYIL* 303(1982), pp.313-316.

201) 미국은 제노사이드협약의 비준시 'mental harm'을 'permanent mental harm'으로 국내실시 입법을 하여 조약의 적용범위를 제한하는데 대하여 비판이 제기되고 있다. Trimble, *supra* note 119, pp.693-697.

202) *Supra* note 119와 같이 어떤 조약의 직접적용성을 거부하는 비자기집행의 선언을 하는 경우, 이것은 조약 조항의 적용을 배제 내지 변경하는 유보에 해당하게 되고, 이러한 유보의 허용 가능성(compatibility) 및 타 당사국의 이러한 선언에 대한 반대는 비엔나 조약법협약의 규정(제19조, 제20조)에 의하여 처리되어야 할 것이다. De Archéga, *supra* note 32, p.416.

이러한 조약의 해석과 적용은 국제법의 사안으로 국제법, 특히 조약법상 해석의 원칙에 따라 다루어야 하며,[203] 해당 조약이 창설한 법질서에서 내린 해석 내지 규칙에 따라 최대한 체약 당사국의 재량을 제거하여 적용하여야 한다.[204] 따라서 체약국의 사법부는 직접적용 조약에 대하여 이를 실시하는 일종의 임무를 부여받은 것으로 볼 수 있을 것이며 자국의 법과 같이 이를 적용하여야 한다.[205]

---

203) 대표적으로 조약에 대한 국내적 효력을 인정하지 아니하는 국가인 영국에서도 조약이 해석의 대상인 된 경우, 모든 판례, 관행, 준비문서(*travaux préparatoire*), 모든 언어 정본 등 모든 해석적 수단을 참고하여야 한다고 하며, 이는 갈수록 심화되는 현상이라고 하여 항공운송의 일부 규칙의 통일에 관한 바르샤바조약의 해석과 관련한 판례에서 영국의 법원이 언급하였다. *Rothmans of Pall Mall(overseas) Ltd. v. Saudi Arabian Airlines Corporation*, J. Crawford, "Decisions of British Courts during 1980 involving Questions of Public International Law," 51 *BYIL* 303(1982), pp.311-313.

204) 일찍이 벨기에 최고법원은 조약 해석의 당사국간 일관성을 위하여 조약 해석의 규칙을 따라야 한다고 판시한 바가 있다. Cass. 13. février 1911, pas., 1911, t. Ⅰ, p.126. François Rigaux, *Les conflits de la loi national avec les traités internationaux dans les rapports belges au VIIe Congrès international de droit comparé* (Uppsala, 6-13 août 1966), p.277에서 재인용.

205) 당사국에 산재한 많은 법원이 일관성이 있는 해석을 내리기가 쉽지 아니할 것이나, 특별법질서로서 직접적용 조약은 자기 내재적으로 이를 통제하는 제도적 장치를 일정 정도 가져야 한다는 점에서 유럽공동체에서 시행하는 '선결적 판단'(preliminary ruling) 제도와 사전적 통제, 또는 유럽인권이사회의 통제와 같이 일단 먼저 각국이 적용하고 사후에 일관성에 문제가 발생하는 경우 통제하는 보충적 통제의 방식과 같은 나름의 질서유지 체제를 구비할 것으로 판단된다. Pescatore, *supra* note 28, pp.30-41 참조.

제 5 장

결 론

Ⅰ. 조약의 국내적 직접적용에 관한 원리

Ⅱ. 우리나라의 관행 평가 및 제안

Ⅲ. 평가 및 전망

Ⅰ. 조약의 국내적 직접적용에 관한 원리

위에서 국제조약이 체약국 내에서 적용되는 모습을 관찰하고 이에 관한 각국 및 국제기관의 판례, 제도, 권위 있는 법학자들의 이론 그리고 국제적 수준의 논의를 고루 살펴보고 이를 일괄할 수 있는 개념과 기준을 정립하였다. 국제법상 체약국 내에서 직접 적용될 수 있는 조약은 "개인 등 비국가적 주체에 대해 국내 소송상·소송외 원용될 수 있는 법규를 포함하고, 일정 정도 조직화가 이루어지고 유권해석 확보가 가능한 특별법질서를 창설하는 내용을 가진 조약"으로 정의하고, 구체적 규정의 직접적용성 여부의 판단은 문언의 명확성을 바탕으로 앞에서 언급한 소극적 기준의 존재 여부를 탐지해 소구 가능성 내지 재판적합성(justiciability) 여부를 판단해서 적용할 것이며, 해당 문언이 법조로 적용하기에 불확정적이거나 입법에 의한 국내실시 규정을 두고 있는 경우에는 소위 반정으로 해당 조약 규정을 적용할 수 없고, 실시 입법 등 관련 국내법을 대신 적용해야 할 것이다.

결론적으로 조약 적용상 상호주의와 같은 조약의 시행을 중지시키는 외생적 사태가 없다는 전제에서, 어떤 조약의 규정이 직접 적용될 수 있는지 여부를 판단하는 기준은 간단하게 '조약에 의한 특별법질서의 창설'과 '해당 조약 규정의 명확성'이라는 두 가지 기준으로 대별될 수 있을 것이다. 특별법질서의 창설이라는 의미에 앞에서 논의한 바와 같이 개인 등 비국가적 주체에 대해 원용될 수 있는 광의의 주관적 공권을 형성하는 법규가 개념상 포함되어 있다고 볼 수 있기 때문이다. 이제 조약 규정의 직접적용성을 판단하게 할 수 있는 간명한 원칙에 도달한 것이다.

국제법상 조약의 직접적용성의 판단을 가능케 하는 특별법질서의 창설이라는 기준에 있어서 개인 등 비국가적 주체에 대해 원용 가능한 광의의 주관적 공권을 형성하는 법규라는 속성은 비교적 판단이 어렵지 않을 것이다. 그러나 여전히 조약의 해석에 관한 유권해석 권한의 확보와 기관조직의 설립 등 제도화된 법질서라는 또 다른 속성의 의미에 대해서는 일의적 정의가 분명하지는 아니한 것으로 보이나, 조약의 목적과 대상을 고려해 구체적 타당성의 관점에서 탄력적으로 해석하는 것이 바람직하다고 판단된다. 상기한 바대로 조약이 창설하는 법질서 내부적으로 조약의 규정을 해석할 수 있는 절차가 유보되어 있다면 최소한도로 그러한 법질서가 창설되었다고 볼 수 있다. 따라서 해당 조약의 해석과 적용에 관해 조약당사자에 의해 발동될 수 있는 강제적 사법·중재절차, 해당 조약에 의해 창설된 기관(예: 위원회, 이사회, 총회)의 조약 규정 해석권한 내지 유권해석 확보능력, 해당 조약제도상 개인에 의한 청원제기 권한, 중재재판 제소권 등과 같이 종국적으로 사법상 유권적 해석이 확보될 수 있는 제도가 구비되어 있다면 이 기준을 충족시킬 수 있는 최소의 징표로 볼 수 있다. 나아가 구체적인 조항의 직접적용성을 문언의 명확성에 입각해 판단할 수 있을 것이다.

이러한 직접적용성을 갖춘 조약은 대부분 개인의 권리·의무를 형성하는 것으로 볼 수 있을 것이며, 이러한 개인의 권리·의무는 바로 국제법에 속하는 조약에 의해 권리·의무가 부여되게 됨에 따라 당연히 해당 조약이 창설하는 특별법질서 내에서 권리·의무의 주체가 되는 것이다. 이런 측면에서 조약의 직접적용의 문제가 또한 개인의 국제법 주체성에 관한 논의와 연결되게 된다. 현재 개인의 국제법 주체성은 국가와 같이 완전한 것이 아니라, 제한적으로 인정되고 있는 통설에 합당하게 개인은 전체 국제법질서의 주체는 아니지만 직접적용성을 갖춘 특정 조약이 창설하는 특별법질서의 (권리 또는 의무의) 주체가 된다고 해석된다.

이러한 특별법질서는 전체 국제법질서라는 큰 지붕 아래 특별 사안을 규율하는 부분질서를 구축하는 것이라 본다. 개인의 국제법 주체성이 진화를 거듭해 마침내 국내법질서와 마찬가지로 국가와 대등한 권리·의무의 주체성을 가지게 되는 미래에는 이러한 개인의 권익을 보호하려는 특별법질서라는 요건이 필요가 없게 될 것이다. 즉 개인의 국제법 주체성을 제한하는 현행 국제법질서와 조응하는 것이 바로 조약에 의한 특별법질서의 창설이라 할 수 있다. 원칙적으로 개인의 국제법 주체성을 인정하지 아니하는 현행 국제법의 틀 속에서 제한적으로나마 개인의 권익을 전체 국제법질서하의 부분질서로 인정하고, 개인이 존재해야만 하는 어느 주권국가의 입법관할권의 외피를 뚫고 국내법질서로 들어가 그 국내법질서의 적용을 배제하는 법적 효과를 가지는 것이 조약의 직접적용성이라 할 수 있다. 이런 관점에서 보면 개인이 좁은 주권국가에 갇힌 한계를 넘어 세계공동체(*civitas maxima*)의 일원이 되고 그 법의 당당한 주체가 된다면 특별히 개인의 법익을 형성·보호하기 위해 특별법질서가 요구되지 않을 것이다.

위의 결론은 국제법질서에서 파악할 수 있는 조약의 직접적용에 관한 기준이므로 조약체약국이 최소한도 이 기준들을 만족시키는 조약의 규정에 대해서는 자국 내에서 직접 적용해야 한다. 그러나 개별 국가는 이러한 국제법상의 기준보다 관대한 기준을 자체적으로 적용할 수 있을 것이며, 기본적으로 조약내 구체적인 조항의 문언상 명확성에 치중하고, 특별법질서의 성립을 요구하지 아니하고 단지 광의의 주관적 공권을 형성하는 법규로서의 성격을 해당 조약이 가지고 있으면 직접적용이 가능할 것이다. 이 경우 특별법질서의 내재적 필수요소인 해당 조약에 대한 권위적 해석을 내릴 수 있는 권능이 부재하므로 개별 체약국에 의한 조약 해석의 일탈이 발생하더라도 이를 수습하고 일관성 있는 조약 해석 및 적용이 담보되기 어렵게 된다는 문제가 있다. 이런 경우에는 조약당사국끼리 긴밀한 협의를 통해 개별 조약 해석이 일관성을 유지할 수 있도록 협조할 수 있으며, 재판을 담당하게 되는 국내법원은 외교부서에 대해 법정조언자(*Amicus Curiae*)와 같은 의견조회를 받아 자신의 판결이 이러한 해석에 어긋나지 않도록 유의해야 할 것이다.

직접적용성을 가진 조약은, 각국의 헌정질서에 따라 자율적으로 조약을 국내에 수용하고 적용해 온 일반 조약과는 달리, 계약적 특성이 약하고 국가의 입법적 관할권을 배제하며 법규로서 적용되는 성격이 있음을 알 수 있다. 무엇보다도 체약국 국내에서 직접 적용되는 조약의 특성이 법규범 내지 법질서를 창설하는 효과를 가지는데 직접적용의 법적 기초가 있다는 점을 확인하였다. 나아가 조약의 직접적용의 문제가 당사국의 국내법질서에 의한 판단 이전에 국제법의 문제로서 선결적으로 결정될 수 있으며, 이를 결정하는 국제법 규칙의 법적 성격 및 체약국이 부담하는 직접적용의 의무의 특성 및 법적 효과를 고찰하였다.

여러 학설이 이미 설파한 대로 이러한 특수한 조약의 유형은 당사국에 있어서 결과달성형 의무가 아니라 특정 행위형 의무의 부담에 초점이 있으며, 이것은 바로 국내에서 이러한 행위를 수행할 것이 조약상 의무로 요구되므로 당연히 국가의 입법관할권의 외피를 뚫고 국내의 장에서 이루어져야 하는 법논리적 귀결을 관찰하였다. 이러한 규칙의 특성은 바로 조약이 창설하는 법질서와 국내법질서 간의 저촉을 방지하고 준거의 규칙을 정하는 특성과 목적을 가진다고 보며, 이는 바로 국가 이외의 주체로 확대되는 국제법의 법익의 다양성을 보여 주는 모습이기도 하다.

II. 우리나라의 관행 평가 및 제안

1. 우리 헌법과 조약의 국내수용

우리 헌법은 제6조에서 "… 헌법에 의하여 체결되고 공포된 조약 … 는 국내법과 같은 효력을 가진다"라고 규정하여 조약에 대해 자동적 국내수용 구조를 가지고 있어 조약의 직접적용성을 인정할 수 있는 개방적 법제를 구비하고 있다고 판단된다. 따라서 일단 체결・공포를 통하여 국내에 수용된 조약은 국내법으로서 효력을 가지고 있지만, 어떤 기준에서 직접 적용되는지는 아직 완전한 규칙으로 정립되지 아니한 형편이다.

우리 헌법 제6조는 비교헌법학적 해석으로 보면 독일의 법제를 통해 미국식의 국제법(조약)에 관한 관점을 수용한 것으로 해석될 수 있을 것이다. 제헌헌법부터 이 조항의 내용은 변함없이 유지되어 온 바, 우리 헌법 제정 당시 가장 참고가 될 만한 헌법은 같은 대륙법계 국가로서 우리 법제에 다대한 영향을 미쳐 온 독일의 바이마르헌법이었을 것으로 추측된다. 바이마르헌법 제4조는 '일반적으로 승인된 국제법규'(Die allgemein anerkannten Regeln des Völkerrechts)는 국내법의 불가분의 일체를 형성한다라는 규정을 두고 있는데, 이는 우리 헌법 제6조에서와 마찬가지로 일반적으로 승인된 국제법규를 수용하고 있는 것이 용어상 동일하다는 점에서 그 영향을 짐작할 수 있을 것이다. 다만 바이마르헌법 해석상 공포된 조약도 국내법효력을 가진다는 것이 학설과 판례상 인정되었지만,[1] 바이마르헌법에는 조약에 대해서는 명시적 국내수용 규정을 두지 않고 있는데 우리 헌법은 과감하게 이에 더해 적법하게 체결된 조약도 국내법효력을 부여하고 있는 차이가 있다. 바이마르헌법 기초 당시 동 헌법 제4조의 1차 초안을 제안한 Preuss는 동 조항의 취지가 국제법을 자국법의 일부로 인정하는 영미법 계통의 원칙을 도입하려는 의도가 있었으며, 미국 헌법상 최고 국내법의 하나로 수용되는 조약의 자동적 국내법 효력의 부여에 대해서도 긍정적 의견을 보였다.[2] 이러한 바이마르헌법 제정사를 볼 때 우리 헌법 기초시 독일 헌법과 미국 헌법을 참고해 관습국제법을 의미하는 것으로 해석되는 일반적으로 승인된 국제법규와 더불어 미국 헌법과 같이 조약에 대해서도 우리 국내법과 동일한 효력을 인정하게 된 배경이라 볼 수 있을 것이다.

이러한 배경을 종합하면 우리 헌법은 조약의 국내수용과 효력에 관해 미국식의 제도를 계수한 것으로 인정된다. 따라서 우리나라의 경우는 개별 수용 없이 조약을 국내법의 일부로 그

1) Ruth D. Masters, *International Law in National courts* (1932), pp.66-76 참고.
2) *Ibid.*, pp.51-65 참조.

법적 효력을 인정한다. 그러나 법적 효력이 있다고 하더라도 반드시 직접 적용된다는 것을 의미하는 것은 아니다. 이런 점에서 미국이나 프랑스와 같이 조약 규정의 직접적용 여부에 관해 자기집행성과 같은 기준에 따라 판정할 수 있을 것이다. 다만, 우리나라에서 아직 미국의 자기집행적 조약 이론과 같은 나름의 조약의 직접적용에 관한 이론이나 실천적 원리를 자체적으로 발전시켜 오지는 못한 상태이다.

2. 적용 현황

우리나라가 대외적으로 밝히고 있는 이러한 문제에 관한 입장은 적극적인 편이라 해석된다. 예를 들어, 우리 정부는 인종차별철폐협약에 관한 제8차 당사국보고서에서 이 협약은 우리 국내 사법기관에서 원용할 수 있으며 직접 적용할 수 있다고 인종차별철폐위원회에 밝혔으며,[3] 나아가 유엔아동권리위원회 제11회기 제276차 회의시 우리 정부대표단은 아동권리협약 규정들이 우리 국내 사법기관에서 직접 적용될 수 있다고 언급하였다.[4] 더욱이 유엔인권이사회에 제출한 보고서에서 규약상 권리의 침해를 주장하여 소송을 제기하면 우리 국내 사법기관은 협약에 해당하는 국내법 규정으로 재판을 하되, 해당 국내법이 흠결시 협약 규정을 직접 적용한다라는 취지로 언급한 바가 있다.[5] 최근까지도 이러한 우리 정부의 입장은 변경이 없다고 판

3) CERD/C/258/Add.2, Eight Periodic Report of States Parties due in 1994: Republic of Korea, 23/11/95, para. 9.

4) CRC/C/SR.276, Summary record of the 276th meeting: Republic of Korea, 26/03/96, para. 9.

단된다.[6] 이러한 우리나라의 입장표명은 좀더 신중하고 세밀하게 이루어져야 하지 않았나 하고 판단된다.

우리 헌법상 조약이 국내법과 같은 효력이 있다는 뜻은 원칙적으로 자동적으로 국내에 수용되어 법적 효력이 있다는 뜻이지, 이것이 바로 직접적용을 말하는 것이라고 단언하기는 어려운 것이다. 물론 국제사법기관의 판단을 받아야 명확하겠지만, 우선 상기한 인권 관련 다자조약 규정들이 모두 국제법상으로 국내에 직접 적용될 만큼 명확하게 특별법질서를 형성하고 있는지 의문이다. 더구나 문언의 명확성을 기준으로 직접적용성을 구체적으로 판단하여야 할 사항임에도 막연히 직접 적용 가능하다고 하는 것은 무리가 있다고 판단된다. 물론 국제적 기준보다 더 강하게 국내적으로 그 직접적용성을 인정하는 것은 상관 없지만, 법리적으로 비판을 면하기 어려운 것으로 보인다. 한마디로 국내적 효력과 직접적용을 동일시하고 있는 문제가 있어 보인다.

그런데 우리 사법기관은 다수의 소송사건에서 조약의 직접적용이 주장되었으나 적용한 사례가 많지 않아 우리의 대외적 입장과는 대비되고 있다.[7] 그러나 우리 법원에서 조약을 직접 적

---

5) CCPR/C/114/Add.1, 2nd periodic reports of States parties due in 1996 State Party Report, 20/08/98, para. 10.

6) 우리 정부는 B규약 이행과 관련 인권위원회에 제출한 제2차 국가보고서에서 "As the Covenant was ratified and promulgated by the Government in consent with the National Assembly, it has the authority of domestic law without requiring additional legislation. (…) In the absence of relevant domestic law, the provisions of the Covenant are to be invoked directly by the Court."라고 하여 무차별적으로 규약의 직접 적용을 인정하고 있다. CCPR/C/114/ADD.1, paras. 9, 10.

7) 인권조약이 주로 많이 원용되고 있는 바, 대표적 판례로서 노조위원장 손종규의 국가를 상대로 한 손해배상청구 사건에서 규약당사국은 구제조치를 확보할 것

용한 사례로서 '세계무역기구(WTO) 설립을 위한 마라케쉬협정에 근거한 형사처벌'에 관한 헌법소원(憲法訴願) 사건에서 마라케쉬협정을 직접 원용하여 관세사범을 가중처벌한 사안에 대해 헌법상 정당하다고 판단하였다.[8] 이 판례는 전형적으로 국내법규에 유보되어 있다고 인정되는 형사처벌과 관련하여 가중적 구성요건을 조약 규정에 따르도록 한 입법조치를 인정함으로써, 형벌의 부과 자체는 국내법에 의하지만 구성요건의 일부를 조약에 의해 규정되는 것을 용인한 만큼 조약에 대해 개방적인 태도를 보여 주고 있다.

조약의 국내적 직접적용과 관련해 대표적으로 많은 관심을 모은 판례는 대법원의 전북 학교급식조례 사건이었다. 2005년 대법원은 전라북도 의회가 국산농산물 이용을 의무화하는 조례가 세계무역기구협정에 포함된 '관세 및 무역에 관한 일반협정'(GATT)에 저촉된다는 이유로 동 조례를 무효로 판단하였다. 대법원은 GATT가 헌법 제6조에 따라 국내법규로서 효력을 가지고 있다고 하고, 본안상 쟁점이 된 것은 GATT 제3조 제1항과 제4항의 직접적용성 여부의 판단이었다. 동 제3조 제1항은 "체약당사자들은 내국세 및 그 밖의 내국과징금과 상품의 국내판매, 판매를 위한 제공, 구매, 운송, 유통 또는 사용에 영향을 주는 법률・규정・요건과 특정 수량 또는 비율로 상품을 혼합하거나 가공 또는 사용하도록 요구하는 내국의 수량적 규정이 국내생산을 보호하기 위하여 수입상품 또는 국내상품에 적용되어

을 규정한 B규약 제2조 제3항의 직접적용의 문제가 다투어진 바, 대법원은 이로써 당사국이 국내법상 인정한 조치 이외에 이 규약에 의하여 개인이 직접 구제조치를 청구할 수 있는 권리를 창설한 것은 아니라고 판시하였다. 대법원 1999.3.26. 선고 96다55877판결.

8) 헌법재판소 1998.11.26, 97헌바65결정.

서는 아니된다는 것을 인정한다"[9]라고 규정하고 있으며, 제4항은 "다른 체약당사자의 영토 내로 수입되는 체약당사자 영토의 상품은 그 국내판매, 판매를 위한 제공, 구매, 운송, 유통 또는 사용에 영향을 주는 모든 법률, 규정, 요건에 관하여 국내원산의 동종 상품에 부여되는 대우보다 불리하지 않은 대우를 부여받아야 한다. 이 항의 규정은 상품의 국적에 기초하지 아니하고 전적으로 운송수단의 경제적 운영에 기초한 차등적 국내운임의 적용을 방해하지 아니한다"[10]라고 또한 규정하고 있다. 대법원은 동 조례가 전라북도에서 생산되는 우수농산물을 우선적으로 학교급식에 사용하도록 규정한 것이 국산품 보호를 위해 수입산에 불리한 대우를 금지하고 있는 GATT 제3조의 제1항과 제4항을 위반한 것으로 판시하였다.[11]

여타 다른 쟁점들도 있었지만 부수적이었던 바, 단지 위 GATT 제3조의 규정을 가지고 평가해 보면 우리 대법원의 동

9) 영어 원문: The contracting parties recognize that internal taxes and other internal charges, and laws, regulations and requirements affecting the internal sale, offering for sale, purchase, transportation, distribution or use of products, and internal quantitative regulations requiring the mixture, processing or use of products in specified amounts or proportions, should not be applied to imported or domestic products so as to afford protection to domestic production.

10) 영어 원문: The products of the territory of any contracting party imported into the territory of any other contracting party shall be accorded treatment no less favourable than that accorded to like products of national origin in respect of all laws, regulations and requirements affecting their internal sale, offering for sale, purchase, transportation, distribution or use. The provisions of this paragraph shall not prevent the application of differential internal transportation charges which are based exclusively on the economic operation of the means of transport and not on the nationality of the product.

11) 대법원 2005.9.7. 선고 2004추10판결.

조항의 직접적용성을 인정한 것은 타당한 결론이라고 판단된다. 우선 GATT가 포함된 WTO체제라는 것은 무역, 투자, 정부구매, 지적재산권 등 제반 국제적 통상활동을 규정하고 있으며 필연적으로 개인과 기업의 법익을 직·간접적으로 형성하고 있고, 나아가 WTO의 각급 기관의 조직화와 분쟁해결 수단을 구비해 통상문제에 관해 독자적인 법질서를 구축하고 있는 것으로 해석할 수 있다. 나아가 GATT 제3조의 제1항과 제4항은 내국민대우에 반하는 조치를 하지 말 것을 규정하는 취지인 바, 구체적 문언은 "인정한다"(recognize) 및 "불리하지 아니한 대우를 받는다"(shall be accorded treatment no less favourable than …) 라고 단언적으로 명확하게 규정하고 있다. 더구나 위 본론에서 언급한 바대로 조약 문언에서 부정문 내지 금지의 의미를 사용하는 경우 더욱 직접적용성이 강화되는데, 이 두 개 항의 조문도 기본적으로 불리한 조치를 하지 말 것을 규정하는 금지의 취지를 가지고 있기 때문에 해당 조약문의 명확성이 확보되는 것으로 평가된다. 물론 첫 번째 기준인 특별법질서의 창출은 국제법상 요구되는 것으로 우리 헌법 체계상 반드시 필요한 기준이 아니라고 볼 수 있으나, 조약 문언의 명확성에 비추어 직접적용성이 인정된다는 위 대법원 판결의 이유는 타당하다고 판단된다.

그러나 우리 대법원은 위 판결 이후 마찬가지로 세계무역기구와 관련된 사안에서 국제협정의 직접 적용을 거부하는 판결[12)]을 내림으로써 앞선 판례와 차이를 보이고, 국제조약의 직

12) 대법원은 동 판결에서 "우리나라가 1994. 12. 16. 국회의 비준동의를 얻어 1995. 1. 1. 발효된 '1994년 국제무역기구 설립을 위한 마라케쉬협정'(Marrakesh Agreement Establishing the World Trade Organization, WTO협정)의 일부인

접적용성의 측면에서 다소 부정적 입장으로 선회한 것이 아닌지 주목된다. 동 판결에서 대법원은 GATT 제6조의 이행에 관한 협정, 약칭 'WTO 반덤핑협정'의 성격이 국가간에 적용되는 협정으로서 사인이 원용할 수 있는 법조(法條)가 될 수 없다고 판단한 것으로 보인다. 반덤핑 조치라는 무역상 제재가 수출자는 물론이요 수입상 및 소비자에 걸친 다수 이해관계인들의 법률상 이익과 관련되는 사안임에 비추어 국가간 권리 및 의무에 관한 조약이라서 원천적으로 적용법조에서 배제한다는 것은 설득력의 측면에서 무리가 있다고 보인다. 대개 상계관세나 반덤핑관세 부과와 같은 사안은 관계국가들 사이에서 국제적 분쟁해결 절차로 이행하는 것과는 별도로 선진국을 위시한 여러 나라에서 국내적으로 사인(私人)에 의해 빈번하게 사법적 해결을 구하는 쟁송의 대상이며, 우리나라와 같이 국제조약의 국내이행과 관련해 이행입법이나 적용법조가 완벽하게 구비되어 있지 않은 상태에서 협정상 개별 적용조항의 내용과 법적 성질을 따져보지도 아니한 채, 추상적 수준에서 국제조약에 의거한 국내적 구제의 기초를 부인하는 것은 우리 헌법에서 국제조약의 국

'1994년 관세 및 무역에 관한 일반협정(General Agreement on Tariffs and Trade, GATT 1994) 제6조의 이행에 관한 협정' 중 그 판시 덤핑규제 관련 규정을 근거로 이 사건 규칙의 적법 여부를 다투는 주장도 포함되어 있으나, 위 협정은 국가와 국가 사이의 권리·의무관계를 설정하는 국제협정으로, 그 내용 및 성질에 비추어 이와 관련한 법적 분쟁은 위 WTO 분쟁해결기구에서 해결하는 것이 원칙이고, 사인(私人)에 대하여는 위 협정의 직접 효력이 미치지 아니한다고 보아야 할 것이므로, 위 협정에 따른 회원국 정부의 반덤핑부과처분이 WTO협정 위반이라는 이유만으로 사인이 직접 국내법원에 회원국 정부를 상대로 그 처분의 취소를 구하는 소를 제기하거나 위 협정 위반을 처분의 독립된 취소사유로 주장할 수는 없다 할 것이어서, 이 점에 관한 상고이유의 주장도 부적법하여 이유 없다"라고 판시하였다. 대법원 2009.1.30. 선고 2008두17036 판결.

내법상 효력을 인정한 취지와 상치될 소지도 배제할 수 없을 것이다. 이러한 부정적 양상은 결국 우리 헌법 제6조에 입각해 국제조약의 직접적용에 관한 법원칙 및 직접적용 여부에 관한 기준의 확립에 이르지 못하고 있는데 기인한 것으로도 볼 수 있을 것이다.

3. 정책적 제안

우리 국내 조약실시와 관련하여 조약의 국내적 직접적용의 기준에 관해 두 가지 방안을 제시할 수 있을 것이다. 그 하나는 좁고 엄밀하게 기준을 정하기 위하여 상기한 국제법상 조약의 국내적 직접적용의 기준을 적용하여 조약의 국내실시 방식을 결정하는 것이다. 다른 하나는 미국의 자기집행조약과 같이 국내적 기준에 따라 탄력적으로 넓게 적용하는 방식이다. 즉 국제법상 조약의 국내적 직접적용성 유무 판단의 기준인 특별법질서의 성립 여부에 구애되지 않고, 단지 광의의 주관적 공권을 형성하는 법규의 성격을 갖는 조약에 대해 직접적용성을 인정하고 문언의 명확성에 입각해 구체적인 조항을 직접 적용하는 방안이다. 우리 판례나 정부 입장을 보면 우리 조약의 직접적용 방식은 후자에 가까운 것으로 판단된다. 따라서 우리나라는 조약의 직접적용에 있어 개방적 국가군에 속한다고 할 수 있다.

이러한 우리나라의 입장은 법원의 판례와 정부의 조약정책, 그리고 법이론으로 좀더 세밀한 기준을 가지고 정치하게 다듬어 나가는 것이 바람직할 것이다. 조약의 법규성, 문언의 명확성 등 기준의 정립도 중요하겠지만, 단순히 헌법 제6조에 의거하여 넓게 직접적용성을 인정하기보다는 조약의 유형과 내용에 따라 탄력적으로 적용하는 것이 필요할 것이다. 고찰된 국제법상 기준과 우리 헌법과 공법의 원칙에 입각해 조약의 국내적 직접적용에 관한 기본원칙 내지 지침을 수립해 이론과 판례의 집적을 통해 발전시켜 나가야 하겠다.

한 가지 제시할 수 있는 방침으로 우리나라 및 우리 국민들에게 수익적인 조약의 경우에는 넓게 직접적용성을 부여하는 것이 바람직할 것이며, 부담적인 조약의 경우 좀더 신중하게 적용한다는 방침에서 국제법상 직접적용의 기준에 따라 적용하는 것도 한 방안일 것이다. 한편, 우리나라가 넓게 직접적용성을 인정하게 됨에 따라 해당 조약의 유권적 해석의 확보가 불가능한 경우에는 우리측의 조약 해석이 타당한 것인지 보장하기 어렵게 될 수도 있다. 이런 경우 우리 사법기관 내지 여타 국가기관은 조약의 교섭, 체결 등 조약사무를 관장하는 외교부와 협의 및 의견조회를 통해 좀더 합당한 해석을 기할 수 있도록 해야 하겠다. 외교부는 조약 해석 및 적용의 문제가 제기되는 경우 관련 국제기구, 여타 체약국의 의견을 구하고 필요시 협의하여 조약 해석을 조율할 필요도 있을 것이다.

우리 대외 외교정책의 일관성과 양호한 대외관계 유지를 위해 사법기관을 포함한 국가기관은 조약의 해석에 관해서는 외교부의 의견을 구하고 존중하는 제도적 기반을 구축해야 할 것이다. 이와 관련 조약을 위시해 외교적 사안이 계류된 재판과정에 외교부의 의견송부와 그 대표가 참여할 수 있도록 영미법계 개념인 법정조언자(*Amicus Curiae*) 제도를 통해 외교정책적 입장이나 법적 의견을 개진할 수 있는 공식제도를 도입하는 방안을 검토할 필요가 있고, 나아가 나날이 조약을 포함한 국제적 사안이 사법기관에 의해 다루어지는 경우가 늘어나고 있는 바,

우리 최고법원 및 헌법재판소에 소위 소인법관(素人法官) 제도를 두어 국제법 내지 외교분야 전문가에 의한 자문이 가능하도록 하는 제도도 검토할 필요가 있을 것이다.

또한, 개별 조약의 체결 과정에서 조약의 국내실시와 관련해 직접 적용하지 못하는 조약 규정의 국내이행을 위한 국내실시 법제의 정비 방안을 포함한 각종 입법, 예산조치, 정부정책안 등 프로그램과 스케줄을 제시해야 할 것이다. 입법의 경우에도 조약 조항의 유형과 성격을 고려하여 조약의 규정을 대신 형성하거나, 그 규정의 실시를 보완할 수 있으며, 효과적인 실시를 위한 세부규칙을 제공할 수도 있고, 조약상 의무가 즉각적인 이행을 요구하거나, 시기부(始期附)이거나, 점진적인(progressive) 이행을 규정한 경우에 따라 국내실시 조치의 일정도 달라질 수 있다.

Ⅲ. 평가 및 전망

오늘날 조약이 법이 되지 못한다고 주장하는 국가는 없을 것이다. 대표적으로 조약의 국내법으로서의 지위를 부인하는 영국의 경우도 포괄적 내지 개별적 수권입법으로 조약의 국내법으로서 지위를 인정하는 것은 물론이고, 조약을 재판에 적용하는 판례를 보면 도리어 자기집행성이란 개념을 창안하여 조약의 국내 직접적용의 선구자였던 미국보다도 더 조약의 해석과 적용에 관련 국제법 규칙과 해당 조약의 교섭사를 참고하고, 타국의 입장도 고려하는 등 실질적으로 국제재판관처럼 심리하고 조약을 국내에 직접 적용하는데 더 적극적임을 알 수 있었다.

국내법상 최고 법규범인 헌법도 원래 일종의 계약의 이념형에서 탄생하였다는 점을 참고로 하면, 군주간의 계약으로부터 국제공동체의 거의 유일한 입법형식으로 발전하고 있다. 어떤 경우 조약의 직접적용성이 국내정치적 한계 때문에 박탈되어 절망한 나머지[13] 심지어 조약을 또 다른 국제법의 법원(法源)인 관습으로 의제하여 돌파구를 찾으려 하는 모습도 보인다.[14] 그러나 상기 연구결과 국제법상 직접 적용되어야 하는 조약은 국내에서 자의적으로 그 적용이 부인되어서는 아니되며, 그 조항의 텍스트상 동일성이 유지되면서 적용되어야 한다는 것을 고찰하였다. 조약이 국내에서 직접 적용되는 법조(法條)로 원용될 수 있느냐의 문제는 각국의 국내제도의 문제이기도 하지만, 이는 2차적인 문제이고 근본적으로 이것이 국제법상의 문제로서 선결되는 문제라는 측면을 규명하였고, 이를 통해 국제법은 국내적 직접적용에 관한 기준을 일반국제법의 관점에서 연구될 수 있는 여지를 가지게 되었다.

국제법상 체약국내 직접적용성을 구비한 조약의 실효적 적용을 확보하는 방안에 대하여 향후 많은 연구와 실천이 필요하다. 국가만을 국제법의 주체로 인정하는 종래의 좁은 국제법관을

13) Paust는 미국이 인권규약의 비준시 비자기집행의 선언을 붙인데 대하여 "[I]t is a sad day in American legal history"라고 강한 실망을 표시하여 근원적으로 인권조약의 국내실시가 차단되는데 강한 반대를 표명하였다. J.J. Paust, "symposium: the Ratification of the international Covenant on Civil and Political Rights: Article: Avoiding "Fraudulent" Executive Policy: Analysis of Non-self-execution of the Covenant on Civil and Political Rights," 42 *DePaul Law Review* 1257(1993).

14) 인권조약의 국내실시를 위하여 관습법화의 논리를 포함한 여러 방안에 대해서는 Nadine Strossen, "Recent US and International Judicial Protection of Individual Rights: A Comparative Legal Process Analysis and Proposed Synthesis," 41 *Hastings Law Journal* 805(1990) 참조.

탈피하여 전체 공공의 법규범으로 자리매김할 수 있도록 하여야 하겠다. 향후 입법론으로 조약의 직접적용의 실효성을 확보하기 위하여 당사국이 직접적용을 거부한 경우의 구제수단으로서는 우선적으로 해당 조약이 창설하는 법질서 내에서 권리의 구제수단이나 절차를 강구하는 방법이 있다. 이러한 사례로 유럽인권협약상 인권위원회 청원 및 유럽인권재판소의 사법절차와 같이 효과적인 조약체제 내의 절차를 통하여 개인 등의 권리구제가 국제절차상 인정하는 방안을 일반화하는 것도 고려할 필요가 있다. 향후 이론으로 제기된 이러한 조약의 체약국내 직접적용에 관한 규칙을 포함한 보편적이고 포괄적인 국제법 규범화를 통하여 우리 생활관계를 규율하는 조약의 적용과 관련해 예측 가능성과 법적 안정성을 확보하려는 목적을 달성할 수 있을 것이다.

유엔 국제법위원회(ILC)에서 성안된 국가책임법 초안에 의하면 이러한 특수한 의무 유형의 위반에 대한 국가책임 및 권리구제의 수단이 강구되어 있지 않고 종래 고전적 수단이 주로 열거하고 있지만, 비국가적 실체가 입은 조약의무 위반의 피해에 대해 어떻게 다룰지 전혀 고려가 없는 형편이다. 국제불법행위에 대한 외교적 보호가 개인의 인권보호 차원에서 임의적으로 발동되기보다는 의무적이라고 보려는 경향이 강해지는 국제법의 발전동향을 고려할 때 국가책임법 분야에서도 개인의 보호가 정치적 수단이 아닌 법률적 수단과 절차에 의해 확보될 수 있도록 국제법의 진보적 법전화가 이루어져야 한다.

이 연구에서 제시된 기준이 조약의 직접적용에 관한 연구가 더욱 심층적으로 확대되기를 기대한다. 최적의 조약 실시는 바로 그대로 적용하는 것이라고 믿는다.

▌ 참고문헌

〈국내문헌〉

문준조, 『조약의 체결절차와 시행에 관한 연구』(한국법제연구원, 1994).

박기갑, "조약의 자기집행력: 프랑스이론 및 판례를 중심으로," 『판례실무연구』(제3권, 1998).

백충현, "국제인권법의 실천방향," 『인권과 정의』(1995. 1).

백충현 · 정인섭, "한국의 국제법실행," 『서울국제법연구』, 제5권 제1호(1998).

법무부, 『조약의 국내수용 비교연구』(법무자료, 제208집).

성재호, "조약의 자기집행성," 『국제법평론』, 제8호(1997-Ⅰ).

신영미, "국제법과 국내법과의 관계: 특히 조약의 국내적 효력을 중심으로," 이화여자대학교 석사학위논문(1987).

심영규, "유엔국제법위원회(ILC)의 '국제불법행위에 대한 국가책임에 관한 규정 초안'(Draft Articles on the Responsibility of States for Internationally Wrongful Acts)의 채택에 따른 '자기완비규범체제'(Self-contained Regimes) 개념의 재검토," 『국제법동향과 실무』, 통권 제6호(2003).

양 건, "국제법과 국내법의 관계: 조약의 국내적 효력의 문제를 중심으로," 『국제법학회 논총』, 제23권 제1, 2호 합병호(1978).

이한기, 『국제법강의』(박영사, 1990).

장영수, "국제인권규약의 국내법적 의의와 효력," 『법학논집』, 제34집(고려대학교, 1998).

정인섭, 『한국판례국제법』(홍문사, 1998).

______, 『재일교포의 법적 지위』(서울대학교 출판부, 1996).

______, "주요 인권조약의 국내적 실천," 『인권과 정의』(1995. 1).

정용태, "위헌조약의 국제적 효력," 『청주대논문집』, 제10집(1977).
제성호, "조약의 해석에 관한 연구," 서울대학교 석사학위논문(1983).
______, "유엔인권소위의 북한인권 관련 결의 채택: 의미 분석 및 평가," 『국제법평론』, 통권 제10호(1998-I/II).
조용환, "국제법적 인권보호제도와 구제가능성," 『법과 사회』, 제5권(1992).
조홍석, "국제인권법의 국내법적 서열과 직접적용가능성," 『저스티스』, 통권 제53호(1999).
최승재, "조약의 국내법적 효력에 대한 비교법적 연구," 서울대학교 석사학위논문(2000).

〈외국문헌〉

岩澤雄司, 『條約の國內適用可能性』(有斐閣, 1985).
山本草二先生還曆記念, 『國際法と國內法』(勁草書房, 1991).

Aceves, William J., "the Legality of Transborder Abductions: A Study of United States v. Alvarez-Machain," 3 *Sw. J. of L. & Trade Am.* 101(1996).
Alkema, E., "The application of Int'lly Guaranteed Human Right in the Municipal Order," in *ESSAYS ON THE DEVELOPMENT OF THE INT'L LEGAL ORDER; IN MEMORY OF H. VAN PANHUYS* 181 (Alphen ann den Rijn, 1980).
Anderson, C., "The Extent and Limitation of the Treaty-making Power under the Constitution," 1 *AJIL* 636(1907).
______, "Treaties as Domestic Law," 29 *AJIL* 472(1935).
Anderson, R., " "Ascertained in Different Way": The Treaty Power at the Crossroads of Contract, Compact, and Constitution," 69 *Geo. Wash. L. Rev.* 189(2001).
ASIL., "National Treaty Law and Practice"(Leigh M. and Blakeslee M.R.

ed.), *Studies in Transnational Legal Policy*, No. 27(1995).

Basdevant, J., "La Conclusion et la redaction des traites et des instruments diplomatiques autre que les traites," 74 *RdC*, 535-643(1926).

Batailler, F., "Le juge interne et le droit commuautaire," 9 *AFDI* 735 (1963).

Balladore Palleri, G., "La formation des traites dans la pratique int'le contemporaine," 74 *RdeC*, 465-545(1949).

Bebr, G., "Agreements concluded by the community and their possible direct effect," 20 *CMLR* 35(1978).

______, "Directly applicable provisions of community law: The development of a community concept," 19 *ICLQ* 257(1970).

Blix, H., *Treaty-making power* (1960).

Blackstone, *Commentaries on the laws of England*, Vol. IV.

Bossuyt, M., "The direct applicability of int'l instrument on human rights," *L'EFFET EN DROIT BELGE* (1981).

Bradley, Curtis A., "Chevron Defence and Foreign Affairs," 86 *Va. L. Rev.* 649(2000).

Bradley C.A. and Goldsmith J.L., "Federal Courts and the Incorporation of International Law," 111 *Harv. L. Rev.* 2260(1998).

Brilmayer, Lea, "Symposium: International Law in American Courts: A Modest Proposal," 100 *Yale L. J.* 2277(1991).

Brinkhorst, L., "Implementation of (non-self-execution) legislation of European Economic community, including Directives," *LEGAL PROBLEMS OF AN ENLARGED EUROPEAN COMMUNITY* (1972).

Buergenthal, T., *The domestic status of the Europena Convention on Human Rights;* A SECOND BOOK, 7 J. INT'L COMM'N JUR. 55(1966).

______, "Self-executing and Non-self-executing Treaties in National and

International Law," *RdC* (Vol. 235, 1992).

Burke, K., Coliver, S., De la Vega, C., Rosenbaum, S., "Application of int'l human rights law in state and federal courts," 18 *TEX. INT'L J.* 291(1983).

Byrd, E.M., *Treaties and Executive Agreements in the U.S.* (1960).

Chailley, P., *La natrue juridique des traités internationaux selon le droit contemporain* (1932).

Churchill, R. and Khaliq, U., "The Collective Complaints System of the European Social Charter: An Effective Mechanism for Ensuring Compliance with Economic and Social Rights?," *EJIL* (2004), Vol. 15, No. 3, 417-456.

Cohen, M., "Affirmative Action and the Equality Principles in the Human Rights Treaties: United States Violation of Its International obligations," 43 *Va. J. Int'l L.* 249(2002).

Colins, L., *European Community Law in the U.K.* (1980).

______, *Remedies in the United Kingdom: Some practical problems of direct applicability*, in EUROPEAN LAW AND THE INDIVIDUAL 161(1976).

Conforti, B., *International Law and the Role of Domestic Legal System* (1993).

Crawford, J., *the International Law Commission's Articles on State Responsibility* (2002).

Damrosch, L.F., "the role of United States Senate Concerning 'Self-executing' and 'Non-self-executing'," 67 *Chicago-Kent Review* (1991).

Dashwood, A., "The principle of direct effect in european community law," 16 *J. COMM'N MKT. STUD.* 229(1978).

De Aréchaga, Jimenez, "Self-executing Provisions of International Law," *Staat und Volkerrechtsordnung* (Band 98, 1989).

Dehaussy, J., "Les traités," 1 *JURISCLASSEUR DE DROIT INTERNATIONAL*, FASC. 12-A(1959).

De La Vega, Connie and Brown, J., "Can a Unjited States Treaty Reservation Provide a Sanctuary for the Juvenile Death Penalty?," 32 *U.S.F.L. Rev.* 735(1998).

De La Vega, Connie, "Civil Rights during the 1990's: New Treaty Law Could Help Immensely," 65 *Cin. L. Rev.* 423(1997).

De Visscher, "Les tendances internationales des constitutions modernes," 80 *RdC* (1952).

______, *Théories et Réalités en Droit International Public* (quarième édition, 1970).

Drezemczewski, A., *EUROPEAN HUMAN RIGHTS CONVENTION IN DOMESTIC LAW: A COMPARATIVE STUDY* (OXFORD, 1983).

Duffy, P., EEC Directives: judicial control of national implementation, 41 *MOD. L. REV.* 219(1978).

Dupuy, P.-M., *Droit International Public* (2nd ed., 1993).

Edwards, A., "Cornejo-Barreto Revisited: The Availability of a Writ of Habeas Corpus to Provide Relief from Extradition under the Torture Convention," 43 *Va. J. Int'l L.* 889(2003).

Erades, L., "Int'l law, European community law and municipal law of member states," 15 *ICLQ* 117(1966).

______, "Le problème des dispositions direcment applicable(self-executing) des traits internationaux et son application aux traités istituant une communauté europèene," 17 *REVUE HELLENIQUE DE DROIT INT'L* 221(1964).

Esposito, C.D., "The Role of the European Court of Justice in the Direct Applicability and Direct Effect of WTO Law," 16 *Berkeley J. Int'l L.* 138(1998).

Evans, A., "Self-executing treaties in the United States of America," 30

BYIL 178(1953).

Falk, R., *THE ROLE OF DOMESTIC COURTS IN THE INT'L LEGAL ORDER* (SYRACUSE, 1964).

Ferrari, F., "Interprétation unforme de la convention de vienne de 1980 sur la vente internationale, *Revue international de droit comparé* (1996, no. 1).

Ferrari-Bravo, Luigi, "International and Municipal Law: the Complementarity of Legal System," *The Structure and Process of International Law: Essays in Legal Philosophy Doctrine and Theory* (1983).

France, T.M., "The Domestic Legal Status of the GATT: the Need for Clarification," 51 *Wash & Lee L. Rev.* 1481(1994).

Franck, Thomas M.(ed.), *Delegating State Powers: The Effects of Treaty Regimes on Democracy and Sovereignty* (2000).

Gautron. J., Le droit directment applicable dans la jurisprudence de la Cour de Justice, 19 *AFDI* 905(1974).

Gentili, A., "De Jure Belli Libri Tres," *Classics of International Law* (1964), the Translation of the Edition of 1612.

Griller, S., "Judicial Enforceability of WTO Law in the European Union Annotation to Case C-149/96, Portugal v. Council," *Journal of International Economic Law* (2000), 441-472.

Hacker, M., "Direct dffect of community law," 129 *NEW L. J.* 43(1979).

Hendry. J., *TREATIES AND FEDERAL CONSTITUTIONS* (1955).

Henkin, L., *FOREIGN AFFAIRS AND THE CONSTITUTION* (1972).

______, "International Law as Law in the United States," 82 *Mich. L. Rev.* 1555(1984).

Henry, L., "When is a treaty self-executing," 27 *MICH. L. REV.* 776 (1929).

Higgins R., *Problems & Process—International Law and How We Use it* (1994).

Holloway, K., *MODERN TRENDS IN TREATY LAW* (1967).

Hostert, J., "Droit int'l et droit interne dans la convention de Vienne sur le droit des traités du 23 mai 1969," 15 *AFDI* 92(1969).

Hudson, M., "Charter provisions on humman rights in American law," 44 *AJIL* 543(1950).

Jackson, H., "The general agreement on tariffs and trade in U.S. domestic law," 66 *MICH. L. REV.* 249(1967).

______, "Status of Treaties in Domestic Legal System: A Policy Analysis," 86 *AJIL* 310(1992).

Johnson, Creola, "Symposium: Quarantining HIV-Infected Haitians: United States' Violations of international Law at Guantanamo Bay," 37 *How. L. J.* 305(1994).

Kelsen, H., "Les rapports de systeme entre le droit interne et le droit international public," *RdC* (1926).

Kennedy, Kevin C., "Conditional Approval of Treaties by U.S. Senate," 19 *Loy. L. A. Int'l & Comp. L. J.* 89(1996).

Kiss, Alexandre-Charles, *Répertoire de la pratique française en matière de droit international public*, Tome I (1962).

Lagarde, P., "Approche critique de la lex mercatoria," *Ètudes Goldmann* (Paris, 1982).

La Pergola, A., "the relationship between international and domestic law: traditional problems and new trends," *European Commission for Democracy through Law, Proceedings of the UniDem Seminar (1993) on the relationship between international and domestic law.*

Levit, Kenneth E., "International Extradition, the principle of Speciality, Effective Treaty Enforcement," 76 *Minn. L. Rev.* 1017(1992).

Lillich, Richard B., "Invoking International Human Rights Law in Domestic Courts," 54 *University of Cincinnati Law Review* 367(1985).

Luchaire, F. et Conac, G., *La constitution de la République française* (2e éd., 1987).

Mann, F., "the Enforcement of Treaties by English Courts," 44 *TRANSACTIONS GROTIUS SOC'Y* 29(1959).

Maroff, M., "Les Règles d'application indirect en droit international," 80 *RGDIP* 385(1976).

Masters, Ruth D., *International Law in National Courts* (1932).

Mcdougal, M., "THE IMPACT OF INTERNATIONAL LAW UPON NATIONAL LAW: A POLICY-ORIENTED PERSPECTIVE," 4 *S. D. L. REV.* 25 (1959).

McNair, *The Law of Treaties* (1986).

Mendoza, Antonio, "The U.S. and Mexico Tax Treaty: Long Overdue but Falling Short of Its Potential," 17 *Hous. J. Int'l L.* 27(1994).

Merrills, J.G., *the Development of international Law by the European Court of Human Rights* (2nd ed., 1993).

Mestre, A., "Les traite et droit interne," *RdC* (1929).

Moorhead, J., "the Bern Convention Implementation Act of 1987," 3 *J. L. & TECH.* 187(1988).

Morris, Maria V., "Racial Profiling and International human Rights Law: Illegal Discrimination in the United States," 15 *Emory Int'l L. Rev.* 207(2001).

Mosler, H., "Problems of Interpretation in the Case Law of the European Court of Human Rights," in *ESSAYS ON THE DEVELOPMENT OF THE INT'L LEGAL ORDER; IN MEMORY OF H. VAN PANHUYS* 181(Alphen ann den Rijn, 1980).

Nelson, Caleb, "Comment: The Treaty Power and Self-executing: A Comment on Proffesor Woolhandler's article," 42 *Va. J. Int'l L.* 801(2002).

Norgaard, C.A., "the implementation of international human rights agreement within domestic legal system," *European Commission for Democracy through Law, Proceedings of the UniDem Seminar (1993) on the relationship between international and domestic law.*

Note: "Judicial Enforcement of International Law against the Federal and State Governments," 104 *Harv. L. Rev.* 1269(1991).

Nguyen Quoc Dinh, Patrick Dailler et Alain Pellet, *Droit International Public* (L.G.D.J., 6th ed., 1999).

Panhuys, H., "the Netherlands Constitution and international Law," 47 *AJIL* 88(1964).

Park, Ann I., "Human Rights and Basic Needs: Using International Human Rughts Norms to inform Constitutional Interpretation," 34 *UCLA L. Rev.* 1195(1987).

Paust, J., *International Law as Law of U.S.* (1996).

______, "Self-executing Treaties," 82 *AJIL* 760(1988).

Pierre Pescatore, "The Doctrine of "Direct Effect": An Infant Disease of Community Law," *ELR*, Vol. 8(1983).

______, Interpretation of Community Law and Doctrine of "Act Clair" in the Legal Problems of an Enlarged European Community, British Institute Studies in International and Comparative Law, No. 6 (1972).

Pinzon D.R., "International Law Weekend Proceedings: The 'Victim' Requirement, the Fourth Instance Formula and the Notion of 'Person' in the Individual Complaint Procedure of the Inter-American Human Rights System," 7 *ILSA Int'l & Comp. L.* 369 (2001).

Preuss, L., "the Execution of Treaty Obligations through Internal Law: System of the U.S. and of Some Other Countries," 45 *PROC. AM. SOC'Y INT'L L.* 82(1951).

Prevost, R., *International Human Rights and Humanitarian Law* (2002).

Richardson, H.J., "Excluding Race Strategies from International Legal History: the Self-executing Treaty Doctrine and the Southern African Tripartite Agreement," 45 *Vill. L. Rev.* 1091(2000).

Riesenfeld, S., "the Doctrine of Self-executing Treaties and Community Law," 67 *AJIL* 504(1973).

______, "The Doctrine of Self-executing Treaties and Community Law," 67 *AJIL* 504(1973).

______, "Editorial Comment; the Doctrine of Self-executing Treaties and GATT: a notable German Judgement," 65 *AJIL* (1971).

Riesnefeld, S. and Abbot, F., "Symposium on Parliamentary Participation in the Making and Operation of Treaties: United States: the Scope of U.S. Senate Control over the Conclusion and Operation of Treaties," 67 *Chi.-Kent. L. Rev.* 571(1991).

Rigaux, François, *Les conflits de la loi national avec les traités internationaux dans les rapports belges au VIIe Congrès international de droit comparé* (Uppsala, 6-13 août 1966).

Rosenne, Shabtai, *Developments in the Law of Treaties 1945-1986* (1989).

Schachter, O., "The Charter and the Constitution: the Human Rights Provisions in American Law," 4 *Vandervilt Law Review* (1951).

______, *International Law in Theory and Practice* (1991).

Schemers, Henry G. and Waelbroeck, Denis F., *Judicial Protection in the European Communities* (5th ed., 1992).

Schiffnan, Howard S., "The LaGrand Decision: The Evolution Legal Landscape of the Vienna Convention on Consular Relation in U.S. Death Penalty Cases," 42 *Santa Clara Law Review* 1099 (2002).

Seibert-Fohr, Anja, "Domestic implementation of the International

Covenant on Civil and Political Rights Pursuant to its article 2 para.2," *Max Planck Yearbook of United Nations Laws*, Vol. 5, 2001.

Sinclair, I., "the Principles of Interpretation and Application of Treaties by English Courts," 12 *ICLQ* 508(1963).

Sloss, D., "Non-self-executing Treaties: Exposing a Constitutional Fallacy," 36 *U. C. Davis L. Rev.* 1(2002).

Sperduti, G., "Le principe de souveraineté et le problème des rapports entre le droit international et le droit interne," *RdC* (Vol. 153, 1976).

Staff, Marcia J., "United Nations Convention on Contracts for the international Sale of Goods: lessons Learned from Five Years of Cases," *South Carolina Journal of International Law and Business*, Vol. 6(1-1-2009).

Stark, B., "International Human Rights Law, Feminism Jurisprudence, and Nietzsche's 'Eternal Return': Turning the Wheel," 19 *Harv. Women's L. J.* 169(1996).

Stein, Eric, "Lawyers, Judges, and the Making of a Transnational Constitution," 75 *AJIL* (1981).

Steiner, J., *Enforcing EC Law* (1995).

Taifa, Nkechi, "Codification or Castration? The Applicability of The International Convention on the Elimination of All Forms of Racial Discrimination to the U.S. Criminal Justice System," 40 *How. L. J.* 641(1997).

Thomas, M., " 'Rogue States' within American Borders: Remedying State Noncompliance with the international Covenant on Civil and Political Rights," 90 *Calif. L. Rev.* 165(2002).

Triepel, H., "Les rapports entre le droit interne et le droit international," *RdC* (1923).

Van Alstine, M.P., "Response Essay: The Judicial Power and Treaty Delegation," 90 *Calif. L. Rev.* 1263(2002).

Vandaele, Arne & Clae, Erik, *L'effet direct des traites internationaux* (institut de droit international, K.U. Leuven, Working Paper No. 15, 2001).

Van Klefens, E.N., "Sovereignty in International Law," *RdC* (Vol. 82, 1952).

Vazques, Carlos M., "Treaty-based Rights and Remedies of Individuals," 92 *Colum. L. Rev.* 1082(1992).

______, "The Four Doctrines of Self-executing Treaties," 89 *AJIL* 684 (1995).

Verzijl, J.H.W., *International Law in Historical Perspective* (1968), Vol. I.

von Bogdandy, Armin, "Pluralism, direct effect, and the ultimate say: on the relationship between international and domestic constitutional law," I·CON's fifth-anniversary conference("Rethinking Constitutionalism in an Era of Globalization and Privatization" 제하로 2007년 10월 25~26일 개최).

Waelbroeck, M., *Traite internationaux et Juridictions Internes dans les Pays du Marche Commun* (1969).

Walz, G.A., "Les rapports du droit international et du droit interne," *RdC* (1936).

Weiss, M.S., "International Treaties and Constitutional Systems of the United States, Mexico, and Canada: Foreword: Proceedings of the Seminar on International Treaties and Constitutional Systems of the United States, Mexico, and Canada: Laboring in the Shadow of Regional Integration," 22 *Md. J. Int'l L. & Trade* 185 (1999).

Winter, J., "Direct Applicability and Direct Effect: Two Distinct and Different Concepts in Community Law," 9 *CMLR* 425(1972).

Woolhandler, Ann, "Treaties, Self-executing, and the Public Law Litigation Model," 42 *Va. J. Int'l L.* 757(2002).

Wright, Q., "Legal Nature of Treaties," *AJIL* (1924).

______, "National Courts and Human Rights: the Fugii Case," 42 *AJIL* 62 (1951).

▌찾아보기

≪사건(판례) / 인명≫

≪사 항≫

이용일(李鏞逸)

서울대학교 불문학과 졸업
서울대학교 대학원 법학과(법학석사)
서울대학교 대학원 법학박사과정 수료
캐나다 몬트리올대 법학박사과정 수학
법제처 법제연구담당관
외무부 국제법규과 사무관
외교통상부 국제협약과장
주몬트리올대한민국총영사관 영사
주태국대한민국대사관 참사관
주루마니아대한민국대사관 공사참사관 겸 총영사
현) 주오스트리아대한민국대사관겸국제기구대표부 공사참사관
이화여대, 명지대, 아주대 국제법 강사 역임

〈저서〉
『독일통일관계법연구』(공저, 법제처)
『북한합영법제연구』(공저, 법제처)

국제조약의 국내 직접적용에 관한 연구

2014년 6월 30일 초판 인쇄
2014년 7월 5일 초판 발행

저 자 이 용 일
발행인 조 병 철
발행처 **三 宇 社**
경기도 고양시 일산동구 장백로 20
동문굿모닝힐 1차 102동 426호
전화 (02) 718-8553(대) Fax 718-8554
등록 1994. 9. 23. 제396-2001-000025호

저자협의 인지생략

정가 20,000원 ISBN 978-89-91083-59-2